평신도를 위한
모세오경 안내서

평신도를 위한 모세오경 안내서

초판 1쇄 발행 2024년 1월 4일

지은이 김천수
펴낸이 장길수
펴낸곳 지식과감성#
출판등록 제2012-000081호

교정 한장희
디자인 강샛별, 오정은
편집 오정은
검수 주경민, 정윤솔
마케팅 김윤길, 정은혜

주소 서울시 금천구 벚꽃로298 대륭포스트타워6차 1212호
전화 070-4651-3730~4
팩스 070-4325-7006
이메일 ksbookup@naver.com
홈페이지 www.knsbookup.com

ISBN 979-11-392-1537-3(03230)
값 18,000원

지식과감성#
홈페이지 바로가기

평신도를 위한 모세오경 안내서

김천수 지음

머리말

유럽여행을 할 때마다 필자가 뼈저리게 느끼는 것이 있습니다. 그것은 '여행 가이드'의 중요성입니다. 여행의 필수코스로 들르는 곳이 있는데 그곳은 예배당과 박물관과 같은 건축물 유적지입니다. 웅장함과 세월의 흔적을 지닌 예배당에 들어서며 가슴 벅찬 감격으로 발을 들여놓지만, 대부분은 얼마 지나지 않아 그 감격은 사그라지고 지루함과 무력감마저 느끼게 되곤 합니다. 건축물에 담긴 의미와 메시지를 이해하지 못하는 데서 오는 답답함 때문입니다. 건축물에 담긴 무수한 금은보화 같은 메시지가 울려 퍼지고 있는데, 그것을 듣지 못하니 그 답답함이 얼마나 크겠습니까?

어떻게 하면 잘 감상할 수 있을까?

방법은 두 가지가 있는 것 같습니다. 하나는 본인 스스로 건축물을 감상하는 데 필요한 공부를 하는 것입니다. 또 다른 하나는 유능한 가이드를 만나는 것입니다. 필자는 목사이기에 신학과 교회사 그리고 중세 철학에 대한 지식은 어느 정도 갖추고 있었습니다. 그러나 그것으로는 뭔가 부족했습니다. 그래서 시간이 있을 때마다 관련된 미술사와 건축사를 공부했습니다. 이렇게 필요한 공부가 준비된 후, 예배당이란 건축물 앞에 다시 섰을 때, 메시지가 이곳저곳에서 들려오기 시작했고, 언제부터는 입체적으로 다가오기까지 했습니다.

한편, 우리는 이따금씩 유능한 가이드를 만날 때가 있습니다.

다방면의 전문지식을 소유하고 현장에서 여행객 눈높이에 맞는 언어로 건축물에 담긴 의미를 하나씩 하나씩 드러내 주는 유능한 가이드는 우리에게 새로운 세계를 열어 줍니다. 그의 안내를 통해 우리는 심령에서 절로 터져 나오는 탄성과 감탄의 환희를 경험하곤 합니다. 그때마다 '가이드라는 직업'이 참 멋있는 직업이구나! '가이드라는 직업'의 멋과 중요성을 다시 한번 깨닫게 됩니다.

어느 유명한 미술사 교수님의 말씀이 문득 떠올랐습니다.

그분은 영국에서 공부할 때, 도서관보다는 건축유적지 안내를 선호했다고 합니다. 여행객이 오면 흥분되어 뛰어나가 안내했고, 안내하는 동안에 건축물의 비밀을 하나하나 풀어 줄 때마다 여행객의 눈빛이 살아나는 모습에 최고의 희열을 느꼈다고 합니다. 이런 가이드를 만나면 얼마나 행복한 여행이 되겠습니까? 그때 이후로 '가이드'라는 단어가 필자의 가슴속에 깊이 자리를 잡게 되었습니다.

이런 경험은 필자에게 성경 안내자의 중요성을 새롭게 인식하는 계기를 가져다주었습니다.

성경 안내자는 다름 아닌 성경을 안내하는 '가이드'라고 할 수 있습니다. 엄청난 기대감을 품고 성경이란 건축물 앞에 왔지만, 막상 어쩔 줄 몰라 난감해하는 성도들에게 필요한 것이 무엇이겠습니까? 성경의 세계를 안내하는 유능한 가이드가 아닐까요? 유능함과는 거리가 있을지라도 여행을 안내하는 가이드의 심정으로 성경을 안내하는 시도를 해 보고 싶다는 생각이 들었습니다. 필자는 모세오경을 안내하는 가이드가 되어, 평신도에게 모세오경의 숨겨진 비경을 보여 주면서, '성경이 이런 거구나' 하고 깨달을 수 있도록 안내하기를 원합니다.

하지만 이 책을 집필하고자 펜을 들었을 때 망설임이 한두 가지가 아니었습니다. 먼저는 저의 부족함 때문입니다. 나아가서는 이 책이 기독교계를 더욱 혼탁하게 하는 것은 아닐까? 하는 두려움이 컸습니다. 그럼에도 불구하고 이런 어려움을 극복하고 집필하게 된 동기는 사모의 한마디, "자녀들에게 남길 유산으로 쓰세요"라는 말이었습니다. 선교단체에서 만나 오늘날까지 믿음의 순례를 함께하고 있는 사랑하는 동역자 황양임 사모에게 진심으로 감사드립니다. 이 책을 세상에 나올 수 있도록 불쏘시개의 역할을 한 사랑하는 딸 김에스더와 사위 곽상헌, 손자 이은, 이현에게, 그리고 바쁜 직장 생활에도 하루도 빠짐없이 전화하는 효자 아들 김바울과 며느리 이혜미, 손자 하준에게 고맙다는 말을 전하고 싶습니다. 끝으로 30여 년 말씀과 함께 동고동락하며 믿음의 역사를 공유해 온 대덕양문교회 성도님들에게 진심으로 감사를 드립니다.

2023.8.29.

푸르른 녹음이 우거진 숯골의 창가에서 김천수 목사

목차

모세오경

창세기(50) : 타락

출애굽기(40) : 구속

레위기(27) : 거룩

민수기(36) : 훈련

신명기(34) : 축복

서론 : 왜 모세오경인가?

필자가 평신도를 대상으로 모세오경에 대한 안내서를 쓰고 싶은 열망은 오래전부터 품어 왔습니다. 왜냐하면, 우리 신앙생활의 기본과 기준은 분명히 하나님 말씀인 성경일 텐데, 의외로 많은 사람이 성경을 등한시한다는 것입니다. 또 바른 신앙생활을 위해서는 성경을 바르게 알아야 한다는 문제의식을 지닌 사람들조차도 '성경을 어떻게 배워야만 하는가?'라는 점에서는 답답함을 느낀다는 것입니다. 이것은 필자가 목사가 되기 전에도 스스로 품었던 의문들이었고, 목사가 된 후 목회하면서 본 성도들 역시 거의 하나같이 품고 있던 비슷한 의문들이었습니다.

"어떻게 하면 하나님 말씀을 하나님 말씀답게 바르게 배울 수 있을까? 우리가 성경을 성경답게 잘 배울 수 있는 안내서는 없는가? 아니면 신학교에 가야 하는가?"

필자도 이런 질문을 수없이 품어 왔고 받아 왔고, 목회자가 되어서도 똑같은 질문을 받을 때마다 참 안타까움을 금할 수 없는 심정이었습니다. 그래서 평신도에게 성경의 맥을 보는 눈을 여는 데 도움을 주는 방법이 없을까? 하는 생각을 오래전부터 품어 오다가 성경 안내서를 집필하게 되었습니다. 성경에 대한 약간의 눈만 열리면 누구든 자립적으로 성경을 공부할 수 있다고 생각하기 때문에, 그 역할까지만 하려고 합니다. 여기서 필자는 성경을 강해하고 설교하려는 것이 아닙니다. 신학을 말하고자 하는 것은 더더욱 아닙니다. 오직 신앙생활을 하더라도 성경을 좀 더 바르게 알고 말씀 중심으로 하고 싶은 분들의 '어떻게 하면 성경에 가까이 갈 수 있을까?' 하는 물음에 도움을 주고자 할 뿐입니다.

필자는 담임하고 있는, 교회 성도들을 대상으로 매년 두세 번씩 '양문 성서대학'이란 이름으로 모세오경을 15년간 가르쳤습니다. 신학교에서도 10여 년간 모세오경을 강의했습니다. 사실 이 책은 바로 그때 강의한 '양문 성서대학 강의 노트'를 약간 다듬은 것뿐입니다. 그 당시 강의는 창세기에서 신명기까지 모세오경 5권을, 100분씩 2회에 거쳐 마무리하려고 진행했었는데, 출애굽기 후반부(출 19-40)에 들어갈 때 성도들의 자세와 눈빛이 달라지기 시작하다가, 레위기에 들어가면서 눈이 조금씩 열리게 되는 현상이 나타나는 것을 경험했습니다.

그러면서 모세오경을 어떻게 강의할 것인가를 다시 고민하고 모든 것을 고려하여, 모세오경 강의를 1회에 100분 강의로, 10회에 걸쳐 완료하고 싶었습니다. 한 권당 100분 강의를 2회에 걸쳐 마치게 된 것이죠. 이렇게 시간 제약이 있으니 모세오경을 구석구석 강의할 수는 없었습니다. 또 한 구절을 가지고 주어진 시간을 다 사용할 수도 없었습니다. 100분 강의를 2회에 걸쳐 주어진 시간 안에, 각 권에서 보여 줄 것을 선택하는 것은, 전적으로 성경을 안내하는 가이드의 재량에 달린 것입니다.

그러면 왜 모세오경인가?

이 책의 집필 목적이 성경 강해에 있는 것이 아니라, 독자가 성경을 자립적으로 볼 수 있는 눈을 열어 주는 데 있기에, 성경 계시의 '못자리판'인 모세오경이면 충분하리라 생각한 것입니다. '못자리판'을 보면 아직 철이 이르지 않았지만, 가을에 맺힐 황금 물결을 예상할 수 있듯이, 모세오경을 알면 아직 그 이후의 성경을 배운 적이 없어도 '성경이 어떻게 전개될 것인가?'에 대하여 미리 조망할 수 있기 때문입니다.

성경을 공부하는 방법은 여러 가지 방법이 있는데, 전체 숲을 보면서 나무를 살피는 것이 기본입니다. 먼저 숲을 봐야 합니다. 그리고 나무를 봐야 합니다. 예를 들어 창세기를 공부하고 싶다고 합시다. 그러면 먼저 창세기가 성경 66권 가운데 어떤 위치에 있는가를 파악하고, 다음은 구약의 구조 속에서 어떤 위치에 있는지를 파악한 후, 모세 5경의 틀에서 어떤 관계인지를 동심원적으로 파악해 들어가면서 공부하면 성경을 좀 더 바르게 이해할 수 있습니다.

그러기 때문에 신구약 구조를 먼저 파악하는 것이 매우 중요합니다. 신구약은 총 66권으로 구약 39권, 신약 27권으로 구성되었습니다. 구약 39권은 율법서, 역사서, 시가서, 선지서로 네 분류 하며, 율법서는 창세기에서 신명기까지 5권, 역사서는 여호수아에서 에스더까지 12권, 시가서는 욥기에서 아가서까지 5권, 선지서는 이사야에서 말라기서까지 17권으로 되어 있습니다. 신약은 복음서, 역사서, 서신서, 예언서로 네 분류 하며 복음서는 마태복음에서 요한복음까지 4권, 역사서는 사도행전 1권, 서신서는 로마서에서 유다서까지 21권, 마지막 예언서는 계시록 1권으로 되어 있습니다.

모세오경의 안내서는 세 가지 관점으로 기록되었습니다.

첫째는 각 성경의 전체적인 구조입니다. 이것은 도표 또는 설명으로 맨 앞쪽에 제공됩니다.

성경의 구조는 마치 여행할 때 여행 일정이나 지도와 같아서, 성경의 구조를 이해하면 전반적인 흐름을 파악할 수 있고, 각 부분이 어떻게 맞물려 있는지 쉽게 이해할 수 있습니다. 한마디로 이것은 숲을 보는 것입니다.

둘째는 각 성경의 내용입니다.

어떤 내용은 좀 더 두드러지게 하고, 어떤 것은 가볍게 지나쳤습니다. 이는 마치 여행 도중 유명한 관광명소나 역사적인 사건을 만나면 흥분하고 좀 더 시간을 보내고 그렇지 않은 곳은 스쳐 지나가는 것과 유사합니다. 이것은 나무를 보는 것입니다.

셋째는 성경의 '핫스폿'입니다.

여행 도중 특정명소에서 인증사진을 찍어 기념비를 남기듯 이 '핫스폿'에서 가이드의 단상을 삽입해 놓았습니다, 이는 성도들에게 새로운 시각과 깊은 통찰을 제공하여 성경을 새롭고 풍요로운 방식으로 경험하도록 돕고자 하는 것입니다.

이것은 소감(은혜)을 나누는 곳이 되는 것입니다.

모세오경

1. 율법서의 전체적인 조망

여행을 떠나려면 먼저 지도를 살펴보는 게 유익합니다. 그래서 여기서는 모세오경의 여행을 떠나기에 앞서 먼저 오경의 전체적인 조망을 해 보려고 합니다. 신구약 66권으로 된 성경에서 가장 기본이 되는 것이 모세오경, 즉 창세기, 출애굽기, 레위기, 민수기, 신명기입니다. 율법서로 분류되는 이 모세오경은 '성경 계시의 못자리판'이라고도 합니다.

농부가 이른 봄에 못자리판을 보면서 가을의 황금 물결의 들녘을 예견하듯이, 모세오경을 보면 성경 전체에 나타난 하나님의 구원 계획에 대한 파노라마를 미리 짐작할 수 있는 것입니다. 그러므로 모세오경을 공부하는 것은 성경 전체를 꿰뚫어 볼 수 있는 통찰력을 얻는 시발점이 되기에 너무나 중요한 일입니다. 모세오경을 보는 눈이 열리면 다른 성경들은 자립적으로 볼 수 있는 능력이 생기게 되기 때문입니다.

창세기는 총 50장으로 구성되었는데, 그 내용을 선명하게 보여 주는 성경 구절이 있습니다. 그것은 창세기 맨 처음 절인 1장 1절(태초에 하나님이 천지를 창조하시니라)과 마지막 절인 50장 26절(요셉이 백십 세에 죽으매 그들이 그의 몸에 향 재료를 넣고 애굽에서 입관하였더라) 말씀입니다. 창세기 맨 첫 절인 1장 1절에서는 하나님의 놀라운 계획하에 시작된 '창조' 사건이 뇌성처럼 울려 퍼지고 있습니다. 그러나 창세기 마지막 절인 50장 26절에서는 하나님 영광의 대상으로 창조한 인간이 '죽음'으로 관속에 누워 있는 절망적인 모습을 보여 주고 있습니다.

하나님은 '생명'이 풍성하도록 심혈을 기울였으나, 인간은 '죽음'을 향하여 달음질쳤음을 보여 주고 있습니다. 타락의 결과 인간에게 생명이 끊어지고 죽음만이 남게 되었다는 것이 창세기의 내용입니다. 창세기는 한마디로 말하면 하나님이 영광의 대상으로 창조한 인간이 하나님의 기대에 부응하지 못하고, 하나님의 뜻과는 정반대로 하나님의 축복을 다 잃어버리고 죽음의 형벌 가운데 갇혀 살게 되었다는 얘기입니다. 동시에 이런 타락한 인간을 구원하여 본래의 모습으로 회복하기 위한 하나님의 구원계획이 창세기의 밑바탕에 도도히 흐르고 있습니다. 창세기를 한마디로 요약한 키워드는 **'타락'**입니다.

출애굽기는 총 40장으로 구성되어 있고, 그 내용은 '구속과 성장'이란 단어로 요약할 수 있습니다. 출애굽기도 크게 두 부분으로 나뉩니다. 첫 부분인 1-18장까지는 '홍해'라는 역사적 사건을 통하여 죽을 수밖에 없는 죄인이 생명을 얻는 '구속'을 보여 주고 있습니다. 둘째 부분인 19-40장까지는 '십계명'과 '성막'을 통하여 구속된 자가 어떻게 아름다운 영적인 집을 지어 갈 수 있는가를 보여 주는 '성장(양육)'을 가르쳐 주고 있습니다. 이것으로 멋진 하나님의 자녀는 십계명인 하나님의 말씀과 성막인 교회를 통하여 이루어짐을 알 수 있습니다.

사실 출애굽기만큼 오해되는 성경도 없습니다. 많은 사람이 출애굽기는 '홍해 사건'이 주는 강한 이미지 때문에 구속을 가르쳐 주는 대표적인 성경으로 이해합니다. 그래서 '구속받았으면 끝이다' 하는 생각에 은연중 지배당하곤 합니다. 그러나 그것은 반쪽만, 아니 어떻게 보면 하나님의 진의를 이해하는 데에 도리어 장애가 된다고 생각됩니다. 하나님의 의도는 구속도 중요하나 구속 이후에 거룩한 하나님의 백성으로 세워져 가는 성장에 강조점을 두고 있기 때문입니다.

이런 관점에서 보면 출애굽기 19장에서 하나님과 이스라엘이 맺은 시내산 언약이 출애굽기의 중심 내용이라고 보는 게 타당합니다. 그러므로 출애굽기에 '시내산 언약의 책'이란 제목을 붙여 주는 것이 내용적으론 더 타당하다고 볼 수 있습니다. 이러한 의미를 알고 있다고 전제한다면, 출애굽기의 키워드를 **'구속'**이란 말로 표현해도 무리가 없을 것 같습니다.

레위기는 총 27장으로 구성되었습니다. 첫 부분인 1-17장까지는 '어떻게 하나님께 나갈 수 있는가?'에 대하여 제사 제도, 제사장, 정·부정한 동식물을 통하여 보여 주고 있습니다.

둘째 부분인 18-27장까지는 '어떻게 하나님과 동행할 수 있는가?'에 대하여 거룩한 백성, 거룩한 제사장, 거룩한 절기 등을 통해 가르쳐 주고 있습니다.

사실 레위기처럼 중요한 성경도 없습니다. 모세오경이 계시의 못자리판이라 했는데, 그 못자리판의 한가운데 위치한 것이 레위기입니다. 그만큼 레위기가 위치적으로도 핵심이란 뜻입니다. 레위기는 사람들이 가장 고리타분한 책으로 여기나 실상은 예배의 모범과 정신을 생생하게 드러내 주는 가장 살아 있는 성경입니다. 우리 시대에 예배의 회복을 부르짖는데, 그것을 위해 가장 많이 공부되어야 할 책이 레위기라 생각합니다. 레위기의 키워드는 **'거룩'**입니다.

민수기는 두 번의 인구조사(1, 26장)가 나오는데, 여기서 '수를 계수하다.' 다시 말하면 '하나님의 수'에 드는 것이 민수기의 주요 목적입니다. 민수기의 히브리서 성경의 첫 단어는 '광야에서'입니다. 이 낱말은 민수기의 내용을 더 잘 이해하는 데 도움을 줍니다. 민수기에서 삶의 터전은 광야입니다. 광야에서 싸움을 싸울 수 있는 백성으로 훈련시켜 하나님의 전신갑주를 덧입은 군사로 만들어내는 것이 민수기의 주목적입니다. 레위기가 '거룩한 신부'가 되는 것이 목적이라면, 민수기는 한 단계 더 나가 전쟁에서 이길 수 있는 '영적인 군사'가 되는 것이 목적입니다.

내용 구성은 세 부분으로 되어 있습니다. 첫 부분은 1장 1절부터 10장 10절까지로 시내산에서 광야 여행을 준비하는 모습을 보여 줍니다. 여행은 준비 없이 할 수 없습니다. 그렇다고 아무거나 다 가지고 갈 수는 없습니다. 필수적인 것만 준비하는 것이 오랜 경험 있는 여행자들의 지혜입니다. 먼저 백성들의 성결을 준비합니다. 다음으로는 하나님의 말씀과 성령으로 무장합니다.

두 번째 부분은 10장 11절에서 불기둥과 구름 기둥의 인도로 여행을 출발합니다. 39년간의 광야 여행을 10장 11절부터 21장까지 10여 장에 걸쳐서 압축하여 기록하고 있습니다.

세 번째 부분은 22-36장까지는 모압에서 있었던 일과 가나안 입성준비가 기록되어 있습니다. 민수기의 키워드는 싸움에서 이길 수 있는 군사를 기르는 **'훈련'**입니다.

신명기는 이스라엘 백성이 약속의 땅에 진입하기 직전 모압 광야에 진 치고 있을 때, 모세가 그들에게 행한 3편의 설교가 기록되어 있습니다. 설교의 내용은 가나안 땅에 들어가면 부딪칠 여러 가지 상황을 예견하면서 '어떻게 하면 축복을 누릴 수 있는가?'에 대한 방법을 가르쳐 주고 있습니다.

첫 설교는 1장 1절부터 4장 43절까지로 지난 역사적 사건을 언급하면서 '순종하면 축복이요, 불순종하면 저주다'라는 교훈을 가르쳐 주고 있습니다. 두 번째 설교는 4장 44절부터 26장 19절까지로 그동안 언약을 다시 한번 갱신하여 모압 언약을 맺고 경각심을 불러일으키고 있습니다. 세 번째 설교는 27장에서 34장까지로 모세의 마지막 권면과 이스라엘 자손을 위하여 축복하는 모습이 그려져 있습니다.

모세는 신명기에서 이스라엘 백성이 '어떻게 하면 축복을 누릴 수 있을까?'를 상한 심령으로, 때로는 대조법과 반복법을 사용해서, 필요할 때는 시와 노래를 지어서, 답답할 때는 그림을 그리면서, 그가 할 수 있는 모든 아이디어를 다 동원하여 축복을 선포하고 있습니다. 신명기의 키워드는 **'축복'**입니다.

이상에서 살펴본 대로 모세오경의 각각 키워드는 창세기는 **타락**, 출애굽기는 **구속**, 레위기는 **거룩(성결)**, 민수기는 **훈련**, 신명기는 **축복**입니다. 창세기는 화려한 영광의 대상으로 창조된 인간이 기대를 저버리고 타락하여 차디찬 관속에 누워 있는 비참한 모습을 보여 주고 있습니다. 이런 인간을 구원하여 하나님의 사랑의 대상으로 다시 회복시키고자 구속사건을 일으킨 것이 출애굽기입니다. 인간의 구속은 비유적으로 표현하면 아기의 탄생에 지나지 않습니다. 아기는 자라야 하듯이 레위기는 거룩한 모습으로 자라는 법을 가르쳐 줍니다.

그러나 거룩한 모습만 가지고는 흙탕물 같은 세상에서 승리할 수 없기에, 전쟁에 싸워 승리할 수 있는 훈련을 시키는 것이 민수기입니다. 이제 타락했던 인간이 구속되고, 구속된 인간이 거룩한 처녀와 같이 자라나고, 거룩한 인간이 싸움에 이길 수 있는 훈련을 받아 군사가 되면,

마지막으로 주어지는 것은 승리요, 축복입니다. 신명기는 이런 자들에게 주어지는 축복의 성경입니다.

모세오경이 보여 주는 구원의 파노라마를 하나하나씩 꿰매 보세요.

타락(창세기) - 구속(출애굽기) - 거룩(레위기) - 훈련(민수기) - 축복(신명기)

이런 구원의 전 과정이 담겨 있는 것이 모세오경입니다. 그러기에 모세오경을 신구약 성경 계시의 '못자리판'이라 하고 우리가 반드시 공부하여야 할 성경입니다. 이렇게 공부하면 성경을 보는 눈이 열리고 아울러 축복의 사람이 어떤 모습인지가 우리 눈에 선명하게 그려지게 됩니다.

2. 축복 성도의 자아상

대학 시절에 선교단체에 몸을 담은 적이 있습니다. 어느 수련회 때 그 단체의 지도자가 설교하는데 군복을 입고 베레모를 쓴 채 강단에 섰습니다. 그때 받은 충격은 이루 말할 수 없었습니다. 당시는 군부독재에 대한 저항이 너무도 심했던 때였습니다. '그런 시대에 군복을 입고 설교를 해?' 참으로 불편했었습니다. 하지만 먼 훗날 성경을 배우면서 그 깊은 뜻을 알고 그 통찰력에 탄복한 적이 있었습니다. '참으로 의미 있었던 장면이구나' 하고 지금도 잊히지 않습니다.

여기서 우리가 꼭 놓치지 말아야 할 교훈이 있습니다. 그것은 '축복받은 성도의 이상적인 자아상은 어떤 모습일까?' 하는 것입니다. 성경을 공부하면서 신앙생활을 하면서 늘 마음에 그려야 할 그림이라 생각됩니다. 레위기와 민수기의 관계를 살펴보면 그 모습을 쉽게 파악할 수 있습니다. 그것은 다름 아닌 '거룩'을 가르치는 레위기와 '훈련'을 통해 하나님의 군사가 되는 법을 가르치는 민수기의 상호 관계에서 유추되는 그림입니다.

이 두 성경의 관계를 사도 바울은 에베소서 5장의 '정결한 처녀'와 에베소서 6장의 '영적인 군사'의 모습으로 그려 내고 있습니다. 바울은 사단이 지배하는 세상에서 축복의 신자상을 이 두 가지 모습의 균형 즉 성도는 '정결한 신부'의 모습과 동시에 '영적인 군사'의 모습을 갖추어야 한다고 주장합니다. 이 두 가지 모습은 겉으로 보기에는 서로 모순된 것처럼 보이나, 사실은 세상을 이기는 유일한 두 축이라는 사실을 바울은 예리한 통찰력으로 깨달았습니다.

하나님의 자녀의 이상형은 '깨끗한 처녀'인 동시에 어떤 싸움에도 이길 수 있는 '영적인 군사'의 모습이어야 합니다. 성도가 흰 면사포를 쓴 '깨끗한 처녀'인데, 흙탕물과 같은 싸움터에서 싸울 수가 없다면 그 깨끗함은 효력을 잃습니다. 반대로 싸워 이길 수 있는 능력 있는 '영적인 군사'인데, 깨끗하지 못하면 하나님께 영광이 될 수가 없습니다. '거룩한 처녀'가 되는 것을 가르치는 레위기와 싸움에 이길 수 있는 '영적인 군사'가 되는 것을 가르쳐 주는 민수기의 조화를 이루는 자만이 신명기의 약속된 풍성한 축복을 누리는 주인공이 될 수 있습니다.

군부독재 시대에 군복에 베레모를 쓰고 설교하던 그분의 영적인 통찰력에 새삼 감탄이 절로 나옵니다. 이 세상의 성도는 죽어서 천국 가는 게 전부가 아닙니다. 이 땅은 앞으로 천국에서 누릴 복을 미리 누리며 실현하는 장소임을 기억해야 합니다. 이런 마음을 품고 모세오경이라는 성경 여행을 떠나 봅시다.

창세기(50) : 창조 · 타락 · 구원

① 천지창조 ② 인간창조 ③ 죄 ④ 죄의 결과 ⑤ 족보 ⑥ 노아의 방주 ⑦ 대홍수 ⑧ 제단 쌓는 노아 ⑨ 무지개언약 ⑩ 노아족보 ⑪ 바벨탑 1 2 3 4 5 6 7 8 9 10 11	⑫ 아브람의 부르심 ⑬ Ab와 롯의 분리 ⑭ 롯을 구원하는 Ab ⑮ 아브람을 의롭다 여기신 하나님 ⑯ Ab를 부르신 목적 ⑰ 할례와 개명 ⑱ Ab와 중보기도 ⑲ 소돔과 고모라 12 13 14 15 16 17 18	⑳ Ab의 거짓말 ㉑ 이삭출생 ㉒ 모리아산 ㉓ 묘지를 사는 Ab ㉔ 믿음의 결혼관 19 20 21 22 23 24	에서와 야곱 출생 25	우물 파는 여식 26	㉗ 야곱축복쟁취 ㉘ 도망가는 야곱 ㉙ 결혼 ㉚ 자녀 탄생 ㉛ 귀향 ㉜ 천사와 씨름 ㉝ 에서와 만남 ㉞ 디나강간 ㉟ 벧엘의 야곱 ㊱ 에서의 족보 27 28 29 30 31 32 33 34 35 36	㊲ 요셉의 꿈 ㊳ 유다의 실수 ㊴ 보디발아내 유혹 ㊵ 꿈 해석 ㊶ 총리가 된 요셉 ㊷ 형들과 해후 ㊸ 베냐민과 만남 37 38 39 40 41 42 43	㊹ 형을 시험하는 요셉 ㊺ 야곱의 이주 ㊻ 아버지를 만난 요셉 ㊼ 고센땅 ㊽ 야곱의 임종 ㊾ 축복하는 야곱 ㊿ 요셉의 죽음 44 45 46 47 48 49 50
창조 · 타락 · 구원	아브라함		이삭		야곱	요셉	
2,000년 이상 (전 인류)	300년 (아브라함의 가계)						
중요한 사건들	중요한 인물들						

창세기(50) : 타락

1. 창세기 스케치

1) 저자 : 모세

창세기를 이해하려면 먼저 '누가 이 성경을 기록했으며 누구를 대상으로 하고 있는가?' 하는 배경을 파악하는 게 중요합니다. 창세기 저자는 모세인데, 그는 기원전 15세기 인물입니다. 그는 이제 갓 출애굽을 하여 광야 길을 가야 하는 이스라엘 백성들에게 유일하신 창조주 하나님에 대한 신앙을 바르게 심어 줄 필요성을 절실히 느끼고 있었습니다.

이스라엘 백성은 애굽에서 400여 년 동안 생활하면서 애굽의 관습에 아주 익숙해져 있었습니다. 애굽인은 피조물인 동물을 섬기곤 했는데, 이런 애굽의 영향으로 이스라엘이 힘들고 거친 광야 길을 행군할 때 하나님보다는 피조물을 경배의 대상으로 섬길 위험 요소를 지니고 있었습니다. 그런 그들에게 이스라엘이 섬겨야 할 대상은 피조물이 아니라, 천지를 창조한 유일하신 하나님이란 사실을 각인시킬 필요가 있었습니다.

또 모세는 이스라엘 백성에게 전능하신 하나님임을 강조할 필요도 있었습니다. 특히 이스라엘 백성은 광야를 행군하면서 환경에 대한 두려움의 지배를 받을 수밖에 없었습니다. 메마른 사막, 비 한 방울 내리지 않는 하늘을 바라볼 때마다, 어떻게 먹고 살 수 있는가에 대한 두려움이 얼마나 컸겠습니까? 그때 그들을 인도한 하나님은 천지를 창조하신 하나님이니, 이 하나님이 또한 그들을 지키시고 필요를 채우실 것을 확인시킬 필요가 있었습니다.

2) 성경과 구조

성경의 원저자는 하나님이고, 제2 저자는 각 권을 쓴 모세, 다윗, 마태, 누가 등등의 인간입니다. 인간이 제2 저자이면 '성경이 어떻게 무오류가 되는 걸까요?'라는 질문이 나오는데, 그것은 성령에 의해 감동된 인간이 썼기 때문입니다. 성령으로 쓴 것을 종종 기계적으로 쓴 것처럼, 또는 제멋대로 바람 부는 대로 쓴 것처럼 오해하는데 그런 것은 아닙니다. 그렇게 생각하기 때문에 성경이 우리에 어렵게 다가오는 것입니다. 성경은 제멋대로 쓰인 것이 아니라, 우리 인간이 가능한 한 쉽게 이해할 수 있도록 기록되었습니다.

다시 말하면 성경의 저자는 성경의 내용을 전달하기 위하여 인간이 잘 아는 분명한 구조를 사용했다는 것입니다. 예를 들어 창세기 저자는 창세기 내용을 서술할 때 아무렇게나 적어 나가는 것이 아니고 '어떻게 하면 독자들이 잘 이해할 수 있을까?' 거기에 합당한 구조를 찾아내서 그 구조의 틀로 내용을 표현하고 있습니다. 그러기에 성경을 이해하는 데에는 성경의 내용이 어떤 구조 속에 담겨 있는가 찾아내는 것이 중요합니다. 그렇다고 지나치게 구조 자체의 틀에 얽매일 필요는 없습니다.

여기서는 두 가지 구조만을 간략하게 소개하려고 합니다. 하나는 일반적인 구조입니다. 보통 성경 공부할 때 사용되는 구조로 평신도들이 쉽게 접근할 수 있어 많이 사용되고 있고, 우리에게 꽤 익숙한 구조입니다. 다른 하나는 동심원적인 구조입니다. 성경을 좀 더 깊이 보고자 하는 사람에게 유익한 구조인데, 알아 두면 굉장히 도움이 됩니다. 좀 어렵다고 생각되면 그냥 지나쳐도 괜찮습니다.

3) 동심원적 구조 : 아브라함 이야기(12-25)

A 아브라함의 부름과 첫 시험(12)
B 이방에서 사라가 당한 위기 1(12b)
C 롯과 소돔 이야기 1(13, 14)
D 아브라함의 언약(15)과 이스마엘의 탄생 예고(16)
D' 아브라함의 언약 갱신(17)과 이삭의 탄생 예고(18)
C' 롯과 소돔 이야기 2(19)
B' 이방에서 사라가 당한 위기 2(20)
A' 이삭의 탄생(21)과 아브라함의 마지막 시험(22)
부록 1 : 사라의 장례식(23)
부록 2 : 리브가의 결혼식(24)
부록 3 : 아브라함의 자녀들(25)

이 동심원적 구조는 A와 A', B와 B' 대칭을 이루어 가면서 안쪽으로 파고 들어가 가장 핵심인 D와 D'에서 하나님의 의도를 발견하는 것입니다. 이런 구조는 성경에 많이 쓰이는 구조이며 성경 이해에 큰 도움을 주는 구조인데, 좀 수고를 해야 터득할 수 있습니다.

4) 일반적 구조 : 창세기(1-50)

A. 태고사(창 1-11)
1. 창조 사건(1-2)
2. 타락 사건(3-5)
3. 홍수 사건(6-9)
4. 바벨탑 사건(10-11)

B. 족장사(12-50)

1. 아브라함 이야기(12-25)
2. 이삭 이야기(26-27)
3. 야곱 이야기(28-36)
4. 요셉 이야기(37-50)

일반적인 구조로 이루어진 창세기(50장)는 크게 두 부분으로 나눕니다. 전반부는 1-11장, 후반부는 12-50장까지입니다. 전반부는 4가지 사건인 창조 사건(1-2), 타락 사건(3-5), 홍수 사건(6-9), 바벨탑 사건(10-11)을 중심 주제로 하여 인류의 기원과 역사의 흐름이 어떻게 진행되는가를 보여 줍니다. 동시에 이 부분은 창세기와 모세오경 전체에 대한 서론이며, 이중적인 목적을 지지고 있습니다. 첫째 목적은 족장의 이야기를 위한 무대를 만들어 주는 것이며, (12-50) 둘째 목적은 시내산 언약(출애굽기-신명기)에 대한 배경을 제공해 주는 것입니다.

후반부인 12-50장까지는 첫 부분에 나오는 4가지 사건과 대비되어, 네 인물인 아브라함(12-25), 이삭(26-27), 야곱(28-36), 요셉(37-50)을 중심으로, 타락한 인간을 구원하기 위한 구속사의 시작을 보여 줍니다. 이스라엘 족장사를 형성하는 이 부분은 족장의 하나님과 시내산 언약의 하나님을 연결하고 있습니다. 그래서 시내산 언약을 맺으신 궁극적 목적이, 원래 창조의 목적을 이루는 것임을 보여 줍니다.

여기서 우리는 먼저 창세기 전체가 어떻게 흘러가고 있는지, 창세기에 기록된 장을 따라 스케치해 보는 것이 성경을 이해하는 데 도움이 되리라 생각됩니다. 창세기 전반부(1-11)의 태고사는 창조 사건, 타락 사건, 홍수 사건, 바벨탑 사건을 통하여 하나님이 인간에 둔 계획이 어떻게 좌절되는가를 보여 주고 있습니다. 하나님은 인간을 최고의 걸작품으로 창조하셨습니다. 창조의 클라이맥스는 바로 인간 창조에 있습니다. 하나님은 인간을 하나님의 형상으로 창조하여 하나님의 대리자로 삼아 에덴동산을 다스리려 했습니다. 그래서 하나님은 온 지혜와 정성을 다해 자기를 닮은 인간을 창조했습니다. 이것이 창세기 1, 2장의 창조 사건이 가르쳐 주는 교훈입니다.

그런데 하나님의 원대한 계획대로 창조된 인간은 창세기 3, 4, 5장에 나오는 타락 사건이 보여 주고 있는 것처럼 하나님의 말씀을 불순종하는 죄를 범했습니다. 이 죄는 하나님이 인간에게 주신 축복과 형상을 다 앗아 가 버렸습니다. 이것이 타락 사건의 핵심 교훈입니다. 창세기 6-9장에 나오는 홍수 사건은 죄는 심판이 따른다는 사실을 보여 줍니다. 창세기 10-11장은 홍수에서 구원받았으나 죄는 여전히 해결되지 않았고, 그 결과 사람들은 이 땅에서 흩어져 방황하다가 죽을 수밖에 없는 것이, 인류 역사의 운명임을 보여 줍니다. 하나님의 창조한 세계가 죄로 말미암아 무너져 멸망해 가는 세상사인 '일반사'(Historie)의 모습과 종말을 보여 주고 있습니다.

그러나 하나님은 이런 세상사를 바라보며 뒷짐을 지고 계시는 분이 아니십니다. 하나님은 인간을 다시 구원하사 하나님이 영광을 누리는 존재로 회복하기 위해 창세기 12장부터 새역사를 펼치는데 그것을 '구속사'(Geschichte)라 합니다. 다른 말로 하면 소멸해 가는 무질서의 세계인 '엔트로피'(entropy : 물질세계가 무질서 상태로 변화되어 가는 흐름) 세계에서 생명을 다시 살려 내는 '신트로피'(syntropy : 생명체가 질서 상태로 변화되어 가는 흐름) 역사를 시작하는 이야기입니다.

이 구속사의 파노라마가 펼쳐지기 시작하는 곳이 창세기 12장인데, 하나님은 아브라함 한 사람을 부름으로 시작합니다. 창세기 후반부는 아브라함, 이삭, 야곱, 요셉이란 네 인물을 통해 족장사를 형성해 가는 이야기입니다. 이런 전체적인 구조를 머리에 입력하고 창세기 내용을 살펴봅시다.

2. 창세기 전반부(1-11) :
태고사

1) 창조 사건(1-2)

* 천지창조(1)

“태초에 하나님이 천지를 창조하시니라”(1:1)라는 말씀의 선포로 성경은 시작합니다. 여기에는 ‘태초’ ‘하나님’ ‘천지’ ‘창조’라는 네 단어가 나옵니다. 이 단어들은 얼핏 살펴보면 다 아는 단어 같으나 실제로 들여다보면, 도저히 알 수 없는 신비에 쌓인 단어들입니다. ‘태초’에 대하여 오늘날 인간이, 아니 현대과학이 얼마나 알고 있습니까? 그러므로 이 구절은 분석의 대상이 아니라 믿음의 대상입니다. 창조주 하나님에 대한 대전제로 성경은 시작하고 있습니다.

1장에서 창조주 하나님이란 말이 30여 번 반복됩니다. 하나님이란 단어는 히브리어로 ‘엘로힘’인데, 이는 무에서 유를 창조하는 창조주란 뜻입니다. 이처럼 창조주 하나님을 처음부터 강조하는 이유는 무엇 때문일까요? 오늘 우리가 창세기를 읽으면서 가장 오해하고 있는 것은, 이 창세기가 어떤 목적을 위해 기록되었는가 하는 점을 간과하고, 과학책이나 역사책을 읽듯이 과학적인 정보나 역사적인 정보를 성경에서 얻으려 한다는 것입니다.

예를 들어 ‘지구의 역사가 몇천만 년인가? 그 과정은 어떻게 이루어지나?’ 하는 등의 과학적 정보를 얻으려고 읽다가 내 지식과 맞지 않으면 성경을 비과학적인 책이라 쉽게 단정합니다. 그러기에 분명히 알아야 합니다. 성경은 역사나 과학을 취급하지만, 성경은 역사책이나 과학책은 아닙니다. 성경은 처음부터 교회에 주신 하나님의 말씀입니다. 다시 말하면 성도들의 믿음을 붙들어 주어 이 세상에서 올바른 삶을 살아가게 하려는 목적으로 주신 선포의 말씀입니다.

당시 창세기 말씀을 받는 교회는 어느 교회일까요? 애굽에서 탈출하여 광야를 방황하고 있던 이스라엘 백성들인 출애굽교회입니다. 그들은 애굽에서 400년을 살면서 애굽의 영향을 많이 받았습니다. 애굽인은 보이는 피조물 즉 태양, 달, 동물 등을 주로 섬겼습니다. 이런 영향을 받아 하나님이 누구인지 오해하기 쉬운 이스라엘 백성에게 주신 말씀입니다. 하나님은 태양이나 달, 피조물인 동물이 아니라, 말씀으로 천지를 창조하신 창조주 하나님이라는 사실입니다.

하나님은 창조주 하나님입니다. 이것을 믿는 것이 믿음의 시작입니다. 이 하나님을 바로 알게 해 주는 것이 바른 축복입니다. 축복은 하나님을 바로 아는 것입니다. 여러 가지 창조 과정을 알거나 노아 홍수 배경을 아는 것이 축복이 아니라, 하나님이 어떤 분인지 바로 아는 것이 축복입니다.

이 하나님께서 말씀으로 세상을 창조하셨습니다. 그런데 하나님은 아무 생각 없이 창조한 게 아니라, 아주 계획적으로 논리적으로 창조하셨습니다. 하나님은 많고 많은 피조물 중 무엇을 제일 먼저 창조하셨나요? 인간인가요? 아니면 천지인가요? 하나님은 천지라는 배경을 먼저 창조하셨습니다. (1장) 그런 후에 거기에서 살 수 있는 주인공인 인간을 창조하셨습니다. 하나님이 창세기에서 제일 먼저 한 것이 창조인데, (1-2장) 이 창조에도 순서가 있어 먼저는 천지창조요, (1장) 다음은 인간 창조(2장)입니다. 그래서 창세기 1장은 천지창조가, 2장은 인간 창조가 자연스럽게 이어지게 됩니다.

그러면 먼저 1장의 천지창조를 살펴봅시다. 하나님은 천지를 6일 동안 창조하시고 7일째 안식을 하셨습니다. 첫째 날은 빛, 둘째 날은 물과 궁창, 셋째 날은 땅과 채소, 넷째 날은 해와 달과 별인 광명체, 다섯째 날은 어족과 조류, 여섯째 날은 짐승과 사람을 창조했습니다. 이 6일간의 창조의 특징은 1, 2, 3일과 4, 5, 6일이 서로 대칭을 이루고 있으며, 먼저 배경을 만든 후, 거기에 합당한 내용을 채우는 식으로 창조되었습니다.

첫째 날의 빛과 넷째 날의 해, 달, 별, 둘째 날의 물과 궁창과 다섯째 날의 어족과 조류, 셋째 날의 땅과 채소와 여섯째 날의 동물과 사람이 대칭을 이루고 있으며, 그리고 일곱째 날에 하나님은 안식하셨습니다. 6일 창조 이야기는 이중주를 형성하고 있습니다. 즉 1-3일과 4-6일은 서로 병행을 이룬다는 것입니다. 1-3일은 온 우주와 지구의 '기반'을 형성하는 데 초점이 있습니다. 반면 4-6일은 1-3일에 조성된 기반에 내용을 채우는 '채움'의 사역을 보여 줍니다. 이와 같은 구조는 1-3일 창조 사역 때 생겨난 공간에, 그 주인공들이 채워지는 모습으로 나타납니다.

여기서 하나님의 일하시는 방법을 알 수 있습니다. 하나님은 기반과 채움, 형식과 내용이 늘 함께 이루어져야 함을 보여 줍니다. 이것은 떼려야 뗄 수 없는 관계라는 것입니다. 성도와 교회 건물과의 관계도 그렇습니다. 교회라는 건물도 중요하지만, 하나님의 관심은 교회를 채우는 사람들에게 있다는 것입니다. 하나님의 영이 거하는 성전인 사람을 하나님의 은혜와 영광으로 채워 가는 게 하나님의 관심사입니다.

* 천지를 창조하신 하나님

누가 천지를 창조하셨나요? 하나님입니다. 하나님이란 단어가 창세기 1장에서 30여 번 반복되는데 왜 반복될까요? 문법적으로 보면 말이 되지 않습니다. 하나님이란 단어 한 번으로도 하나님이 주어임을 드러내기에는 전혀 부족함이 없는데, 그럼에도 하나님이 이처럼 강조된 이유는 무엇일까요?

모세가 창세기를 쓰고 있을 때 원래 독자층은 출애굽한 이스라엘 백성입니다. 그들은 광야에서 엄청난 하나님의 기적을 체험했습니다. 그런 은혜에도 불구하고 상황이 여의치 않으면 불평이 순간순간 튀어나왔습니다. 불평불만은 불신앙의 전형적인 모습이요, 신앙의 바로미터입니다. 모세는 그 원인이 이스라엘 심령에 하나님에 대한 신앙이 각인되지 않았음을 깨달았고, 반복교육을 통해 하나님을 그들의 심령에 각인시키기 원했습니다.

하나님에 대한 신앙 즉 신본주의 신앙이 사람을 살릴 수 있음을 보여줍니다. 그래서 하나님을 반복적으로 강조하는 것입니다. 우리 시대도 이런 반복교육이 절실히 필요합니다. 사람을 바꾸는 것은 윤리도, 예절도, 선행도 아닙니다. 오직 살아 계시고 인격적인 하나님에 대한 신앙만이 사람을 바꿀 수 있습니다.

* 말씀하시는 하나님

하나님은 천지를 창조하셨는데 무엇으로 창조하셨나요? 말씀으로 창조하셨습니다. '말씀(이르시되)'이란 단어도 7번이나 반복되어 나옵니다. 신자는 말을 잘 사용해야 합니다. 신앙생활은 말로 하는 것이기 때문입니다. 오해하지 않기 바랍니다. 실천의 행위가 필요 없다는 말이 전혀 아닙니다. 말의 중요성과 능력을 말하고자 할 뿐입니다. 말로 찬양하고, 말로 기도하고, 말로 성경 읽고, 말로 전도하고, 말로 비전을 갖고, 아무튼 말이 있어야 역사가 이루어집니다. 말은 히브리어로 '따발'인데 이는 '역사한다'란 뜻입니다. 그러므로 뭔가 이루어지기 위해서는 말이 먼저 있어야 합니다.

사람들이 신앙생활을 행위라 하는데, 행위 이전에 말의 아름다움이 먼저입니다. 잠언 18장 21절에 말이 살리고 죽이는 권세를 가지고 있다고 합니다. 그 대표적인 예가 민수기 13장에 나오는 이스라엘 12지파 대표자들의 가나안 정탐 보고입니다. 10지파는 부정적인 이야기를 하여 그들의 말대로 광야에서 죽임을 당했고, (민 14:27-28) 갈렙과 여호수아는 그들의 말대로 가나안에 들어갔습니다. 아마 말 중의 최고의 말은 '기도'일 것입니다. 예수 그리스도의 이름으로 한 말이기 때문입니다.

* 하나님의 형상으로 인간을 창조하신 하나님(1:26-27)

"하나님이 이르시되 우리의 형상을 따라
우리의 모양대로 우리가 사람을 만들고 (…)
하나님이 자기 형상 곧 하나님의 형상대로 사람을 창조하시되
남자와 여자를 창조하시고"
(창 1:26-27)

하나님은 6일째 동물과 인간을 함께 창조하셨습니다. 인간과 동물은 같은 날 창조되었기에 비슷한 점도 있지만, 근본적인 차이점도 있습니다. 인간이 흙으로만 지음을 받은 것이 아니고 하나님의 형상으로 창조되었다는 점입니다. 하나님의 형상은 포괄적으로 말하면 영으로 지음을 받은 영적 존재라는 것입니다. 그러므로 사람은 이 영혼이 만족되어야 합니다. 그런데 이 영혼은 세상의 어떤 것으로도 만족시킬 수 없습니다. 영혼이 천하보다 크기 때문입니다. 그러기에 천하보다 크신, 천하를 지으신 하나님만 영혼을 만족시킬 수 있습니다.

그러므로 사람은 영혼에 최우선을 두어야 합니다. 에베소서에서 사도 바울이 그의 기념비적 기도에서 "속사람이 능력으로 강건하게 하옵소서"라고 외치고 있습니다. (엡 3:16) 에베소 교인들이 현실적으로 절실한 기도가 얼마나 많았겠습니까? 그럼에도 사도 바울이 영혼을 위한 기도를 강조한 이유가 바로 여기에 있습니다.

사람들이 다윗을 참 좋아합니다. 왜 그렇게 좋아할까요? 다윗의 믿음이 좋아서가 아니라, 다윗이 이룬 왕의 자리가 탐나기 때문일 경우가 많습니다. 그러나 다윗의 기쁨의 근원은 하나님을 닮아 가는 것에 있었습니다. 왕이 되는 것에 있지 않았습니다. 다윗이 부르짖는 영혼의 외침을 한번 들어 봅시다.

"사람이 무엇이기에 주께서 그를 생각하시며 인자가 무엇이기에 주께서 그를 돌보시나이까 그를 하나님보다 조금 못하게 하시고 영화와 존귀로 관을 씌우셨나이다"

(시 8:4-5)

연약한 사람에게 영화와 존귀로 관을 씌워 하나님처럼 되었을 때, 그에게서 참으려고 해도 더는 참을 수없이 터져 나오는 영혼의 외침이 다윗의 고백입니다. 다윗은 그의 영혼이 하나님처럼 되었을 때 제일 기뻤습니다. 우리가 무엇을 기뻐해야 하나요. 영혼이 하나님으로 채워지는 것을 기뻐해야 합니다. 우리는 경험적으로 교회 부흥을 위해서는, 교회 사역을 위해서는 밤새워 일할 수 있지만, 영혼을 위해 기도하는 것은, 그렇게 쉽지 않다는 것을 알기 때문입니다.

* 하나님의 형상이란?

"하나님의 형상대로 남자와 여자를 지으시고"
(1:27)

하나님의 형상은 하나님의 속성 즉 성품을 말하는데, 그것은 남자의 성품과 여자의 성품을 의미하기도 합니다. 남성의 성품을 '부성적 성품', 여성의 성품을 '모성적 성품'이라 하는데, 하나님 안에는 이 두 성품이 공존합니다. 하나님이 위대하신 것은, 전능한 능력을 지닌 '부성' 때문이 아니라, 자기 자신의 생명을 포기하는 사랑의 '모성' 때문입니다. 자녀를 위해 생명을 바쳐 헌신하는 것은 아버지가 아니라 늘 어머니입니다.

하나님의 이러한 성품의 극치는 십자가에서 자기 아들을 희생하는 데에 잘 나타나 있습니다. 죄인인 우리가 구원을 얻을 수 있었던 것도 하나님의 이러한 모성적 성품 때문입니다. 그러므로 진짜 하나님의 자녀는 아버지의 성품과 어머니의 성품 모두를 닮아 가는 데 있습니다.

* 복을 주시는 하나님

"하나님이 그들에게 복을 주시며 하나님이 그들에게 이르시되"
(1:28)

하나님은 사람을 지으시고 가장 먼저 무엇을 하게 하셨을까요? 일을 시키지 않으셨습니다.

하나님이 가장 먼저 하신 것은 인간에게 복을 주신 것입니다. 그러므로 사람이 맨 먼저 해야 할 일은 하나님께 복을 구하는 것입니다. 현대인은 복을 구하는 것을 부끄러워할 뿐 아니라 참 어색해합니다. 인간은 복 없이 내 노력으로 살 수 있는 존재 같지만 그렇지 않습니다.

신명기 28장을 축복의 장이라 합니다. 68절까지 긴 내용인데 축복에 대해서는 1-14절까지인데 비해, 저주에 대해서는 15-68절까지 그 분량이 3배가 깁니다. 저자가 무슨 얘기를 하고 싶어서 그런 대조법을 사용했겠습니까? 인간은 하나님의 축복 없으면 아무리 발버둥 쳐도 저주로 흐를 수밖에 없는 연약한 존재임을 확인시켜 주고, 그러기에 인간은 복을 구하는 데 최우선 순위를 두어야 함을 가르쳐 주기 위함입니다. "그렇다면 복만 구하는 이기주의자 되는 게 하나님의 뜻이란 말인가?"라고 반문하는 사람이 있는데, 그것은 복을 바르게 이해하지 못하는 데서 기인합니다. 왜 하나님은 복을 구하라고 하십니까? 그 복을 바르게 쓸데가 있기 때문입니다.

* 사명을 주시는 하나님

"생육하고 번성하여 땅에 충만하라 땅을 정복하라
바다의 물고기와 하늘의 새와 땅에 움직이는 모든 생물을
다스리라 하시니"
(1:28)

하나님이 인간에게 주신 사명을 바르게 알고 받은 복을 가지고 사명을 감당하도록 하기 위해 하나님은 복을 구하라고 하십니다. 복을 가지고 호의호식하라는 게 아닙니다. 그래서 우리의 최종 목적은 복에 있는 게 아니라, 그 복을 얻어 사명을 감당하는 데 있는 것입니다. 이것을 놓치는 순간에 인간은 하나님을 믿어도 하나님을 닮아 가는 게 아니라, 하나님의 영광을 가리는 이상한 종교인으로 전락하게 됩니다. 복과 사명의 관계를 명확히 인식해야 바른 신앙생활을 할 수 있습니다. 그래서 우리는 늘 복을 구해야 합니다. 그러나 거기서 그치면 그 신앙은 괴팍한 신앙이 된다는 사실을 잊지 말아야 합니다.

* 가이드의 단상 1
특별계시와 일반계시의 관계

여기서 첫째 날의 빛과 넷째 날의 해, 달, 별의 관계가 보여 주는 영적인 진리를 살펴봅시다. 하나님은 첫째 날에 빛을, 넷째 날에 발광체인 해, 달, 별을 만드셨습니다. 첫째 날의 빛은 물질적인 빛이 아닙니다. 그냥 형체가 없는 빛, 그래서 그것을 '하나님의 빛'이라 합니다.

출애굽 시 이스라엘을 비추던 빛이 바로 그 빛입니다. 쉽게 말하면 특

별계시 즉 기적의 빛입니다. 신비의 빛입니다.

그러나 하나님은 언제까지나 이 기적의 빛으로 세상을 다스리는 것이 아니라, 넷째 날의 눈에 보이는 정상적인 빛인 해, 달, 별을 만들어 낮과 밤을 주관하게 하셨습니다. 이 과정을 잘 보면 하나님의 특별한 빛이 정상적인 빛으로 바뀌고 있음을 알 수 있습니다. 좀 전문용어를 쓴다면 특별한 빛인 특별은혜(특별계시)가 정상적인 빛인 일반은혜로 바뀐다는 것입니다. 하나님의 신비는 숨어 버리고 자연법칙이 그 자리를 차지하게 된 것입니다.

예를 들어 이스라엘의 광야 생활을 생각해 보면 쉽게 이해할 수 있습니다. 이스라엘 백성은 광야 40년을 살 때 하늘에서 만나와 메추라기가 내려서 그들의 양식이 되었습니다. 하늘에서 비가 내리는 것은 일반적으로 이해가 되지만, 하늘에서 양식이 내리는 것은 과학적으로도 설명이 되지 않습니다. 이것을 우리는 하나님의 특별계시, 특별은혜, 기적이라 합니다.

그러나 하나님은 이스라엘 백성에게 100년, 200년 계속 만나로 먹이지 않으셨습니다. 이스라엘이 가나안땅에 들어가자 만나가 그치고, 정상적으로 농사를 지어 그 수확물을 먹게 하셨습니다. 기적의 만나는 더는 내리지 않았습니다. 만나라는 기적이 수고의 산물인 수확물이라는 자연법칙으로 바뀌게 된 것입니다. 이게 하나님의 일하시는 방법입니다. 수확물이라는 현재의 축복(일반은혜) 속에 만나의 기적과 같은 특별은혜(계시)가 숨겨져 있게 했습니다.

왜 하나님이 그렇게 하셨을까요?

보이는 일반은혜 속에서 보이지 않는 특별계시를 발견하여 하나님 앞에 겸손하게 하시고 감사하는 삶을 살도록 하기 위함입니다. 광야에서 이스라엘 백성에게 만나(특별은총)를 주신 하나님은 바로 가나안에서 수확물(일반은총)을 주신 하나님과 동일한 분이십니다. 그러니 수확물이 넘쳐 나도 교만할 이유가 하나도 없습니다. 내 힘으로 이룬 게 아니라 광야에서 은혜를 베푸셨던 동일하신 그 하나님이 현재에도 은혜를 베풀어 주신 것이기 때문입니다. 오늘날 신앙의 혼돈은 대부분 이것을 착각하는 데서 기인합니다.

첫째 날의 하나님의 빛을 넷째 날의 발광체 속에 숨기시고, 하나님은 발광체인 해, 달, 별로 세상을 비추게 하셨습니다. 하나님이 이렇게 하시는 것은 우리에게 은혜이며 동시에 시험이기도 합니다. 우리는 자연법칙을 볼 때 그 뒤에 특별은혜를 숨겨 놓으신 하나님의 손길을 놓치면 안 됩니다. 우리는 병을 기도로 치유받으면 기적이고 하나님의 특별은혜라고 합니다. 그러나 병원에 가서 의사의 손에 고침을 받으면 그렇게 생각하지 않는 경향이 있습니다. 그냥 명의가 고쳤다고 합니다. 그러나 그렇지 않다는 것입니다. 질병을 기도로 치유받는 것은 누구도 부인하지 못하는 하나님의 기적입니다. 특별계시입니다.

그러나 하나님이 그 특별계시를 의사를 통해 치유받도록 자연법칙 속에 숨겨 놓았다는 것을 알아야 합니다. 의사의 손으로 고침을 받았어도 하나님의 은혜로 고침받았음을 고백하고 감사해야 합니다. 그것을 볼 수 있는 사람이 영의 사람이며, 그것을 볼 수 있어야 교만치 않고 겸손히 은혜 속에 살게 합니다.

다시 한번 이스라엘 백성들의 출애굽 이야기로 돌아가 봅시다. 출애굽 시 광야의 기적인 만나가 내린 것은 40년뿐이었습니다. 그 똑같은 하나님이 가나안땅에 들어가서 만나(특별계시)를 끊어 버리고, 그 땅의 소출(자연법칙)을 먹도록 했습니다. 가나안땅에서 소출을 보면서 이스라엘 백성은 무엇을 생각했어야 했나요? 응당 그들은 소출을 보면서 광야에서 만나를 주셨던 하나님을 기억했어야 합니다. 그러나 그들은 소출을 보면서 '자기들의 노력의 대가로 얻은 것'이라고 생각했습니다.

그때부터 그들의 마음속에는 교만이 싹트기 시작했고 결국 하나님을 버리게 되었습니다. 행복해야 할 가나안땅에서 도리어 우상을 섬기는 자가 되었습니다. 하나님의 특별계시(기적)는 오늘도 계속됩니다. 그런데 많은 경우 하나님은 특별계시를 일반계시(자연법칙) 속에 숨겨 두십니다. 이것을 볼 수 있는 게 하나님의 사람입니다.

* 인간 창조(2)

* 에덴동산(2:1-17)

창세기 2장은 인간 창조에 대해 구체적으로 서술하고 있습니다. 하나님은 인간을 동물과 같이 6일째 창조하셨지만, 하나님의 영을 불어넣어 동물과는 다르게 만드셨습니다. 인간과 동물이 같지 않다는 것입니다. 그리고 하나님은 인간을 창조하기 전에 먼저 인간이 거할 에덴동산을 만드셨습니다. 하나님은 인간을 만드사 광야 같은 삭막한 장소에 살게 하지 않으셨습니다. 인간이 가장 행복한 삶을 살 수 있도록 환경 여건을 조성해 놓으신 것입니다. 여기서 하나님의 세심한 배려와 사랑을 엿볼 수 있습니다.

그리고 에덴동산의 핵심은 동산 중앙에 생명 나무와 선악을 알게 하는 나무를 두고, 선악을 알게 하는 나무의 열매는 절대로 따 먹지 말라는 금지 명령을 내리셨습니다. 에덴은 기쁨이란 뜻이기도 한데, 기쁨의 신앙생활은 에덴동산의 조건을 잘 지키는 데 있습니다. 에덴이 에덴 되기 위해서는 선악과나무에 대한 금지 명령을 절대적으로 지켜야 합니다. 이것이 핵심입니다.

에덴동산은 계시록 22장에 나오는 하나님 나라를 예표하고 있습니다. 에덴동산은 죄로 말미암아 파괴되었으나, 예수의 재림을 통해 계시록 22장에 다시 회복됩니다. 신앙은 잃었던 에덴을 회복해 가는 과정이며 동시에 에덴의 축복을 누리는 것입니다. 이것을 잘 지키면 에덴의 축복을 누리고 그렇지 않으면 예비하신 모든 축복을 잃게 됩니다. 사람들은 예비하신 축복을 누리는 것이 얼마나 큰 것인가를 경시하는 경향이 있습니다.

예비하신 축복을 잘 누리려면 하나님이 설정하신 하나님과 인간과 피조물의 관계가 명확히 유지되어야 합니다. 하나님은 인간의 주인이고 인간은 하나님의 대리자인 '에이전트 킹'(agent king)의 관계가 분명해야 합니다. 그러므로 인간이 에덴동산의 축복을 누릴 수 있는지 또는 없는지의 문제는 '에이전트 킹'의 역할을 얼마나 잘 감당하느냐에 달려 있습니다.

에덴동산이 행복의 동산인 것은 분명합니다. 하나님은 우리가 에덴동산에서 행복한 삶을 살기 원하십니다. 에덴동산을 보세요. 부족한 게 있었나요? 모든 게 풍족했을 뿐입니다. 보는 것도 감사요, 듣는 것도 감사였습니다. 아담이 하와를 처음 봤을 때 "뼈 중의 뼈요, 살 중의 살"이라고 고백했습니다. 에덴동산은 행복의 동산이었습니다. 그러나 선악과를 따 먹지 말라는 명령에 대한 절대적인 순종이 전제였습니다.

하지만 이는 언제든지 불순종할 수 있다는 의미이기도 합니다. 에덴동산이 하나님 나라가 될 수 없는 것은, 거기에는 죄를 범할 가능성이 항상 존재한다는 사실입니다. 에덴동산에서 불순종할 경우 에덴동산에 주어졌던 모든 축복이 뿌리째 뽑혀 사라집니다. 그러나 앞으로 이루어질 하나님 나라는 죄가 없습니다. 죄의 가능성도 없습니다. 하늘나라는 에덴동산보다 비교할 수 없는 상상 그 이상의 완전한 곳입니다.

하나님이 에덴동산을 주신 이유는 무엇일까요? 창조주 하나님과 피조물 인간 그리고 만물과의 관계를 분명히 하기를 원하셨기 때문입니다. 창조주 하나님은 세상의 왕(king)이요, 주인입니다. 거기에 살게 된 인간은 왕이신 하나님의 대리자(agent king)입니다. 대리자인 인간이 에덴동산에 살면서 그곳을 하나님의 뜻대로 잘 다스려 에덴동산의 축복을 만끽하며 살도록 하셨습니다. 그 축복을 빼앗기지 않고 누리는 유일한 방법이 바로 "동산 중앙의 선악과를 따 먹지 말라"는 금지 명령을 지키는 것입니다.

이 명령을 사람들은 오해합니다. '하나님은 인간에게 병 주고 약 주는 게 아닌가?'라고 항변합니다. 그러면서 '죄의 책임은 하나님께 있는 것 아닌가, 그 하나님은 완전한 존재가 아닌 것 아닌가?'라고 합니다. 하지만 전혀 그렇지 않습니다. 생각해 보세요. 선악과 금지 명령 하나를 지키면 예비하신 모든 축복을 다 얻게 되어 있습니다. 이 모든 것을 다 누리도록 주시는 것이 하나님의 본심이었고, 지각을 주시고 자유의지를 주시며 하나님과 인간과 피조물의 관계가 명확히 유지되는 질서를 깨지 않기를 바라신 선악과는 인간을 향한 깊은 사랑의 표현이었습니다. 이런 관점에서 선악과를 주신 하나님의 마음을 생각해 본다면, 우리를 향한 하나님 사랑의 크기에 그저 압도당할 뿐입니다. 에덴동산의 하나님은 사랑의 하나님이십니다.

* 가정창조(2:18-25)

하나님은 아담을 창조하셨습니다. 그런 아담이 창조적인 지성을 발휘해, 자기 앞에 나오는 동물들의 이름을 하나하나씩 짓는 것을 보면서 감탄하셨습니다. 참 총명한 아담이었습니다.

그런데 하나님 보시기에 아담이 홀로 있는 게 그렇게 좋아 보이지는 않았습니다. 그래서 하나님은 여자인 하와를 창조해 아담의 배필로 주셨습니다. 하나님이 만든 하와를 본 아담은 "내 뼈 중의 뼈요, 살 중의 살이라"고 최고의 감탄과 사랑을 고백했습니다.

여기서 하나님이 아담 창조에 끝나지 않고 가정을 창조하신 것을 잘 살펴보아야 합니다. 하나님이 창조한 가장 중요한 공동체가 '가정'과 '교회'입니다. 이것을 달리 표현하면 '가정'과 '교회'는 늘 사단이 공격하는 대상이 된다는 것입니다. 그래서 오늘날 문제가 가장 많은 곳이 '가정'과 '교회'입니다. 사단은 집요하게 두 곳을 가만두지 않고 파고들어 쓰러뜨리려 합니다. 에스라서에 보면 사단은 늦은 밤까지 도서관에서 자료를 찾아 공격할 정도로 열심이 대단합니다. 성도들도 깨어 있도록 열심을 다해야 합니다. 가정의 평화가 깨지고 교회의 예배가 타락하면 신앙은 회복하기 쉽지 않습니다. 그러기에 가정과 교회는 지켜야 할 신앙의 가장 중요한 두 축입니다.

2) 타락 사건(3-5)

＊ 죄(타락)란 무엇인가?

앞에서 에덴동산이 참다운 에덴동산이 되기 위해 지켜야 할 하나님의 절대적인 말씀을 주셨습니다. 그것이 창세기 2장 16, 17절 말씀입니다.

"여호와 하나님이 그 사람에게 명하여 이르시되
동산 각종 나무의 열매는 네가 임의로 먹되
선악을 알게 하는 나무의 열매는 먹지 말라 네가 먹는 날에는
반드시 죽으리라 하시니라"

한마디로 말하면 "선악과를 따 먹지 말라. 그러면 나머지 모든 것이 너의 축복이 되고. 반대로 선악과를 따 먹으면 준비된 모든 축복이 도리어 저주가 된다."라는 말씀입니다. 인간은 하나님의 영원한 축복을 만끽하며 행복하게 살수도 있고, 선악과를 따 먹고 타락의 길로 접어 들을 수도 있는 갈림길에서, 어떤 선택과 행동을 했는가가 서술되어 있습니다.

창세기 3장에 처음 등장하는 존재는 사단입니다. 사단이 뱀을 통해 하와를 유혹하는 장면입니다. 뱀은 들짐승 중에 가장 간교한 천의 얼굴을 가진 컬러풀한 자로 묘사되어 있습니다. 그가 여자에게 접근하여 하나님의 말씀에서 교묘하게도 뺄 것은 빼고(임의로, 반드시는 삭제), 보탤 것은 보태어(만지지도 말라는 첨가) 의심의 씨앗을 하와에게 심어 놓았습니다. 사단의 덫에 걸린 하와의 눈에 갑자기 변화가 찾아왔습니다.

그녀의 눈은 붉어지고 탐욕스러워졌고, 이내 선악과를 따 먹게 되었습니다. 여기서 죄가 최초로 인류 가운데 들어왔습니다.

그러면 죄가 무엇인가요? 죄를 이해하기 위해서는 '따 먹지 말라는 선악과를 따 먹은 것이 무슨 의미인가?'를 우리는 명확히 이해할 필요가 있습니다. 그것을 이해하기 위해 사단이 여자를 유혹할 때 한 말을 잘 기억해야 합니다. 3장 5절을 보면 사단이 말합니다.

"너희가 그것을 먹는 날에는 너의 눈이 밝아져 하나님과 같이 되어 선악을 알 줄 하나님이 아심이라"

사단은 선악과를 따 먹으면 하나님처럼 된다고 유혹합니다. 여기서 선악과를 따 먹었다는 것은 그냥 사과 한 개 먹었다는 의미가 아닙니다. 본래 선악과를 금지했을 때 하나님의 의도는 하나님과 우리의 관계를 명확히 하라는 것이었습니다. 그러기에 선악과를 따 먹었다는 것은 하나님과 우리의 관계를 부인했다는 것입니다. 주인인 하나님과 종인 나의 관계, 주종관계가 완전히 파괴된 것입니다.

다시 말하면 하나님이 내 주인이 아니라 내가 내 인생의 주인이라는 선포입니다. 하나님은 나의 주인이요, 나는 그의 종이라는 주종관계가 우주의 근본원리요 영적인 절대불변의 법칙입니다. 이 관계를 부인하는 게 바로 죄요, 이 죄가 인류의 불행의 씨앗이 되었습니다.

3장은 이 죄의 시작을 알리고 있습니다. 4장에서는 그 죄가 가져온 참혹한 결과를 보여 주고 있습니다. 죄의 결과가 가져온 죽음이 형제간의 살인사건으로 처참한 모습으로 나타납니다. 5장에는 인류사에 계속 이어지는 죽음의 족보가 어떻게 펼쳐지고 있는가를 열어서 보여 주고 있습니다.

* 죄의 특성(3:6-13)

인류 불행의 씨앗인 죄가 들어왔습니다. 여기선 먼저 죄의 특성이 어떠한가를 살펴보는 것도 신앙생활을 하는 데 도움이 되리라 생각합니다. 하와가 죄를 범하자 죄는 묘한 특성을 발휘하기 시작합니다. 죄는 가만있지 않고 죄의 영역을 자꾸만 확장합니다. 죄를 범한 하와는 자기 남편을 끌어들여 선악과를 주어, 먹게 하고 죄를 범하게 합니다. 죄는 홀로 있는 것을 두려워합니다. 그래서 자꾸만 동류를 끌어들여 자기 영역을 확장하면서 스스로 마음의 불안을 덮으려 합니다. 죄인은 죄인이 주변에 있어야 안심이 됩니다. 주변에 의인이 있으면 왠지 두렵고 불안해집니다. 어두움은 빛을 가장 싫어하기 때문입니다. (요한 1장)

또 죄는 하나님의 음성 듣기를 싫어합니다. "아담아 네가 어디 있느냐?" 죄를 범한 아담에 다가오시는 하나님의 다정한 음성입니다. 그러나 아담은 사랑으로 다가오시는 하나님을 외면하여 냉정히 거절합니다. 죄는 사람의 마음을 닫게 만듭니다. 열린 마음을 가져야 하나님의 말씀을 들을 수 있는데, 마음이 닫히게 되므로 듣는 것이 너무너무 힘들게 됩니다. 그래서 교회에서 일은 밤을 새워 가며 할 수 있어도, 설교 듣는 것은 그렇게 힘든 것입니다. 많은 사람이 설교 듣기를 싫어합니다. 힘들어합니다. 죄가 가리고 있어서 그렇습니다.

오늘날 사회의 모습을 돌아보세요.

가정에서 자녀들의 방문을 잠그고 있으면 뭔가 불안하지 않은가요? 폐쇄된 곳에서 좋은 것이 나오기 쉽지 않습니다. 솔로몬은 하나님께서 원하는 것을 구하라는 요청받았을 때 '듣는 마음'을 달라고 기도했습니다. 이 기도에 너무나 기뻐하신 하나님은 기도의 응답 외에 재물과 장수와 건강을 덤으로 주셨습니다. 이 '듣는 마음'이 바로 열린 마음입니다. 마음을 가두지 말고 하나님을 향해 활짝 열어야 합니다. 그때 하나님의 음성이 들려옵니다. 이 하나님의 음성이 들리기 시작하면 말씀이 꿀 송이처럼 달고 세상 이야기는 싫어집니다.

* 죄에 대한 심판(3:14-19)

그러면 죄를 범한 인류는 어떻게 될까요?

몰래 먹는 떡이 맛있다고 죄를 짓는 재미도 상당합니다. 그러나 죄에는 반드시 심판이 따릅니다. 하나님은 본문에서 죄의 원인이 된 순서대로 일일이 지목하시면서 하나하나 저주를 선포하십니다.

먼저 죄를 가져온 장본인 뱀입니다.

"너는 배로 다니고 흙을 먹을 것이다." 죄의 원인인 뱀을 제일 먼저 징계하십니다.

다음은 여자입니다.

"네게 잉태하는 고통과 해산의 수고가 있을 것이며 남편의 다스림을 받을 것이다."

그다음은 남편입니다.

"너는 종신토록 수고해야 먹고 살 수 있을 것이다. 땅은 가시덤불과 엉겅퀴를 낼 것이다."

하나님은 뱀, 하와, 아담을 불러서 죄에 대한 분명한 저주를 선포하셨습니다. 그러나 저주하는 것이 하나님의 목적이 아니라는 것을 알 수 있습니다. 그 저주 속에는 도리어 인류를 구원하려는 하나님의 사랑이 담겨 있음을 볼 수 있습니다.

“내가 너로 여자와 원수와 되게 하고
네 후손도 여자의 후손과 원수가 되게 하리니
여자의 후손은 네 머리를 상하게 할 것이요
너는 그의 발꿈치를 상하게 할 것이니라 하시고”
(창 3:15)

여기서 여자의 후손은 예수 그리스도를 가리킵니다. (갈 4:4) 죄로 인해 저주에 갇힐 수밖에 없었던 인간에게, 구원하러 오실 예수 그리스도에 대한 소망을 심어 줍니다. 창세기는 구원의 복음을 제시해 주고 있습니다. 이것은 하와의 이름을 ‘모든 산자의 어미’라 짓는 태도에서도 잘 나타납니다. 더 나가서는 죄를 범하고 두려움 가운데 떨고 있는 ‘아담과 하와’를 찾아오셔서 ‘가죽옷’을 입혀 주시는 데서 더욱 짙은 하나님의 사랑의 손길이 보입니다. 하나님의 준비된 구원의 속내가 드러납니다. 하나님은 ‘아담과 하와’를 결코, 포기하지 않으십니다.

에덴동산에서의 아담을 추방한 것도, 하나님 사랑의 표현입니다. 왜냐하면, 죄인이 죄를 지닌 채 생명 나무를 따 먹고 영생하면 도리어 그것이 형벌이 되기 때문에, 하나님은 그룹들과 화염검을 두어 생명 나무의 길을 지키게 하시고 그들을 추방하셨습니다. 이는 회복을 위한 추방입니다.

* 죄의 결과 : 가인과 아벨의 예배(4:1-9)

지금까지 우리는 창세기 3장에서 죄의 모습을 살펴보았습니다. 창세기 4장은 죄의 결과인 참혹한 형제간의 살인사건이 발생합니다. 가정은 형제의 살인사건이 일어나서는 안 되는 곳입니다. 가정은 하나님이 지으신 가장 중요한 공동체입니다. 그런데 무시무시한 살인사건이 어두운 뒷골목이 아니라, 백주의 대낮처럼 밝은 가정에서 벌어졌습니다. 하나님을 부인한 결과가 바로 이렇습니다.

하나님을 부인한 것을 좀 더 세부적으로 살펴보면, 하나님을 믿기는 믿었는데 하나님 중심이 아니라 자기중심적으로 믿었다는 것입니다. 죄란 믿어도 바르게 믿지 않는 것입니다. 가인과 아벨이 똑같이 하나님을 믿었습니다. 그런데 가인은 자기중심적으로 믿었고, 아벨은 하나님 중심적으로 믿었습니다.

이는 오늘날 우리에게 너무나 중요한 시사점을 주고 있습니다. 믿음의 결과가 너무나 다를 수 있다는 것입니다. 그래서 잘 믿어야 합니다. 다시 말하면 하나님께 돌아가는 것 하나님을 하나님답게 믿는 것이, 가정과 교회를 살릴 수 있는 유일한 길입니다. 하나님께 돌아가는 길이 예배입니다. 그 예배의 중요성을 다시 한번 짚어 주는 게, 창세기 4장의 가인과 아벨의 이야기입니다.

아담과 하와의 자녀 가인과 아벨이 있었습니다. 가인은 직업이 농사하는 자요, 그래서 그는 땅의 소산물을 가지고 예배를 드렸습니다. 아벨은 직업이 목동인 양치는 자였기에, 그는 양의 첫 새끼와 그 기름으로 예배를 드렸습니다. 가인이나 아벨이나 똑같이 정성을 다해 예배를 드렸습니다. 그러나 문제는 하나님은 가인과 그가 드린 제물은 받지 않으시고, 아벨과 그가 드린 제물은 받으셨다는 것입니다.

예배를 거부당한 가인은 심기가 아주 불편해졌습니다. 왜 예배가 거부되었는지 자신을 살펴봐야 했는데, 그러지 않고 거부당한 불편함의 원인을 하나님께 돌리며 아벨을 죽이는 데까지 이르렀습니다. 예배의 성공과 실패가 사람을 죽이느냐 살리느냐 하는 중요한 갈림길이 됩니다. 최초의 살인사건은 뒷골목에서가 아니라 거룩한 예배의 현장에서 일어났다는 사실을 직면해야 합니다. 예배 성공의 비결이 신앙생활 성공의 비결에 직결되기 때문입니다.

가인의 살인과정을 자세히 추적해 봅시다. 가인이 하나님께 예배를 거부당하자 심기가 불편했습니다. 심기가 불편해진 가인은 그 원인을 하나님께 돌리고, 괜히 예배를 잘 드린 아벨을 미워하게 되었습니다. 결국은 아벨을 들로 유인하여 죽여 버렸습니다. 그런 가인을 하나님은 찾아오셔서 질문하십니다. "네 아우 아벨이 어디 있느냐?" 이것은 문책이라기보다는 오히려 하나님의 사랑의 손길입니다. 그러나 가인의 대답은 매몰찹니다. "내가 아우를 지키는 자입니까?" '땅이 너를 거부할 것'이라는 하나님의 말에 억울해하는 가인에게 하나님은 '가인의 표'를 주어 에덴의 동편의 동편 놋 땅에 거주할 수 있게 하십니다. 죽음의 저주 속에서도 생명을 잉태케 하시는 하나님의 사랑이 살인자 가인에게서도 넘쳐흐르고 있습니다.

* 가이드의 단상 2
하나님 중심과 인간 중심의 예배

가인과 아벨의 예배 사건 이후 신앙은 두 종류로 갈라집니다. 하나는 하나님 중심신앙이고 또 다른 하나는 인간 중심신앙입니다. 하나님 중심신앙은 아벨이 가졌던 신앙으로 그 모든 가치 기준을 하나님에 두는 것이요. 인간 중심신앙은 가인이 가졌던 것으로, 그 모든 기준이 인간의 유·무익에 따라 좌우됩니다. 그러므로 이 둘은 신앙이란 면에서 유사한 것 같지만, 그 내용과 질은 하늘과 땅만큼이나 차이가 납니다.

이러한 유형의 패턴은 우리 사고와 삶의 모든 영역에 그대로 나타나고 있습니다. 성경해석에도 두 가지로 갈라지는데 하나는 Exegesis(성서주해)라 하여, 성경 본문의 말씀을 읽고 본문이 말하는 하나님의 의도를 찾아 삶의 절대 규범으로 삼고 자기 삶을 변혁시키는 방법입니다. 이는 하나님 중심적으로 우리 신앙을 바르게 이끌어 줍니다.

또 다른 하나는 Eisegesis(자기해석)라 하여 성경 본문을 단지 자기 주장이나 생각을 합리화하고 뒷받침해 주는 증거 본문으로 사용합니다. 이는 인간 중심적이며 특히 이단에서 사용합니다. 이단뿐 아니라 오늘날 하나님을 믿는 성도들에게도 너무나 익숙하고 뿌리 깊이 박힌 습관입니다. 하나님이 가장 싫어하는 방법입니다.

신앙생활에도 그대로 적용됩니다. 하나는 내가 하나님을 움직이려 하는 것이며, 이것은 지극히 인간 중심적인 신앙입니다. 또 다른 하나는 하나님이 나를 움직여 주도록 모든 것을 하나님께 의탁하는 방법으로 하나님 중심의 신앙입니다. 전자는 문제가 나보다 하나님께 있고, 후자는 하나님보다 나에게 있다는 데서 출발합니다. 신앙의 문제는 나의 문제입니다. 하나님이 문제가 되는 게 아닙니다. 그러므로 하나님이 돌과 같은 나를 움직여 하나님을 위하여 살도록 기도하는 것이 참된 신앙입니다. 그때 좋은 신앙으로 자라납니다.

신앙이 없는 것도 문제지만 더 중요한 문제는 신앙은 가지고 있는데 그 신앙이 잘못된 신앙일 때 문제가 아주 심각해집니다. 신앙이 없으면 있게 하고 약하면 키워 주면 됩니다. 그러나 신앙이 나쁘면 고치기 쉽지 않고 특히 자녀와 주변에 매우 좋지 않은 악영향을 줍니다. 하나님의 영광을 가리는 불행한 신앙인이 됩니다. 좋은 신앙인이 되려면 신앙의 기본인 예배가 하나님 중심인지, 인간 중심인지 늘 새롭게 점검해야 합니다. 이 기본기가 되어 있을 때 말씀 공부도 신앙생활도 사회생활도 하나님께 영광이 됩니다. 신앙이 쑥쑥 자라납니다.

* 가인의 족보와 셋의 족보(4:10-26, 5:1-6:8)

창세기 4장의 구조는 아담의 첫째와 둘째인 가인과 아벨의 출생으로 시작하여, (4:1-2) 아담의 셋째인 셋의 출생으로 끝납니다. 그 중앙에는 가인의 후손들에 관한 이야기가 등장합니다. (4:17-22) 이런 구조는 아담의 후손이 그들에게 맡기신 사명을 감당치 못하고 타락하는 모습, 특히 타락의 근원인 예배의 타락을 선명하게 보여 줍니다. 먼저 죄를 가져온 가인의 후손을 살펴봅시다.

'아담 - 가인 - 에녹 - 이랏 - 므후야엘 - 므드사엘 - 라멕(7대손)'

가인의 족보에서 7대손은 라멕입니다. 5장에 나오는 셋의 족보에서 7대손은 에녹입니다.

각 족보의 특징을 말해 주는 두 인물이니 잘 기억할 필요가 있습니다.

먼저 가인의 족보에 등장하는 라멕을 살펴봅시다. 7대손 라멕은 두 아내를 두었는데, 그들이 바로 아다와 씰라입니다. 아다는 육축 치는 자의 조상인 야발과 수금과 통소를 부는 자의 조상인 유발을 낳았습니다. 육축 치는 자의 조상이란 농업기술의 혁신을 이룬 전문가란 뜻입니다. 수금과 퉁소 부는 자의 조상이란 뛰어난 예술인을 말합니다. 씰라는 기계문명의 조상인 두발가인과 미의 상징인 나아마를 낳았습니다. 기계문명의 조상이란 엔지니어를 뜻하고, 미의 상징은 미인을 의미합니다.

하나님이 없는 가인의 후손들이 먹고사는 문제를 해결하기 위해, 살기 위해 얼마나 많은 수고와 노력을 들였는가를 엿볼 수 있습니다. 음악과 과학, 그리고 상업과 예술 등 각 분야에서 나름대로 최고의 노력을 기울였고 전문가가 되었습니다. 이런 게 나쁜 게 아닙니다. 응당 그래야 합니다. 문제는 그들의 삶에 하나님이 없다는 것입니다. 아무리 문명, 과학, 음악, 경제가 화려해도 하나님이 없으면 바람에 나는 겨에 지나지 않습니다.

이제는 생명의 족보인 셋의 족보를 살펴봅시다. 하나님은 아벨 대신에 셋을 주셨습니다. 셋의 아들이 에노스인데 '죽을 수밖에 없는 인간'이란 뜻입니다. 이때 사람들은 비로소 여호와의 이름을 불렀습니다. 사람이 죽음에 직면했을 때 여호와 앞에 나왔다는 것입니다. 여호와 이름을 부르는 셋의 족보가 5장에 나옵니다. 죄의 결과인 죽음이 등장하는 가운데 이 족보가 나옵니다. 그런 연유는 우리에게 죄의 결과인 죽음으로 끝나지 않고, 죽음을 뚫고 나오는 생명의 길을 보여 주기 위함입니다.

'아담 - 셋 - 에노스 - 게난 - 마할랄렐 - 야렛 - 에녹 - 므두셀라 - 라멕 - 노아(셈, 함, 야벳)'

셋의 족보의 특징은 '누구는 몇 세에 누구를 낳고 몇 년을 살다 죽었더라'로 끝납니다. 족보에 나오는 사람은 참 오래도 살았습니다. 800년, 900년을 살았으니 보통 장수라는 표현으로도 어울리지 않습니다. 므두셀라는 최장수로 969세를 살았습니다. 그러나 결국은 죽었습니다. 죄의 결과가 죽음이란 명백한 사실을 보여 줍니다.

그럼에도 셋의 족보는 '죽음'을 보지 않고 '하늘로 올라간' 7대손 에녹을 통해 '죽음'을 뚫고 나오는 '생명'의 역사를 보여 주고 있습니다. 겉으로 보기엔 셋의 족보가 마태복음 1장에 나오는 '누가 누구를 낳고'라는 생명의 족보와는 대조를 이루는 것 같지만, 실상은 생명이란 점에서 같은 맥을 이어 가고 있습니다. 셋의 족보가 깊은 바다 밑에 흐르는 잔잔한 물결이라면, 마태복음에 나오는 예수님의 족보는 넘실거리는 파도 물결이라 할 수 있습니다.

* 가이드의 단상 3
에녹의 신앙

10명의 족장과 아주 대조를 이루고 있는 인물은 7대손 '에녹'입니다. 그는 65세에 므두셀라를 낳고 300년을 하나님과 동행하다가 365세에 하나님께 데려감을 당했습니다. 이것은 에녹이 죽음에서 예외였음을 예증해 줍니다. 창세기 저자인 모세는 죽음에 대한 저주가 최종적이 아님을 깨닫도록, 에녹을 죽음의 저주 속에서 생명을 찾은 자의 예증으로 제시합니다. 그리고 우리 죄인들에게 생명의 길이 있다는 것을 보여 줍니다.

그러면 에녹이 지닌 생명 신앙의 특징이 무엇인가요?

우리는 '에녹이 죽음을 보지 않고 하늘로 올라갔다.'라고 하면, 에녹이 굉장히 편안한 환경 속에서 살았을 거라고 생각을 합니다. 그러나 전혀 그렇지 않습니다. 에녹의 시대 배경은 유다서에서 언급하고 있는데, 당시에는 불경건한 자들이 득세하던 시대였습니다. 이런 시대 배경하에 에녹은 300년을 하나님과 동행하며 자녀를 낳았습니다. 자녀가 얼마나 많았겠습니까? 그로 인해 문제가 너무 많아 바람 잘 날이 없었을 것입니다. 가정이 굉장히 복잡했다는 뜻입니다.

그는 또 7대손입니다. 7대손이란 장손이란 의미인데, 장손은 가정의 제사장이요, 선지자요, 왕의 역할과 권위를 행사하는 위치에 있었습니다. 후에 에서가 장자의 명분을 팥죽 한 그릇에 판 것을 두고 히브리서 기자는 망령되이 행했다고 맹비난합니다. 장자의 명분이 그렇게 중요한데 이것을 포기했기 때문입니다.

에녹은 불경건한 시대, 복잡한 가정환경, 막중한 장손의 책임을 감당해야 하는 상황에서 '하나님과 동행하다'가 하늘로 승천했습니다. 신앙생활의 알파(처음)와 오메가(끝)는 어떤 상황에서든지 하나님과 동행하는 것입니다. 이것이 죽음을 이기며 생명을 누리는 천국의 삶입니다. 하나님 나라의 삶입니다. 그러므로 하나님과 동행함을 추구해야 합니다. 비록 환경이 광야와 같은 환경이라도 하나님과 동행해야 합니다. 그러면 하나님이 일을 하십니다. 우리의 이성과 지성과 감정을 뛰어넘어 기적을 베푸십니다. 그때 우리를 인도하시는 하나님을 선명히 목도할 수 있습니다.

그러나 많은 사람이 '환경이 좋아야, 목적이 성취되어야 신앙생활을 잘하지'라고 생각합니다. 물론 환경도 좋아야 하고 목적도 성취되어야 합니다. 그러나 환경이 먼저가 아닙니다. 우리가 어느 곳에 있든지 먼저 하나님과 함께하는 게 신앙입니다. 히브리서 기자는 히브리서 11장 믿음의 장에서 모세를 믿음의 영웅의 반열 가운데 황금 펜으로 기록하고 있습니다.

거기에 기록된 모세의 믿음은 어떤 믿음일까요?

출애굽기에 보면 모세가 이스라엘 백성을 광야에서 40여 년을 인도합니다. 출애굽기는 애굽, 광야, 가나안이라 도식으로 설명할 수 있는데, 여기서 우리가 명확히 해야 할 것이 있습니다. 흔히 사람들이 이스라엘이 순종했으면 1주 만에 가나안땅에 도착해 축복을 누리며 살 수 있었는데, 불순종해서 광야 40년의 징계를 받았다고 합니다.

하나님이 광야 생활에서 보여 주고자 하는 게 정말 그럴까요? 아닙니다. 불순종의 결과로 광야 징계를 받았다면 이 징계에서 예외일 사람이 누가 있겠습니까? 순종의 결과로 가나안에 갈 수 있었다면 거기에 들어갈 수 있는 사람이 몇이나 될까요? 모세가 광야에 있는 게 중요한 게 아니고 거기서 어떻게 했냐가 중요합니다.

모세는 광야에서도 하나님과 동행했습니다. 얼마나 힘들었겠습니까? 그러나 그는 광야에서 하나님과 동행했습니다. 그것을 믿음으로 보신 하나님은 모세에게 하늘에서 만나를 내리시고 반석에서 샘물 나게 하는, 기적을 베푸셨습니다. 모세는 이 기적을 체험했습니다. 그때 하나님의 힘과 능력 그리고 지혜를 느꼈고 하나님이 자신과 함께함을 확인했습니다. 모세는 광야에서도 하나님께 영광을 돌렸습니다.

모세는 광야에 있든, 가나안에 있든 그게 중요한 게 아니었습니다. 중요한 것은 '하나님이 함께하느냐 아니냐'라는 사실이었습니다. 광야에 있을지라도 하나님이 함께하면 그곳이 천국이고, 가나안에 있어도 하나님이 함께하지 않으시면 그곳은 지옥이란 의미입니다. 이것이 성경을 일관되게 관통하고 있는 믿음입니다.

하나님과 함께 있을 때 광야에서 기적이 반복되어 나타났습니다. 그것이 나타날 때 모세는 하나님이 자신과 함께하심에 감격했습니다. 그 감격이 바로 천국의 누림입니다. 그것을 누리는 것을, 믿음 생활이라 합니다. 그렇게 이 땅에서도 천국을 누리며 살아가는 것입니다. 모세가 그렇게 살았습니다. 오늘 본문에 나오는 에녹이 바로 그렇게 살았습니다.

그런 누림의 결과는 무엇일까요?

위에서 언급한 셋의 족보에 나오는 사람이 한 게 무엇입니까? 자녀를 많이 낳았습니다. 생명을 낳는 것이 그들의 특징이었습니다. 하나님과 함께함이 신앙인데 그 결과는 생명을 낳는 것으로 이어집니다. 대표적으로 에녹이 그것을 보여 줍니다. 에녹이 죽기 전에 한 일이 무엇입니까? 에녹은 300년을 하나님과 동행하며 자녀를 낳았습니다. 주님 앞에 가는 그날까지 생명을 낳는 게 신앙생활입니다.

3) 심판 사건(6-9)

지금까지 창세기 5장에 걸쳐 인간을 창조하는 이야기, 그리고 그 인간이 죄를 범하는 이야기를 살펴보았습니다. 이 이야기의 자연스러운 흐름은 죄를 범한 인간은 어떻게 되느냐로 연결됩니다. 죄를 범한 인간은 어떻게 되는 걸까요? 죄를 범한 인간은 반드시 심판을 받습니다.(히 9:27) 창세기 6-9장에는 죄인은 심판을 받는다는 사실을 '역사적인 홍수 사건'을 통해 그림처럼 보여 주고 있습니다. 하나님은 전무후무한 홍수를 일으켜 죄를 범한 인간을 다 쓸어버리셨습니다. 그런 와중에 은혜를 입은 노아를 통해 구원의 새 길을 준비하시는 하나님의 사랑 또한 볼 수 있습니다.

* 홍수 전 세상의 모습(6:1-9)

먼저 홍수심판이 있기 전 세상이 어떤 상태에 있었는지 살펴봅시다. 창세기 6장 1-9절까지 홍수심판 전 세상의 모습이 함축적으로 요약되어 있습니다. 하나님의 아들과 사람의 딸들이 결혼하게 되었습니다. 하나님의 아들들은 셋의 자녀를, 사람의 딸들은 가인의 자녀를 의미합니다. 그런데 인구가 증가하여 함께 살다 보니 하나님의 자녀인 셋의 자녀가 세상의 자녀인 가인의 자녀들과 교제하며, 더욱 세상의 자녀를 좋아하게 되고 결국은 그들을 아내로 삼게 되었습니다. 이를 본 하나님은 마음에 굳은 결심을 하십니다.

"나의 영이 영원히 사람과 함께하지 않으리라.
이는 그들이 육신이 됨이라 그러나 그들의 날은
백이십 년이 되리라 하시니라."
(창 6:3)

하나님은 사람들이 악으로 꽉 차 있어 숨이 막힐 지경이 되어, 그들을 창조했음을 후회하시고 쓸어버리기로 작정하셨습니다. 그래서 준비하신 게 홍수심판입니다. 여기서 하나님이 가장 싫어하는 것 중의 하나가 혼합주의임을 알 수 있습니다. 혼합하면 능력이 사그라지기 때문입니다. 구약성경을 보면 두 종류의 씨를 뿌리는 것과 두 종류의 실을 섞어 짜는 것을 금지합니다. 말과 소로 함께 멍에를 메는 것도 금지합니다. 신앙의 순수함을 원하시는 하나님의 마음을 알 수 있습니다.

결혼에서도 신앙의 순수함이 중요합니다. 믿음의 결혼을 하면 능력이 생깁니다. 그러나 불신앙의 결혼을 하면 능력 있는 자도 무능력자가 될 가능성이 큽니다. 아합왕을 보세요. 그는 개인적으로 상당한 능력의 소유자였습니다. 그런데 이세벨과의 결혼이 그 삶을 얼마나 비참하게 만들었는가요? 또 솔로몬을 보세요. 이방 여인과의 결혼이 얼마나 그를 허무하게 만들었습니까? 하나님의 자녀들이 세상 자녀들과 교제하며 세상에 빠졌을 때, "나의 영이 영원히 사람과 함께하지 않으리라" 말씀하신 것을 보면 하나님이 가장 싫어하는 게 '혼합'임을 알 수 있습니다.

신앙의 핵심은 '하나님이 나와 함께함이다'라고 말할 수 있습니다. 아무리 세상 것을 다 가지고 있어도 하나님이 없으면 그곳은 지옥이요, 비록 부족할지라도 하나님이 함께하시면 그곳은 천국이 된다는 게 신앙의 핵심이고, 성경을 관통하는 진리입니다. 사도 바울의 에덴에서의 사역이 그것을 증명해 줍니다. 바울은 철학적 지식을 소유했기에 철학의 도시 에덴에 가서는 철학적 접근을 시도했습니다. 처음에는 에덴 사람들의 관심을 불러일으켰지만, 결실은 별로 없었습니다.

반면 상업의 도시 고린도에 가서는 에덴의 경험 때문에, 그리스도의 복음만 전했습니다. 그런데 상당한 역사가 일어났습니다. 그 이후로 순수한 복음, 예수그리스도의 십자가만 전하기로 결심했습니다. 인간의 첫 번째 범죄가 '불순종'이라면 두 번째 범죄는 '혼합'입니다. 하나님이 가장 싫어하는 죄는 첫째가 '불순종'이요, 둘째는 '혼합'입니다.

창세기 6장의 홍수 사건은 창세기 1장의 창조 사건과 연계성을 가지고 있습니다. 홍수 사건은 하나님의 선하신 창조 사건을 뒤집는 것입니다. 창세기 1장에서 하나님은 인간을 위해 좋은 땅을 예비하셨는데, 여기서는 그 땅을 빼앗고 계십니다. 창세기 1장의 인간은 하나님 보시기에 좋았으나, 여기서는 하나님 보시기에 참으로 악했습니다.

그러나 이런 시대 상황을 신약에서는 주님이 오시기 전에 나타나는 말세의 현상이라고 합니다. 예수님은 말세에 나타나는 현상이 '노아와 롯의 때'와 같다고 말씀하셨습니다. 그 당시 시대에 벌어졌던 일은 겉으로 보기에는 전혀 죄 같지 않습니다. 열심히 일하고 공부하고 때가 되어 결혼했습니다. 이게 왜 죄가 되겠습니까? 그 자체가 나쁜 게 아닙니다.

그런데 그들 삶 속에는 하나님이 없었다는 것입니다. 그게 말세에 나타나는 두드러진 현상입니다. 이런 시대에 노아 한 사람을 통해 하나님은 구원의 역사를 이루어 가십니다. "노아는 하나님께 은혜를 입었더라" 노아는 '위로'란 뜻입니다. 하나님은 이런 시대에도 은혜를 노아에게 집중적으로 쏟아부어 시대를 이기게 하셨습니다. 중요한 것은 시대의 어두움이 아니라 은혜의 집중호우를 맞느냐에 있습니다.

* 홍수심판 사건(6-9)

그러면 홍수심판이 어떻게 일어났으며, 그 속에서 구원의 길은 어떻게 나타났나요? 창세기 6장은 먼저 노아가 구원의 방주를 짓는 모습이 나옵니다. 하나님은 땅의 모습이 너무나 보기 흉하고 악해서 심판할 수밖에 없었습니다. 이게 하나님의 결심입니다. 그러나 심판이 하나님의 목적만은 아닙니다. 그 가운데 노아를 택하여 구원의 역사를 준비시킵니다. 그래서 홍수심판 전에 노아를 불러 구원의 방주를 짓게 하셨습니다. 노아에게 방주를 지으라 하시는 하나님의 의도가 지정하신 재료와 세세한 규격에 잘 나타나 있습니다.

"너는 고페르 나무로 너를 위하여 방주를 만들되
그 안에 칸들을 막고 역청을 그 안팎에 칠하라"
(창 6:14)

크기는 길이가 300규빗(1규빗은 45.6센티미터, 팔꿈치에서 손가락까지), 넓이가 50규빗, 높이가 30규빗이 되게 하라고 하셨습니다. 노아는 이 말씀에 순종하여 120년에 걸쳐 방주를 지었습니다. 그동안 노아는 얼마나 조롱을 받았겠습니까? 계속되는 구름 한 점 없는 맑은 하늘을 바라보며 '무슨 홍수가 난다고 저러지?'라며 사람들은 비아냥댔습니다. 그런 조롱을 받아 가면서 노아는 하나님의 말씀에 순종하여 방주를 완성했습니다. 그런 후 하나님은 노아 가족인 아내와 세 아들과 세 자부 8명과 준비된 동물들을 방주에 들어가게 하셨습니다. 생명의 물줄기를 차단하지 않고 준비시키신 하나님을 볼 수 있습니다.

그런 후 노아의 나이가 600세가 되었습니다. 노아 600세는 969년을 살았던 므두셀라가 죽은 해이기도 합니다. 므두셀라란 '심판'이란 의미가 있는데, 바로 그의 죽음의 때에 홍수심판이 일어났습니다. 한 치의 착오도 없는 하나님의 말씀을 볼 수 있습니다. 하나님은 40 주야를 하늘을 열어 비를 쏟아붓고 땅을 열어 물을 솟아나게 하셨습니다. 세상은 물로 덮이고 땅에 움직이는 모든 생명은 다 죽게 되었습니다.

그리고 하나님은 구원의 백성인 노아를 기억하면서 바람을 불게 하여 150일간을 휩쓸고 다니던 물을 감하게 하셨습니다. 일곱째 날 방주는 아라랏산에 머물렀습니다. 노아는 물이 온전히 땅에서 말랐는가 비둘기를 내보내 시험했는데, 결국 마지막 비둘기가 감람나무 새 잎사귀를 물고 왔을 때 물이 말랐음을 확인했습니다. 그때 하나님의 명령으로 노아의 가족과 생물들은 방주의 뚜껑을 열고 나오게 되었고, "새 땅에서 번성하고 충만하라"라는 축복을 받게 되었습니다.

노아는 제단을 쌓고 하나님께 예배를 드렸습니다. 노아가 방주에서 나와 여호와께 제단을 쌓고 정결한 제물로 번제를 드렸습니다. 하나님은 그 향기를 받으시고 약속하셨습니다.

"내가 다시는 사람으로 말미암아 땅을 저주하지 아니하리니
이는 사람의 마음이 계획하는 바가 어려서부터 악함이라
내가 전에 행한 것 같이 모든 생물을 다시 멸하지 아니하리니"
(8:21)

창세기 9장으로 넘어와 하나님은 지금까지 있었던 일을 언약으로 마무리 지으십니다. 그게 '무지개 언약'입니다. 하나님은 노아의 가족에게 인간 창조 때 주었던 "생육하고 번성하라"라는 축복을 다시 한번 반복하십니다. 그리고 노아와 가족들 그리고 모든 생물을 불러 놓고 언약을 맺으십니다. "다시는 홍수로 모든 생물과 땅을 멸하지 않은 것이다" 그 증거로 '구름 속에 무지개'를 두시고 무지개가 뜰 때마다 하나님의 약속을 기억나게 하셨습니다.

무지개는 하늘을 향하여 쏘는 활의 모양입니다. 화살을 맞으면 죽습니다. 하나님은 '무지개'라는 그림 언어 속에 '내가 한 약속을 지키지 않으면 무지개 모양이 뜻하는 것처럼 내가 화살에 맞아 죽겠다'라는 자기 결심을 '무지개 언약' 속에 담아 놓으신 것입니다. 하나님이 인간이 아니기에 화살을 맞고 죽을 리는 없지만, 인간적인 표현을 써서 우리를 향한 하나님의 견고한 심정을 표현한 것입니다. 참으로 인간의 언어로 표현할 수 없는 하나님의 크신 은혜가 무지개 속에 담겨 있습니다. 우리를 위해 우리 생각을 뛰어넘어 생각하시고 활동하시는 하나님 앞에 경배하지 않을 수 없습니다.

4) 바벨탑 사건(10-11)

창세기 전반부인 1-11장까지 네 사건이 나온다고 언급했습니다. 첫 번째는 인간 창조 사건이요, 두 번째는 인간이 죄를 범하는 타락 사건이요, 세 번째는 그 죄인을 홍수로 심판할 수밖에 없는 심판 사건이요, 네 번째는 심판받은 자들이 현실 가운데 어떻게 살아야 하는지에 대한 이야기입니다. 그 이야기가 바로 바벨탑 사건입니다. 하나님을 떠난 백성들의 이야기는 결국 자기 자신을 위해 바벨탑을 쌓다가 멸망해 간다는 이야기입니다.

하나님은 먼저 바벨탑 이야기를 하기 전, 인류(노아의 후손)의 전개가 어떻게 되는지를 보여 줍니다. 그게 창세기 10장과 11장의 족보 이야기입니다. 이야기의 중간에 바벨탑 이야기가 등장합니다. 이 샌드위치 구조는 가운데 이야기가 전체 이야기의 맥을 짚어 주는 역할을 합니다.

* 노아 아들들의 후예(10:1-11:9)

창세기 10장은 노아 아들들의 족보, 셈과 함과 야벳에 대한 족보가 나오는데, 순서가 거꾸로 되어 나옵니다. 이 장의 패턴으로 70이란 상징적 숫자가 등장하는데, 여기에는 70 나라 즉 야벳에서 14 나라, 함에서 30 나라, 셈에서 26 나라입니다. 70은 완전의 상징 수로서 '모든 열국 전체'를 의미합니다.

모든 나라는 노아의 아들에게서 나왔으며 홍수 후의 인간들의 통일성이 강조됩니다. 이 70 나라의 배경 속에 아브라함이 등장하는데, 그의 씨로 말미암아 땅의 모든 족속이 복을 받는다는 것입니다. (12:3) 그러므로 아브라함의 '씨'도 창세기 끝에서 '70'명으로 소개된 것은 우연이 아닙니다. (46:27, 출 1:5) 즉 아브라함은 두 번째 아담으로 열국의 아비가 됩니다. (창 17:5)

저자는 족보의 배열을 통해 아주 중요한 신학적 통찰을 보여 줍니다.

"벨렉 때에 세상이 나누어지니라" (10:25)

여기서부터 셈의 후손은 '벨렉'과 '욕단'의 두 계통으로 나누어집니다. 창세기 10장 25-29절은 에벨의 둘째 아들 욕단의 계통으로, 창세기 11장 10-26까지는 에벨의 첫째 아들 벨렉의 계통으로 이어집니다. 이 중간에 샌드위치 형태로 바벨탑 사건 기사가 11장 1-9절까지 나타나는데, 이는 셈의 후예가 에벨과 욕단을 거쳐 바벨탑을 쌓는 족속과 에벨과 벨렉을 거쳐 아브라함으로 이어지는 가문으로 나뉨을 보여 줍니다. 저자는 이것을 보여 주기 위해 "세상이 나뉘었다"라는 말로 암시합니다. (10:25)

이리하여 인류의 두 큰 주류가 셈의 아들 안에서 이루어지는데, 자기 이름(Shem)을 내고자 하는 자들(11:4)은 바벨탑을 쌓게 되지만, 하나님은 하나님의 이름(Shem)을 내도록 아브라함을 부르십니다. 사실상 11장의 구조는 셈의 두 아들인 욕단과 벨렉의 계열 중간에 바벨탑 사건을 기록하므로 저자의 의도를 드러내고 있습니다.

그 의도는 무엇일까요?

* 바벨탑 사건(11:1-9)

온 땅의 인류가 살 곳을 찾아다니다가 시날 평지를 만났습니다. 그들은 거기서 거류하면서 벽돌을 구워 성읍과 바벨탑을 쌓아 자기들의 이름을 드러내고자 했습니다. 한 층 한 층 하늘 높이 쌓아 올라가는 탑을 보며 그들은 자기들의 능력의 위대함에 신이 났지만, 이를 보고 계셨던 하나님은 결심하셨습니다. 하나님은 '언어가 하나이므로 저들이 탑을 높이 쌓는구나'라고 생각하시고, 언어를 혼잡하게 하여 그들을 흩으셨습니다. 그래서 그 탑을 '혼잡'이란 뜻인 '바벨'이라 합니다. 바벨탑 사건은 하나님이 주신 축복의 명령 즉 문화명령인 "생육하고 번성하여 땅에 충만하라"라는 말씀을 거역하고, 자신들의 왕국을 구축하다가 심판을 받은 사건입니다.

'혼란'이란 의미의 바벨은 마지막 시대에 적그리스도의 모습으로 묘사됩니다. (계 17장)

하나님을 대적하는 인간들의 힘의 총체적인 결집이 '바벨론'이라는 역사적 국가에 담겨 적그리스도를 상징케 합니다. 바벨은 '혼란'이란 뜻도 가지고 있는데 한마음을 분열시켰고, 한마음의 기초인 언어를 다양화시켜 혼란을 가져오게 해서 그들의 의도를 이루지 못하게 했습니다.

그러므로 여기서는 언어의 혼란 자체가 하나님의 진노요, 심판입니다. 그러나 이 바벨의 역사가 완전히 뒤집히는 것이, 사도행전 2장의 오순절 성령강림의 역사입니다. 그들의 실제적 언어가 하나 된 게 아니라, 성령의 역사를 통해 다양한 언어가 하나 되고 마음도 하나 되어, 서로를 위해 자신의 것을 포기하며 아름다운 공동체를 이루게 하셨습니다.

* 셈의 후예(11:10-26)

셈의 족보 10명이 소개됩니다. 이 계통은 '노아'로부터 '아브라함'까지 신실한 계통을 잇고 있습니다. 이 족보는 창세기 5장의 족보와 유사하게 10명이 소개되고 있습니다. 창세기 5장에서 언급된 아담에서 노아까지 족장 10명은, 여인에 약속한 '씨'와 홍수에서 살아남은 '노아'를 올바르게 이어 줍니다. 5장의 족보는 창세기 3장 15절의 여인의 후손에 대한 깊은 신학적 통찰을 줍니다.

저자는 가인의 계통과 그들의 성은 실패했다고 보았지만, 노아는 살았고 그 '씨'가 희망을 줍니다. 하나님의 약속은 끝난 것이 아니었습니다. 창세기 11장의 셈의 족보도 여인의 후손에 대한 하나님의 약속이 바벨탑의 혼란과 흩어짐으로도 실패하지 않았음을 보여 줍니다. 노아의 후손이 바벨론으로 흩어졌지만, 노아로부터 아브라함까지 10명의 위대한 사람을 보존하셨습니다.

정리하자면 창세기 3장 15절의 "여인의 후손"은 4장에서 '셋의 후손'으로 이어집니다. 5장에서는 열 세대를 통하여 아담에서 노아까지 소개되고, 11장 10-26절에서 셈에서 데라를 거쳐(9대) 열 번째 세대의 사람인 아브람, 나홀, 하란이 어디로 흐르는지 소개함으로써, 약속의 아들이 다시 어디로 흘러가는지를 선명히 보여 주고 있습니다.

3. 창세기 후반부(12-50) : 족장사

창세기 전반부는 네 사건인 창조 사건, 타락 사건, 심판 사건, 바벨탑 사건을 통하여 인류 보편사를 설명했습니다. 창세기 후반부는 네 인물인 아브라함, 이삭, 야곱, 요셉을 통해 구속사를 설명하기 시작합니다.

창세기 전반부 마지막 부분에 노아의 후손이 나오는데, 그 족보는 70 족보로 구성되어 전체 인류가 어떻게 전개되는지를 보여 주고 있습니다. 그들이 바벨론으로 상징되는 '혼돈' 속으로 흩어지며 멸망을 향해 치닫고 있는 모습을 보여 주고 있습니다. 그런 가운데 하나님은 셈의 족보에서 구속역사를 이루어 갈 아브라함의 족보를 보존시켜 놓으므로, 독자들이 그가 누구이며 그를 통해 어떻게 구속역사를 이루어 갈 것인가에 대하여 기대하게 합니다.

그것이 창세기 12장부터 이루어질 구속사이고, 창세기 12-50장까지 그 구속사를 이루어 가는 네 명의 인물이 등장합니다. 그 첫 인물이 아브라함입니다. 우리는 아브라함을 '믿음의 조상'이라 합니다. 그 이야기를 들을 때마다, 우리는 '아브라함은 본래부터 믿음이 굉장히 좋았을 것이다'라고 생각하는 경향이 있습니다. 그러나 그렇지 않습니다. '믿음의 조상'이란 믿음이 본래 좋아서라기보다는 하나님이 아브라함을 통해 믿음의 길, 구원역사를 드러내는 데 최초로 사용하신 인물이라 보는 게 더 타당할 것입니다.

아브라함도 우리와 똑같은 성정을 가지고 있는 연약한 사람이라는 의미입니다. 아브라함의 이야기를 잘 살펴보아야 하는 이유는 아브라함을 통해 하나님이 드러내고자 하시는 믿음이 무엇인가를 볼 수 있기 때문입니다. 그러면 하나님이 아브라함의 이야기를 통해 우리에게 보여주시는 믿음이 무엇인가 살펴봅시다.

1) 아브라함의 이야기(12:1-25:11)

아브라함의 이야기는 창세기 12장에서 25장까지 서술되어 있는데, 먼저 개략적으로 아브라함의 이야기 구조를 분석해 보는 게 전체 내용을 이해하는 데 도움이 될 것입니다.

구조 분석

A 아브라함의 부름과 첫 시험(12)

 B 이방에서 사라가 당한 위기 1(12b)

  C 롯과 소돔 이야기 1(13, 14)

   D 아브라함의 언약(15)과 이스마엘의 탄생 예고(16)

   D' 아브라함의 언약 갱신(17)과 이삭의 탄생 예고(18)

  C' 롯과 소돔 이야기 2(19)

 B' 이방에서 사라가 당한 위기 2(20)

A' 이삭의 탄생(21)과 아브라함의 마지막 시험(22)

부록 1 : 사라의 장례식(23)

부록 2 : 리브가의 결혼식(24)

부록 3 : 아브라함의 자녀들(25)

위 구조를 살펴보면 아브라함의 이야기가 일목요연하게 정리되어 있습니다. 아브라함의 이야기는 앞에 나오는 이야기와 뒤에 나오는 이야기가 대부분 쌍으로 되어 있고, 그 내용의 핵심을 가운데 중간 부분에 배치하는 수미상관법의 구조를 취하고 있습니다. 이런 경우는 가운데 있는 부분이 내용의 핵심임을 가르쳐 줍니다.

아브라함 이야기의 시작이 아브라함의 부르심과 첫 시험(12:1-9)이라면, 마무리는 이삭의 탄생과 아브라함의 마지막 시험(21-22)으로 '시험'이란 공통분모를 가지고 있습니다. 다음은 사라가 애굽에서 당한 위기(12:10-20)와 그랄에서 당한 위기(20:1-18)가, 그다음은 롯과 소돔 이야기가 앞부분과 뒷부분에 대칭으로 배치되었습니다.

그리고 마지막 가운데 핵심 부분의 앞에는 아브라함의 언약과 이스마엘의 탄생 예고(15-16), 뒤에는 아브라함의 언약 갱신과 이삭의 탄생 예고(17-18)가 기록되었습니다. 이는 아브라함 이야기에서 가장 중요한 내용은 아브라함에 대한 하나님의 언약임을 가르쳐 줍니다. 이를 다른 말로 표현하면 하나님이 아브라함을 통해 드러내시는 믿음을 알려면, 이 언약을 잘 살펴봐야 한다는 뜻입니다. 그러기에 아브라함을 살펴보기 전에 먼저 이 부분을 좀 더 살펴보고 가는 게 아브라함 이야기를 이해하는 데 도움이 될 것입니다.

아브라함 이야기의 핵심 부분인 15장에서 하나님은 아브라함과 약속을 맺는 장면이 나옵니다. 특히 약속의 징표로 짐승을 쪼개 놓고 그 사이로 횃불로 상징된 하나님이 홀로 지나가십니다. 그런데 언약의 당사자인 아브라함과 함께 지나가지 않습니다. 이 모습은 이 언약의 성격이 무엇인지를 우리에게 그림같이 생생하게 설명해 주고 있는 것입니다. 당시 언약의 당사자가 쪼개진 동물 사이로 함께 지나가는 것은 약속을 어기면 누구든지 이와 같은 죽임을 당한다는 의미입니다.

본래는 언약의 당사자인 하나님과 아브라함이 같이 지나가야 했습니다. 그런데 하나님만 홀로 지나가십니다. 이는 인간인 아브라함의 연약함을 아시는 하나님의 배려이며, 동시에 이 언약은 하나님이 지키시고 인도하시고 완성하겠다는 하나님의 의지를 보여 줍니다. 하나님은 이 언약을 어떻게 성취하십니까? 인간적인 언어로 표현한다면 하나님은 이 약속을 자신의 생명을 걸고 지키겠다는 것입니다. 하나님이 이 약속을 지키지 못하면 하나님 스스로 죽어 버리겠다는 결의의 표현입니다. 하나님이신 자신이 죽을지라도(물론 하나님이 인간이 아니기에 죽을 리가 만무하지만) 이 약속을 반드시 지키겠다는 확고한 다짐입니다.

여기서 믿음이 어떻게 이루어지는지를 볼 수 있습니다. 그것은 우리의 열심과 공로로 이루어지는 게 아니고, 하나님의 절대적인 의지와 능력으로 이루어짐을 알 수 있습니다. 이게 얼마나 큰 은혜입니까? 우리가 우리의 결심만으로 믿음 생활을 한다면, 얼마나 좌절하겠습니까? 믿음이란 하나님이 행하시는 일을 믿는 것입니다. 아브라함을 통해 행하시고 드러내려는 믿음의 길은 전적으로 하나님이 행하시는 일이라는 것입니다. 그 하나님을 믿고 나간 사람이 아브라함입니다.

때로는 아브라함이 연약하여 옆길로 빠졌지만, 하나님이 다시 다가오셔서 바른길로 인도하시고 구원의 파노라마, 믿음의 알파와 오메가를 독자들에게 선명하게 보여 주는 게 아브라함의 이야기요, 더 나가서는 성경의 이야기라 할 수 있습니다. 이 하나님의 마음을 가슴에 담고 아브라함 이야기를 시작해 봅시다.

* 아브라함의 부르심과 첫 시험(12:1-9)

이 장은 아브라함 이야기의 끝부분인 이삭의 탄생(21장)과 아브라함의 마지막 시험(22장)과 대칭을 이루고 있습니다. 아브라함을 부르시는 사건을 바벨의 열국으로 흩으시는 장면 다음에 배치하므로, 저자는 아브라함을 부르신 장면을 통하여 심판 중의 구원을, 죽음에서 생명 회복을 이루시는 하나님의 의도를 드러내고 있습니다.

이점을 명확히 하기 위해 저자는 창세기 10장에서 '모든 인류'를 '그 가족에 따라'(10:32) 분류하여 기록했습니다. 이제 하나님은 아브라함을 부르심으로 새로운 구원의 역사를 전개하고 있습니다. 하나님은 어떻게 믿음의 역사를 시작하셨나요?

**"여호와께서 아브라함에게 이르시되 너는 너의 고향과 친척과
아버지의 집을 떠나 내가 네게 보여 줄 땅으로 가라
내가 너로 큰 민족을 이루고 네게 복을 주어 네 이름을 창대하게 하리니
너는 복이 될지라 너를 축복하는 자에게는 내가 복을 내리고
너를 저주하는 자에게는 내가 저주하리니 땅의 모든 족속이
너로 말미암아 복을 얻을 것이라 하신지라"
(창 12:1-3)**

여기서 먼저 하나님이 아브라함을 부르신 장소가 어디인지를 보세요. 메소포타미아의 갈대아 우르입니다. 그곳은 우상을 섬기는 지역이며, 그 아버지 데라는 우상을 만들어 파는 자였습니다. (수 24장) 한마디로 우상 장사의 아들이었습니다. 그를 하나님이 불러냈습니다. 믿음은 하나님의 부르심으로 시작됩니다. 아브라함의 행위가 너무나 아름다워서, 믿음이 있어서 부른 게 아닙니다. 하나님의 뜻이 있어 하나님의 전권을 가지고 불러내신 것입니다. 이 하나님을 바라보는 게 믿음의 눈이 열리는 시작점입니다.

하나님은 아브라함을 언제, 왜 불렀을까요? 아브라함이 75세에 불렀습니다. 그리고 그를 복의 사람이 되게 하여 그를 통해 모든 사람이 복을 얻도록 부르셨습니다. 그러면 복의 사람은 무엇일까요? 이 부분이 많은 사람이 오해하는 부분이기도 합니다. 우리는 복을 생각할 때 무엇보다 제일 먼저 떠오르는 게 돈입니다. 그리고 소원성취입니다. 특히 아브라함에게 언급한 큰 민족, 큰 이름, 큰 재물이라는 말에 더욱 그렇게 생각합니다. 물론 이런 것들도 복이라 할 수 있는데, 더 정확히 표현하면 복의 결과물입니다. 그러나 성경에서의 복은 그 이상의 것이라는 것을 꼭 기억해야 합니다.

그러면 그 이상의 것이란 무엇일까요? 복이란 소유의 문제가 아니라 먼저 관계의 문제입니다. 이 우선순위가 분명해야 합니다. 하나님과 우리의 관계 즉 하나님은 우리의 주인이요, 우리는 그의 종이라는 주종관계가 분명해야 합니다. 그러므로 복의 사람은 하나님과의 주종관계가 분명하고, 어떤 그 무엇보다도 하나님을 최고로 사랑해서, 하나님과 함께함을 즐거워하고 기쁨을 누리는 사람을 의미합니다. 이 하나님으로 인한 기쁨과 즐거움이 복입니다. 그리고 그 누림을 세상 모든 사람에 전달하는 통로가 되는 자가 복된 자입니다.

쉽게 말하면 복은 하나님 나라를 누리는 자요, 이런 자들을 통해 주님 오시는 그날까지 이 땅 위에 하나님 나라가 세워져 가는 것을 뜻합니다. 자칫 잘못하여 복을 세상에서 성취와 성공으로만 생각하면 믿음의 첫 단추를 잘못 끼우게 됩니다. 하나님을 경배하는 자가 아니라, 하나님을 나의 욕구를 채우는 도구로 전락시켜 버려 하나님을 이용하고 조종만 하는 자가 되기 쉽습니다.

여기에 대하여 아브라함은 어떻게 반응하고 있나요?

"이에 여호와의 말씀을 따라갔고 마침내 가나안 땅에 들어갔더라"
(12:4)

아브라함은 말씀을 순종했습니다. 순종의 결과로 드디어 가나안에 도착했습니다. 그러나 그런 가나안땅이 아브라함 보기에 흡족한 땅은 아니었습니다. 그럴지라도 아브라함은 세겜에서, 벧엘에서, 아이에서, 여호와를 위해 단을 쌓았습니다. 예배를 드렸다는 말입니다. 여기까지는 잘했습니다.

그러나 믿음의 길을 가야 하는 세상은 그리 호락호락하지 않습니다. 하나님이 철석같이 약속한 약속의 땅 가나안에도 기근이 찾아왔습니다. 이 기근을 견디지 못하여 아브라함은 풍요로운 애굽으로 내려갑니다. 애굽으로 내려간 결과 아브라함은 배불리 먹을 수는 있었지만, 자기 부인인 사라를 애굽왕 바로에게 빼앗길 위험에 처하게 되었습니다. 그 위기의 순간에 사라를 자기 아내라 주장하지 못하고, 생명의 위협 때문인지 자기 누이라고 속입니다.

이제 사라는 바로의 것이나 다름없게 되었습니다.

아니 더 위험한 것은 하나님이 뜻을 이루려고 선택한 아브라함의 가정이 파괴되어, 하나님의 뜻의 실현이 차단될 위기에 처하게 된 것입니다. 그러나 바로 그 순간에 하나님이 간섭하셔서 바로가 사라를 취하지 못하게 하시고 아브라함의 가정을 보호하셨습니다. 하나님이 인류 구원의 뜻을 이루어 가시는 섭리를 목도할 수 있는 아름다운 장면입니다.

여기서 또한 하나님 구원의 역사를 방해하는 사단의 교묘하고 집요한 방법을 볼 수 있습니다. 사단의 목표는 마구잡이가 아니라 아주 명확합니다. 하나님은 예수님을 육신의 모습으로 이 땅에 보내시어 구원의 길을 여시길 원하셨습니다. 그리고 예수님을 통해 구원받은 자로 교회를 세워 주님 오시는 날까지 하나님 나라를 세우길 원하셨습니다. 사단은 이 과정을 정확히 꿰뚫어 보았습니다. 그러니 사단의 첫 번째 목표는 예수님의 탄생을 제거하는 것입니다. 그러기 위해서는 탄생의 통로가 되는 약속의 가정을 파괴하는 것입니다.

그러니 예수님의 탄생 전에는 이게 사단의 주된 목표였습니다. 구원의 줄기를 끊으려고 그렇게 집요하게 행동하는 것입니다. 예수님이 이 세상에 오신 이후 십자가에서 승리하신 후에는, 이제 성도들의 믿음공동체인 교회를 집요하게 핍박하는 데 사단은 집중합니다. 오늘날 사단은 끊임없이 교회와 가정을 파괴하려 합니다. 주님 오시는 날까지 이일은 계속될 것입니다. 이런 사단의 본 모습을 꿰뚫고 있는 자만이 지혜로운 성도가 될 수 있습니다.

* 롯과 소돔 이야기 1(13-14)

이 이야기는 아브라함 이야기의 끝부분 창세기 18-19장에 나오는 롯과 소돔 이야기와 대칭을 이루고 있습니다. 앞에 나오는 롯의 이야기는 전쟁포로가 된 롯이 구원받는 이야기이고, 뒤에 나오는 롯의 이야기는 유황불의 심판에서 구원받는 롯의 이야기입니다. 아브라함의 가정에는 조카인 롯이 포함되어 있습니다. 이제 세월이 흐르고 가축이 증가하다 보니 서로 다툼이 발생했고, 드디어 롯의 목자와 아브라함의 목자의 분쟁이 발생했습니다. 이때 아브라함이 해결책을 제시했습니다.

"네가 좌하면 나는 우하고 네가 우하면 나는 좌하리라"

(9절)

롯에게 선택의 우선권을 제시했는데, 그는 애굽과 같은 풍요로운 소돔과 고모라를 주저 없이 선택했습니다. 현실적으로 좋은 땅을 차지한 것입니다. 물론 이 선택은 좋은 선택이 아니었습니다. 반면 아브라함은 믿음으로 선택권을 양보했지만, 마음 한구석에서는 좋은 땅을 놓친 것에 대해 실의에 빠져 있었습니다. 그때 하나님은 아브라함에게 약속의 말씀을 주시면서 위로하셨습니다. 하나님의 위로가 현실의 좋은 것보다 훨씬 귀하다는 것을 알아야 합니다.

이 하나님의 위로를 덧입은 아브라함에게 어떤 소식이 전해졌나요?

소돔과 고모라로 간 조카 롯이 동맹국들의 전쟁 중 그돌라오멜 왕의 군대에 포로로 잡혀갔다는 소식이 왔습니다. 이때 아브라함은 인간적으로 보면 '잘됐다' 생각할 수도 있었을 것입니다. 그러나 그러지 않았습니다. 소식을 듣자마자 즉시 집에서 거느리고 있는 318명을 데리고 야간 기습작전을 통해 적군을 격파하고 롯을 극적으로 구조해 왔습니다.

전쟁에서 승리하고 돌아오는 아브라함을 두 왕이 맞이합니다. 하나는 소돔 왕이고 또 다른 하나는 살렘 왕 멜기세덱입니다. 먼저 소돔 왕이 이브라함에게 솔깃한 제안을 했습니다. "사람들만 내게 보내고 물품은 네가 가지라"

아브라함은 소돔 왕의 제안을 일언 지하에 거절합니다. 아브라함이 물품을 받는다면 "내가 소돔 왕으로 인해 치부했다"라고 들을 것 같았기 때문입니다. 이 전쟁은 하나님이 하신 것입니다.

아브라함이 318명의 가신이 있었지만, 그들이 아무리 특공기술을 가지고 있어도 당시 최강대국인 그돌라오멜 군을 이길 수는 없었습니다. 야간 기습작전이란 특별한 전략의 탁월함 때문에 승리할 수 있는 것도 아니었습니다. 이긴 것은 자기를 부르신 하나님 때문입니다. 그 하나님께만 영광을 돌린 것입니다.

반면 아브라함은 살렘 왕 방문을 온 마음을 다해 영접합니다. 살렘 왕 멜기세덱은 지극히 높으신 하나님의 제사장으로 아브라함은 정성을 다해 떡과 포도주를 준비해 나왔습니다. 그는 승리를 주신 하나님의 이름으로 아브라함을 축복했습니다.

이에 아브라함은 멜기세덱에게 십일조를 드림으로 경외했습니다. 자기 전 삶을 드려 경배했다는 뜻입니다. 신약에서 히브리서 기자는 예수님이 구약의 아론계통의 제사장보다 탁월함을 증거할 때, 창세기 14장의 이 이야기를 근거로 멜기세덱이 아브라함보다 위대함을 논증합니다. (히 7장)

* 아브라함의 언약(15-16)과 아브라함의 언약 갱신(17-18)

아브라함 이야기에서 가장 가운데 부분에 배치된 내용으로 이 이야기의 핵심입니다. 앞부분에 나오는 아브라함의 언약(15장)과 이스마엘의 탄생(16장)은 뒤에 나오는 아브라함의 언약 갱신(17장)과 이삭의 탄생(18장)과 대칭으로 배치되어 있습니다. 하나님이 아브라함과 언약 맺는 모습과 그 맺은 언약을 갱신하는 모습을 통해 신앙의 진수를 보여 주고 있습니다.

창세기 15장에는 하나님이 아브라함에게 환상 중에 나타나십니다. 아마도 당시 아브라함은 자식의 문제로 고민했던 것 같습니다. 또 그돌라오멜과의 전쟁에서 어찌하여 승리하기는 했지만, 다시 공격해 온다면 어떻게 해야 하나 두려움도 있었을 것입니다. 이런 아브라함에게 하나님이 나타나 위로의 말씀을 주십니다.

"두려워하지 말라, 나는 네 방패요, 너희 지극히 큰 상급이니라"

이때 아브라함은 마음에 응어리가 되어 버린 자식의 문제를 하나님께 토해 냅니다. "나는 자식이 없사오니, 나의 상속자는 이 다메섹 사람 엘리에셀이니이다" 하나님은 "아니다. 네 상속자는 네 몸에서 날 자다"라고 잘라 말씀하십니다. 그리고 그를 데리고 밖으로 나가 하늘의 뭇별을 보여 주면서 "네 자손이 이와 같으리라"라고 하니, 아브라함이 그 말씀을 그대로 믿었습니다. 하나님은 이를 그의 의(구원)로 여겼습니다.

로마서 4장에서 사도 바울은 이신칭의(믿음으로 구원받는다)의 교리를 설명하면서 구약의 예로 이스라엘 사람들이 가장 좋아하고 경외하는 두 사람을 드는데, 하나는 아브라함이고 또 다른 하나는 다윗입니다. 바울은 창세기 15장 사건을 인용하면서 아브라함은 행위가 아니라 믿음으로 구원받았음을 선포하고, 시편 32편을 들어 다윗이 "죄의 가리움을 받는 자가 복되도다"를 인용하여 유대인의 조상인 다윗도 믿음으로 구원받았음을 설명합니다.

하나님은 아브라함과 이런 약속을 하시고 말로 끝나는 게 아니라, 예식을 통해 하나님의 의지를 확고히 보여 주십니다. 하나님은 먼저 아브라함에게 언약을 맺을 때 필요한 제물을 준비시킵니다. 언약식에는 준비된 제물은 둘로 쪼개 놓아야 합니다. 이렇게 하는 것은, 언약 예식 시 당사자는 쪼개진 동물 사이로 지나가야 하는데, 이는 만약 언약을 어길 시 동물이 반으로 쪼개져 죽은 것처럼, 죽어야 한다는 뜻입니다.

그리고 언약이란 히브리 말로 '베리트'인데 '쪼갠다'라는 뜻입니다. 그래서 제물을 쪼개 놓는 것입니다. 다만 새들을 쪼개지 않은 것은 너무 작기 때문일 것입니다. 그렇게 준비한 아브라함에게 하나님이 나타나셔서 언약의 내용을 말씀하십니다.

"너희는 이방의 객이 되어 400년 동안 종살이한다. 애굽에서 나올 때는 큰 재물을 가지고 나올 것이다. 4대 만에 가나안땅에 돌아올 것이다. 그 이유는 아모리 족속의 죄악이 아직 가득 차지 않았기 때문이다."

이스라엘이 애굽에서 종살이를 400년 하는 것은 하나님을 불순종해 심판받은 게 아니라, 가나안족속의 죄가 하나님의 심판에 이르도록 무르익을 때까지 기다려야 하기 때문입니다. 이것을 이해해야 "가나안에 사는 남녀노소를 진멸하라"(헤렘 : 히브리어로 '진멸하다')라는 하나님의 마음을 이해할 수 있습니다. 이것은 살인을 옹호하는 하나님의 무자비한 성품을 말하는 게 아닙니다. 가나안의 심판은 이 땅에 부분적으로 임한 하나님의 종말적 심판의 예표임을 가르쳐 주는 것입니다.

아브라함의 준비가 다 되었을 때 하나님의 횃불이 쪼갠 제물 사이로 지나갑니다. 그런데 좀 이상합니다. 보통의 언약식에는 언약 당사자가 함께 지나가는데 아브라함이 없는 것입니다. 아브라함은 지나가지 않습니다. 아니, 지나갈 수 없습니다. 이 점이 당시 일반 언약식과 다른 점입니다. 아브라함은 연약한 인간이라 약속을 해도 지킬 수 없기 때문입니다. 그래서 하나님은 홀로 지나가십니다.

하나님이 쪼갠 제물 사이로 홀로 걸어가셨다는 것은 하나님인 내가 이 약속을 너를 통해 반드시 이루겠다는 확고한 의지의 표현입니다. 생명을 걸고 약속을 이루겠다는 하나님 결의의 표현이며, 약속의 당사자인 아브라함의 마음에 하나님의 의지를 각인시키는 행위입니다.

이 하나님의 의도와 결심과 열심이 아브라함을 믿음의 조상이 되게 했고, 아브라함을 통해 당신의 역사를 이루어 가셨습니다. 이 하나님은 오늘도 우리에게 말씀하십니다. 나 하나님은 생명을 바쳐서라도 너희를 인도해 간다. 할렐루야!

* 가이드의 단상 4
그리스도인의 3가지 질문

여기서 하나님이 아브라함과 맺은 약속을 다시 한번 정리해 봅시다. 창세기 15장에서 나온 이야기는 17장에서 언약의 갱신으로 확장되는데, 이게 성경의 핵심입니다. 이 언약을 명확히 이해해야 신앙의 무엇인지, 신앙생활은 어떻게 해야 축복을 바르게 누릴 수 있는지를 알 수 있습니다. 먼저 믿음은 무엇인가? 하나님의 약속의 말씀을 믿는 것이 믿음입니다. 그러면 그 약속이 무엇인가요? 하나님은 아브라함을 부르셨고 우리가 하나님의 자녀가 되고, 하나님은 우리의 아버지가 되셔서 함께 거하시면서, 우리와 교제하며 하나님의 축복을 누리는 삶을 살기 원하십니다.

여기서 믿음에 대하여 세 가지를 반드시 점검할 필요가 있습니다.

첫째는 '내가 믿는 하나님이 누구인가?'에 대한 점검입니다.

흔히 믿는 사람들 숫자만큼 하나님이 계신다는 말을 합니다. 그만큼 하나님을 믿는다고는 하지만 그 믿음의 대상이 다르다는 것입니다. 내가 믿는 하나님은 누구인가? 나의 상상의 산물인가? 아니면 성경에서 말씀하는 하나님이신가?

위 질문은 항상 물어야 하는 질문입니다. 교회를 출석하는 성도가 하나님을 믿지 않는다고 하는 사람은 거의 없습니다. 단지 문제는 그들의 믿는 하나님이 누구인가가 문제일 뿐입니다. 그러기에 내가 믿는 하나님이 누구인가에 대한 대답이 명확해야 합니다. 성경의 하나님이어야 합니다. 약속하시는 인격적인 하나님 말입니다.

둘째는 내가 믿는 하나님이 성경의 하나님이 확실하다면, 다음은 '내가 그분과 어떤 관계를 맺고 있는가?'를 물어야 합니다. 그분과 인격적인 관계를 맺고 있느냐 아니면 그분을 나의 욕구를 채워 주는 분으로 이해하는가? 다시 말하면 하나님 자체를 좋아하는가 아니면 하나님이 주시는 선물을 좋아하는가의 문제입니다. 내가 믿는 것이 하나님이냐 선물이냐를 명확히 해야 합니다.

선물을 좋아하게 되면, 신앙생활을 하면 할수록 하나님을 다루고 조종하는 기술만 늘어 갑니다. 성경공부를 하는 것이 하나님의 뜻을 깨닫고 그 길을 가기 위함이 아니라, 어떻게 하면 하나님을 조종해서 나의 소원을 성취할 수 있을까에 집중합니다. 그러니 성경공부가 귀에 걸면 귀걸이 코에 걸면 코걸이인 이현령비현령이 됩니다. 성경에 눈이 떠지지 않습니다.

그리고 신앙생활이 하나님의 인격을 닮아 가는 것과는 전혀 상관이 없게 됩니다.

셋째는 '하나님을 믿는 결과는 무엇인가?'를 꿰뚫고 있어야 합니다.

선물을 의지하지 않고 하나님을 사랑한 결과는 반드시 하나님을 닮아 가게 되는 결과가 나타납니다. 이렇게 성경의 하나님을 믿고, 선물보다 하나님 자체를 더 사랑하게 되면 반드시 나타나는 결과가 있는데, 그것은 바로 하나님을 닮아 간다는 것입니다. 이렇게 되면 하나님이 우리를 부르신 뜻이 성취되어 갑니다.

이 과정이 우리의 기쁨이요, 즐거움이며, 천국에서 누릴 기쁨을 이 땅에서 미리 누리는 것입니다. 이것을 하나님은 '너희는 내 자녀가 되고 나는 너의 아비가 되어 함께 거한다.'라고 하신 말씀의 의미입니다. 자녀가 아버지와 함께 날마다 거하며 교제하면 아버지인 하나님을 닮아가게 되어 있습니다. 이것을 '거룩 또는 성화'라고 합니다.

그러지 않고 하나님과의 교제에는 신경 쓰지 않고 그가 주시는 선물에만 관심을 갖고 사모하게 되면, 그 결과는 우리가 예측할 수 없는 아주 무서운 종교인이 되어 가는 것으로 나타납니다. 믿는다고 하지만 고약한 사람이 되어 갑니다. 하나님을 조종하여 많은 것을 누릴 수도 없지만, 설령 성취한다고 해도 그 성취가 우리를 결코, 행복하게 하지 않습니다.

이유는 우리의 영혼은 세상보다 천하보다 크기 때문입니다. 그래서 세상의 어떤 것도 우리의 영혼을 결코, 만족시킬 수 없습니다. 그러기에 세상보다 크신 분, 세상을 창조하신 분, 그분이 우리 영혼에 계셔야 우리 영혼이 평안합니다. 이 사실을 명확히 이해해야 바른 축복의 신앙생활을 할 수 있습니다. 좋은 신앙인으로 자랄 수 있습니다

사실 오늘날 우리 문제는 믿지 않는 불신자도 문제이지만, 더욱 큰 문제가 되는 것은, 믿지만 잘못 믿는 것이라, 생각합니다. 잘못 믿으면 가정과 교회 그리고 이웃에 악영향을 줄 뿐 아니라 본인이 하나님의 축복을 전혀 누리지 못하기 때문입니다. 불신자는 믿음의 기회를 제공하면 되는 것이지만, 믿지만 잘못 믿는 자는 고치기가 굉장히 어렵기 때문입니다.

잘 믿고 아름다운 복을 누리며 살기 위해 세 가지 질문이 중요합니다.

첫째, '내가 믿는 하나님이 누구인가?'

둘째, '내가 그분과 어떤 관계를 맺고 있는가?'

셋째, '하나님을 믿는 결과는 무엇인가?'

이 세 가지 질문이 하나님 약속의 핵심입니다. 우리를 부르신 하나님이 우리의 아버지가 되셔서 함께 거하시면서, 우리와 교제하며 하나님의 축복을 누리는 삶을 살게 하는 것입니다. 우리가 신앙생활을 하면서 이 약속의 내용을 늘 확인하며 새롭게 해야 합니다. 우리는 늘 연약한 육체를 가지고 있어 약속을 범하기 쉽기 때문입니다.

* 인류 불행의 씨앗 '이스마엘' 탄생(16)

창세기 16장에는 아브라함이 후사를 약속받은 지 10여 년이 흘렀을 때, 아브라함이 하나님의 약속을 더는 기다리지 못하고 비극을 초래하는 선택을 하게 되는 장면이 나옵니다. 그렇게 노력해도 아브라함의 가정에 자녀가 생기지 않자 사라가 꾀를 부리기 시작합니다. 사라는 첩 하갈을 아브라함에게 주어 아들을 낳아 후사로 삼고자 합니다.

하나님의 약속을 받은 아브라함은 이 제안을 단호히 거절해야 했지만 그러지 못했습니다. 참 이상합니다. 부부들이 보통 때는 상대방의 말을 듣기 싫어 그렇게 잘 싸우다가도, 하나님 말씀을 거부하자고 할 때는 하나가 되는 모습을 자주 봅니다. 하나님이 부부를 짝지어 주신 것은, 하나가 잘못된 길을 가려고 하면 다른 하나는 바른길을 가도록 하는 역할을 감당하기 위함인데 말입니다.

아브라함을 보세요.

"아브라함이 사래의 말을 들으니"(16:2)에서 볼 수 있듯이, 아브라함은 사래의 말을 듣게 되었고, 이것이 인류 역사의 비극의 씨앗을 낳게 되었습니다. 하나님의 말씀보다 사래의 말을 듣는 아브라함의 모습은 에덴동산의 아담과 하와의 모습을 연상시킵니다. 아내의 말이 우선인가 하나님의 말이 우선인가? 하나님보다 아내의 말을 들은 결과가 무엇입니까?

아브라함이 하갈을 취하니 그녀가 잉태하여 주인인 사래를 멸시하면서 가정에 문제가 생깁니다. 그 결과 하갈은 집에서 축출되어 광야를 떠돌게 됩니다. 그런 하갈을 하나님의 천사가 만나 주시고 이스마엘 탄생과 그가 '들나귀같이 되리라'라고 예언합니다. 이에 하갈은 자기를 감찰하시는 하나님을 고백하여 그 지역을 "브엘라해로이"(나를 살피시는 살아 계신 하나님의 우물)라 명명합니다.

창세기 17장 20절에 보면 이스마엘에 대한 하나님의 축복이 나옵니다. 하나님이 이스마엘을 '큰 민족' '열두 두령' '큰 나라'가 되게 한다는 것입니다. 그러나 17장의 말씀을 종합해 보면 세상에서 아무리 큰 축복을 얻어도, 하나님이 없으면 '들나귀'에 불과하다는 것입니다. 한마디로 정리하면 '인생 꽝'이란 뜻입니다.

우리는 약속을 주신 하나님과 동행하는 게 축복이라는 사실을 명심해야 합니다. 이 과정에서 아브라함처럼 순간 약속을 범하는 실수를 할지라도 좌절할 필요는 없습니다. 우리가 믿는 하나님은 횃불 사이를 지나면서 '내가 죽을지라도 약속을 지키겠다'라고 약속하신 하나님이기 때문입니다.

* 아브라함 언약의 갱신(17)

창세기 17장에 나오는 이야기는 15장에서 아브라함이 맺었던 언약을 하나님이 새롭게 갱신하는 장면입니다. 이 장면에는 하나님이 어떻게 자기 백성을 간섭하시는지가 잘 나타나 있습니다. 아브라함이 하늘의 뭇별과 같은 자녀의 출생을 약속받은 지 13년의 세월이 흘렀습니다.

하지만 아브라함에겐 약속이 실현될 기미는 전혀 보이지 않았습니다.

더구나 아브라함은 99세요, 사라는 90세가 되어 늙어만 가고 있었습니다. 인간적으로 보면 아이를 생산할 능력도 사라졌다고 볼 수 있습니다. 그러니 하나님이 약속한 자식에 대한 기대는 자연스럽게 사그라져 갈 수밖에 없었습니다. 그래서 첩에서 난 이스마엘이 자기의 상속자가 될 것이라고 스스로 생각했습니다. 이때 하나님이 나타나셔서, 그런 일을 없을 것이라고 단호하게 말씀합니다. 그리고 약속을 더욱 구체적으로 갱신해 줍니다.

"나는 전능한 하나님이라 너는 내 앞에서 행하여 완전하라"

하나님은 아브라함에게 자세를 확고히 할 것을 명령하십니다. "나는 전능하다. 약속을 인간처럼 밥 먹듯 어기고 지키지 못할 능력 없는 자가 아니다. 지키고도 남을 능력을, 충분히 가지고 있다. 그리고 신실하다. 그러니 너는 정신 똑바로 차리고 내 앞에서 나와의 관계를 새롭게 정립하라."라는 말씀을 하신 것입니다. 그리고 하나님은 약속의 뜻을 더욱 구체적으로 설명해 주면서 약속을 갱신해 주십니다.

"이제 후로는 네 이름을 아브람이라 하지 아니하고 아브라함이라 하리니 이는 내가 너를 여러 민족의 아버지가 되게 함이라"
(창 17:5)

"네 아내 사래는 이름을 사래라 하지 말고 사라라 하라 그를 여러 민족의 어머니가 되게 하리니"
(창 17:15, 16)

하나님은 아브라함의 부부에게 이름을 바꿔 주심으로 언약을 갱신해 주십니다. 이름은 부르라고 있는 것입니다. 사람들이 이름을 부를 때마다 잊혔던 사명을 새롭게 깨닫게 됩니다. 아브라함, 사라를 부를 때마다, 불리는 사람과 부르는 사람이 모두 하나님 언약을 깨닫게 됩니다. 잊었던 자기 사명과 본분을 되찾게 됩니다. 아브람을 아브라함으로 바꾼 것은 개인의 고상한 아버지에서 열국의 아비가 되란 의미고, 사래를 사라로 바꾼 것은 개인의 아름다운 사래로 끝나는 게 아니고 열국의 어미로 쓰임받으란 뜻입니다.

아브람이 아브라함으로 불렸을 때 아브라함의 느끼는 감격이 얼마나 컸을까요? 사래도 사라라 불렸을 때 얼마나 가슴이 뿌듯했을까요? 나중에 이삭의 아내 리브가도 '천만인의 어미'라 불립니다. 하란의 시골 처녀가 '천만인의 어미'라니 어찌 감격하지 않을 호칭이겠습니까? 우리 한 사람을 통해 열방을 바라보시는 하나님의 놀라운 뜻을 바르게 깨닫는다면, 감격하지 않을 사람이 어디 있겠습니까?

이러한 탄복할 은혜를 베푸신 후, 하나님은 언약의 표징으로 난 지 8일 만에 할례를 행하라 하십니다. 할례가 언약의 징표가 되는 것이지요. 할례가 언약의 백성이 되게 해 주는 것이 아니라, 언약 백성의 고백과 인증이 할례에 담긴 의미입니다. 할례란 '남성의 성기 껍질을 벤다.'라는 뜻으로 세상 힘을 베어 버리고 하나님을 의지한다는 고백의 표현이기도 합니다. 그러므로 할례란 의식 이전에 '하나님은 나의 주인, 나는 그분의 종'이라는 고백에 대한 인증입니다.

* 손님을 접대하는 아브라함과 롯의 상반된 모습(18-19)

창세기 18장과 19장은 천사를 맞이하는 아브라함과 롯의 상반된 모습이 나옵니다. 18장은 아브라함이 천사를 맞이하는 장면입니다. 한낮 정오에 천사가 아브라함을 방문했습니다. 이 천사를 정성을 다해 섬기는 아브라함의 모습과 그런 아브라함에게 내년 이맘때 이삭이 태어날 것을 축복으로 말씀하는 천사의 모습이 한 폭의 그림과 같습니다.

반면 창세기 19장은 롯이 천사를 맞이하는 장면이 나옵니다. 천사가 소돔에 사는 롯을 방문했을 때, 너무도 곤혹스러운 상황을 만났고, 그곳 소돔에 멸망을 선포하는 모습이 나옵니다. 참으로 안타까운 장면입니다. 히브리서 기자는 부지중에 손님 접대하다가 천사를 영접했다는 표현을 썼는데 아브라함을 가리켜 한 말입니다. 손님을 영접하는 자세가 얼마나 존귀한지를 가르쳐 줍니다. 그 한 사람이 하나님의 영혼을 지니고 있기 때문입니다.

아브라함이 손님을 어떻게 접대했습니까?

가장 더운 정오에 손님에 찾아왔다고 짜증 내지 않았습니다. 오히려 즐거운 마음으로 손발을 씻도록 물을 준비했습니다. 가장 맛있는 떡을 정성껏 준비했고 가장 기름진 송아지를 잡아 맛있는 고기를 드렸습니다. 아까워하지 않고 마음을 열어 가장 귀한 것을 드리는 아브라함에게, 하나님은 이삭의 탄생을 선물로 주셨습니다. 그리고 하나님의 마음속에 있는 비밀을 아브라함에게 알려 주었습니다. '소돔은 심판을 받을 것이다.' 아브라함은 소돔을 위해 온 마음을 다해 중보기도 합니다.

반면 창세기 19장에서 천사를 영접하는 롯의 모습이 나오는데 이 장면은 좀 끔찍합니다. 롯은 간단히 무교병을 준비해 천사를 대접합니다.

이 자체가 문제가 되는 것은 아니겠지만 그 모습이 진정성이 없어 보입니다. 갑자기 동네 불량배들이 들이닥쳐 동성애를 하자며 천사를 내놓으라고 야단법석입니다. 천사는 롯과 가족을 피신시키고 소돔을 유황불로 멸망시킵니다. 도피하다가 뒤를 돌아본 롯의 처는 소금기둥이 되어 버렸고, 오직 롯과 롯의 두 딸만이 불 가운데서 간신히 구원받아 산으로 도피했습니다. 그곳에서 두 딸은 아버지와의 관계를 통해 두 종족인 모압족과 암몬족을 탄생시킵니다.

창세기 18장과 19장 이야기는 아브라함과 롯의 차이가 무엇인가를 선명하게 보여 줌으로써, 신앙이 무엇이며 그 중요성은 무엇인지 다시 한번 가르쳐 주고 있습니다. 신앙은 다른 게 아닙니다. 신앙은 하나님이 나의 주인, 나는 그의 종인 주종관계가 분명한 것이고, 그 바탕 위에 살아가는 것입니다. 그러면 하나님이 일하시고 역사하십니다. 하나님의 마음을 알게 되고 하나님을 닮아 가게 됩니다. 그게 복이고 힘이고 지혜이고 능력입니다. 이게 18장의 아브라함의 모습이고, 19장은 그렇지 못한 롯의 모습입니다. 하나님과 나, 주인과 종의 모습이 일체가 되어 살아가는 아브라함의 삶이 얼마나 아름다운 모습인가요?

* 아브라함의 거짓말(20)

믿음의 길을 힘차게 걷고 있던 아브라함에게 또다시 어려움이 찾아왔습니다. 아브라함은 어려움을 피해 약속의 땅을 떠나 이방 땅으로 갔습니다. 그러나 그곳에서 다시 위기를 만납니다. 그때 아브라함은 거짓말로 그 위기를 극복하려다가 더 곤란한 상황에 부딪히게 됩니다.

창세기에는 믿음의 조상인 아브라함과 이삭의 반복된 거짓말이 세 번 나옵니다. 창세기 12장에서 애굽에 내려가 바로 앞에서 자기 부인 사라를 자기 누이라고 거짓말했다가, 바로에게 부인을 빼앗길 위기에 처했었습니다. 창세기 20장에서는 그랄 왕 아비멜렉 앞에서 사라를 누이라고 속이다가 똑같은 위기를 만납니다. 창세기 26장에는 아들 이삭이 블레셋 왕 아비멜렉에게 리브가를 누이라고 아버지와 똑같은 거짓말을 하다가 자기 아내를 빼앗길 위기에 처합니다.

이 거짓말 이야기의 핵심은 거짓으로 초래된 위기에서도 하나님의 적극적이고 긴급한 개입과 구원을 베푸신 것입니다. 이는 믿음의 조상들이 한 거짓말의 심각성보다도, 사단이 구원자 예수의 탄생을 막기 위해 그 구원의 물줄기인 생명의 족보, 믿음의 조상들의 족보를 차단하는 행위이기 때문입니다. 사단은 목표가 뚜렷하고 그것을 이루기 위해 집요하게 행동합니다.

그 목표는 오직 한 가지, 예수 그리스도 탄생을 방해하는 것입니다. 사단은 예수님이 탄생하시기 전에는 예수님이 오실 출생의 족보를 파괴하는 데 온 에너지를 집중했습니다. 이제 예수님이 오셔서 십자가에서 구원의 길을 열어 놓자, 예수를 믿지 못하게 하고 믿는 성도를 핍박합니다. 사단은 결코 목적 없이 주먹을 휘두르지 않습니다. 믿음의 조상들이 자기 부인을 빼앗기게 해서 그리스도의 오심을 차단하려는 게 사단의 의도였습니다.

그러나 하나님은 그때마다 전권으로 개입하셔서 믿음의 조상들의 거짓말로 야기된 문제이더라도, 바로와 아비벨렉으로 하여금 믿음의 조상들 앞에 무릎을 꿇고 용서를 구하게 합니다. 이처럼 구원을 베풀고 완성하려는 하나님의 의지 앞에 세상은 속수무책입니다.

* 이삭의 탄생(21)과 아브라함의 마지막 시험(22)
* 이삭의 출생과 이스마엘의 축출

아브라함이 100세가 되어 하나님의 약속대로 사라가 이삭을 낳았습니다. 이삭은 '웃음'이란 뜻인데 그가 이름 그대로 아브라함의 가정을 웃게 했고, 더 나아가 아브라함이 대표하는 모든 인류를 웃게 만드는 통로가 되었습니다. 그는 난 지 8일 만에 할례를 받았습니다. 그런데 이 웃음의 근원이 태어났어도 웃지 못하고 조롱할 수밖에 없는 자가 있었으니, 그가 바로 아브라함의 첩 하갈에게서 태어난 이스마엘입니다. 그는 이삭을 조롱하다가 결국은 광야로 쫓겨났습니다. 이삭과 이스마엘은 한 집안에서 함께할 수 없는 자입니다.

사도 바울은 갈라디아서 4장에서 창세기 21장 내용을 들어 약속의 자녀와 육신의 자녀를 은혜와 율법으로 분류합니다. 아브라함의 두 아내(사라와 하갈)와 두 아들(이삭과 이스마엘)을 비유로 들어 율법과 복음의 관계, 그리고 율법주의자들이 복음주의자들을 핍박하는 역사적 근거와 이에 대한 성도들의 태도를 가르치고 있습니다.

갈라디아서 4장 21-31절에 보면 아브라함에게는 두 아들이 있는데, 하나는 하갈이란 계집종에게서 육체를 따라 난 이스마엘이요, 다른 하나는 자유로운 여자 사라에게서 약속을 따라 난 이삭입니다. 여기서 아브라함의 두 아내는 두 언약을 의미하는 것으로 각각 시내산(땅에 있는 예루살렘)과 시온산(위에 있는 예루살렘) 곧 율법과 자유가 선포된 곳입니다.

그런데 우리 신자는 이삭과 같이 약속의 자녀이고(28절) 자유로운 여자의 자녀(31절)라는 것입니다. 육체를 따라 난 자가 성령으로 난 자를 핍박하듯이 율법주의자가 복음주의자를 핍박하지만, 계집종의 아들이 자유로운 여자의 아들과 더불어 유업을 얻을 수 없습니다. 하갈로 상징되는 율법과 이삭으로 상징되는 복음이 함께할 수 없음을 보여 줍니다. 약속의 자녀와 육신의 자녀는 함께할 수 없습니다. 다시 말하면 약속의 자녀는 육신의 자녀에게 늘 핍박을 받습니다. 믿는 자가 복음 때문에 조롱받고 핍박받는 것을 이상하게 생각해서는 안 됩니다. 도리어 믿음의 정체성이 확인되는 영광의 순간임을 잊지 말아야 합니다.

* 아브라함의 마지막 시험(22)

창세기 22장 아브라함 사건을 사람들은 믿음의 클라이맥스라고 생각하는 것 같습니다. 하나님이 아브라함을 통해 믿음의 정점을 드러내기 위해 시행하는 믿음의 마지막 테스트이기 때문입니다. 하나님은 아브라함에게 "네 아들, 네 사랑하는 독자 이삭을 모리아산에 가서 번제로 드리라"라고 말씀하십니다.

아브라함은 이에 순종하여 이삭을 데리고, 아침 일찍 일어나 모리아 산을 향하여 삼 일 길을 걸어갑니다. 길을 가는 중에 이삭이 묻습니다. "아버지여! 불과 장작 그리고 칼은 준비됐지만, 번제로 드릴 어린양은 어디 있나이까? 그것은 "하나님이 친히 준비하느니라"(여호와이레)라고 아브라함은 대답합니다. 그리고 모리아산에 도착하여 제단을 쌓았습니다. 아브라함이 번제를 드리려고 이삭을 향해 칼을 뽑아 들었습니다. 그때 하늘에서 긴급한 소리가 났습니다.

"아브라함아! 아브라함아! 그 아이에게 네 손을 대지 말라
네가 네 아들 독자까지도 내게 아끼지 아니하였으니
내가 이제야 네가 하나님을 경외하는 줄을 아노라"

그때 아브라함이 눈을 들어 보니 수양 한 마리가 나무에 매여 있었습니다. 그는 이삭 대신 그것으로 번제를 드렸습니다. 하나님이 아브라함을 갈대아 우르에서 부르셔서 가나안땅에 오게 하셨고, 지금까지 동행하면서 깨우치고 알게 하셨던 믿음의 알맹이를, 바로 이 마지막 시험 사건에서 드러내 보여 주셨습니다. 하나님은 이 과정을 통해 믿음이라는 전 과정을, 아브라함을 통해 우리에게 보여 주고 계십니다.

그 믿음의 마지막 온전한 모습이 무엇인가요?

여기서 하나님은 아브라함의 믿음을 보셨습니다. 하나님이 인정한 믿음은 어떤 믿음입니까?

"네가 네 아들 네 독자까지도 내게 아끼지 아니하였으니
내가 이제야 네가 하나님을 경외하는 줄을 이노라"
(창 22:12)

이 말씀은 자기 아들 예수를 십자가에 희생시키신 하나님의 마음을 아브라함이 알았다는 뜻입니다. 다시 말하면 아브라함은 자기 아들 이삭의 희생을 통해서, 자기 아들 예수를 희생시키려는 하나님의 마음을 알게 되었다는 것입니다. 그 마음은 자아를 부인하고 하나님이 주인인 것을 받아들여졌을 때 깨닫는 마음입니다.

이 하나님의 마음을 소유하는 게 믿음의 절정이요, 클라이맥스입니

다. 하나님은 자기와 똑같은 마음을 가지고 있는 아브라함을 본 것입니다. 하나님은 아브라함의 이야기를 읽는 독자들이 아브라함의 자리에 이르기를 원합니다. 그 마음을 갖는 게 믿음(구원)의 완성으로 가는 길입니다. 그것을 위해 오늘 주님은 그렇게 우리를 위해 수고하고 일하시는 것입니다. 믿음은 아브라함과 하나님의 마음이 일체가 되었듯이, 하나님을 닮아 가는 것입니다.

그때 어떤 소리가 들려오며 어떤 축복의 선물이 쏟아지는가요? 하늘의 소리가 들려옵니다. 눈이 열리고 보입니다. 그야말로 신이 나는 것이지요. 아브라함이 믿음이 있을지라도 모리아산을 올라갈 때 얼마나 힘들었겠습니까? 그 모습을 상상해 보세요. 반면 눈이 열려 모리아산을 내려올 때는 얼마나 감격해 뛰어 내려왔겠습니까? 그 뛰어 내려오는 모습을 그려 보세요. 한마디로 신이 난거지요. 이게 영의 눈이 열렸을 때 나타나는 현상입니다.

그런데 언제 눈이 열립니까? 아브라함이 칼을 들어 이삭을 잡으려 할 때, 들리지 않던 소리가 들리고 보이지 않던 것이 보였습니다. 전에는 아무리 모리아산을 둘러 보아도 숫양이 보이지 않았습니다. 숫양이 분명 거기 있었지만 보이지 않았습니다. 그러나 자아를 칼로 치려는 순간에, 하나님의 소리는 들리고 하늘의 세계는 보이기 시작했습니다.

하나님의 축복은 거기서 그치지 않습니다. 축복은 축복을 낳는 특성이 있습니다. 세상이 볼 수도 없고 천사도 흠모할 만한 큰 축복이 쏟아졌습니다. 창세기 17절에 여러 축복을 한마디로 묶어 표현하기를 '큰 복'이라고 표현합니다. '큰 복'이란 하나님 자체를 소유하는 것을 말합니다. 그 결과로 자녀들이 번성하는 축복, 대적의 성문을 열어젖히는 축복, 열방의 복의 통로로 쓰임받게 되는 축복을 얻는 것입니다.

언젠가 필자가 존경하고 사랑하는 권사님으로부터 들은 얘기입니다. 권사님 집에는 고양이 두 마리가 있는데 이름이 '소금'과 '후추'랍니다. 필자는 그 말을 들었을 때 전기에 감전된 듯 멍해졌습니다. 어찌 그렇게 이름을 멋지게 지었을까? '후추'와 '소금'은 로마 시대부터 중세시대까지 맛을 드러내며 색을 아름답게 해 줬던 고가의 향신료로 서구를 지배했던 그 이름이 아닌가? 우리 아브라함의 후손들이 바로 맛난 세상을 드러내는 그런 자들이 아닌가요?

우리 믿음의 자녀는 바로 '후추'와 '소금' 같은 존재입니다.

이 구원의 과정을 하나님이 다 이루셨습니다. 우리는 그 하나님께 모든 주권을 맡겨 드리며, 자녀가 아버지에게 순종하듯 하나님께 순종하며 나가기만 하면 됩니다. 그때 하나님이 다 준비하시는 "여호와이레"의 삶이 펼쳐집니다. "여호와이레"는 "하나님이 친히 준비하신다"라는 뜻으로 아브라함의 믿음을 가진 자들에게는 그 심령 속에서 저절로 터져 나올 수밖에 없는 신앙고백입니다. 이런 믿음을 하나님은 우리가 갖기를 원하십니다. 그것을 위해 예수님을 보내셨고 성경의 말씀을 남기셨습니다. 신앙은 이 하나님을 소유하는 겁니다. 이 하나님 때문에 "여호와이레"의 신앙고백이 우리 삶의 향연이 되어 나타나는 것입니다.

아브라함 이야기의 부록

* 사라의 장례식(23)

밥보다 누룽지가 더 맛있을 때가 있습니다. 성경도 본문보다는 부록처럼 보이는 뒤에 나오는 이야기들이 더 의미 있고 재미있게 다가올 때가 많습니다. 아브라함의 이야기도 그런 것 같습니다. 창세기 22장에 나오는 아브라함이 이삭을 제물로 드리는 번제 사건을 믿음의 절정이라고 합니다. 그러나 보다 세밀하게 살펴보면 23장이 창세기 절정임을 볼 수 있습니다.

창세기 23장은 사라가 죽었을 때 아브라함이 그녀의 매장지를 구하는 모습이 나옵니다. 그런데 그 과정을 관찰해 보면 아브라함의 모습이 너무도 진지하고 집요하며 동시에 확신에 차 있습니다. 사라가 127세로 죽자, 땅 한 평도 소유하지 못한 아브라함이 은 400세겔을 주고 매장지를 자기 소유로 삼아 버립니다. 헷 족속 헤브론은 지금까지 아브라함의 아름다운 삶에 감동되어 막벨라 굴의 땅을 매장지로 거저 주려 하였으나, 아브라함은 단호하게 거절하고 은 400세겔을 주고 사서 자기 소유로 만듭니다.

왜 아브라함이 그렇게 그 땅을 자기 소유로 만들고자 하는 걸까요? 땅에 대한 욕심이 많아서 그럴까요? 그럴 리는 없겠지요. 이는 부활의 신앙을 확신한 아브라함의 신앙에서 기인한 것입니다. 그가 매장지를 자기 돈을 주고 사서 자기 소유로 삼은 것은, 땅에 대한 욕심 때문이 아니라, 땅에 묻힌 자의 부활에 대한 확신의 징표인 것입니다. 아브라함은 사라의 장례를 통해 부활의 신앙에 대한 믿음을 보여 주고 있습니다.

사라의 죽음이 아브라함의 눈을 어둡게 만들 수 없었습니다. 오히려 어둠 속에서 가장 밝은 부활의 세계를 보게 했습니다. 그는 사라를 땅에 묻었지만, 부활의 땅에 묻었습니다. 그러므로 좀 시야를 넓혀 보면 창세기 22장의 시험을 감당할 수 있었던 것도, 이와 같은 부활 신앙에 대한 확신에서 기인된 것이라 볼 수 있습니다. 그러므로 창세기의 절정은 22장의 모리아산 이삭 번제 사건이라기보다는, 23장의 막벨라 굴 사라 매장 사건이라 할 수도 있습니다.

* 리브가의 결혼관(24)

창세기 24장은 창세기에서 가장 긴 장으로 리브가의 결혼 이야기입니다. 아브라함의 종 엘리에셀은 아브라함의 아들인 이삭의 아내를 구하는 중요한 사명을 가지고 밧단아람으로 떠납니다. 본 장은 신부를 구하는 아브라함의 종의 신실한 모습과 새신부가 될 리브가의 모습이 잘 묘사되어 있습니다. 먼저 아브라함의 종의 일하는 모습을 통해 하나님의 사람의 일하는 자세를 배울 수 있습니다.

그는 이삭과 리브가의 결혼이 성사되도록 중매쟁이의 역할을 다하기 위해 온 힘을 기울입니다. 성도는 이처럼 사람을 하나님 앞에 충성된 중매쟁이와 같은 사명을 가진 자임을 잊지 말아야 합니다. 사도 바울은 죄인인 우리를 예수그리스도와 중매하기 위해 수고와 헌신을 아끼지 아니했습니다.

"내가 하나님의 열심으로 너희를 위하여 열심을 내노니
내가 너희를 정결한 처녀로 한 남편인 그리스도께 드리려고 중매함이로다"
(고후 11:2)

또한, 아브라함의 종이 원했던 신부 상을 지닌 리브가를 통해 신자의 모습을 배울 수 있습니다. 아브라함의 종은 리브가의 모습에서 아름다운 신부 상을 보고 이삭의 아내로 데려왔습니다. 이삭은 그 리브가와 결혼을 했습니다. 이삭과 리브가의 결혼 모습을 통해 24장은 신앙생활이란 예수 믿는 것으로 끝나는 게 아니라, 신랑 신부가 신방을 꾸미고 같이 삶을 나누는 모습임을 그림처럼 보여 주고 있습니다. 비유적으로 표현하면 신앙생활은 주님 앞에 가는 그날까지 주님과의 결혼 생활이라 말할 수 있습니다.

어떻게 이 결혼 생활을 잘할 수 있을까요? 우리 남편인 예수 그리스도에겐 문제가 없습니다. 문제는 신부인 우리에게 있습니다. 그러면 신부인 우리는 어떤 모습을 갖추어야 하는가요? 리브가를 통해 그 모습을 찾아볼 수 있습니다.

"보기에 심히 아름답고 지금까지 남자가 가까이하지 아니한 처녀더라"

(24:16)

리브가는 용모가 아름답고 순결한 여성이었습니다. 그리고 약대가 우물로 왔을 때 물을 길어다 주는 모습에서, 리브가는 헌신과 자비의 여성이었음을 알 수 있습니다. 그녀의 행동을 관찰해 보면 '급히' '배불리'로 요약되는데, '급히'는 그녀의 활동성과 열심을, '배불리'는 베푸는 데 인색하지 않은 마음을 알 수 있습니다. 순결성, 헌신성, 인색하지 않은 마음, 이게 바로 '천만인의 어미'인 리브가의 모습입니다. 신부의 특징은 순결입니다. 그리고 뜨거운 열심을 내야 합니다. 그것이 결혼 생활로 상징된 믿음 생활을 아름답게 할 수 있는 비결입니다. 믿음 생활은 결혼 생활과 아주 유사합니다.

결혼 생활을 돌아보면 믿음 생활을 잘 점검할 수 있습니다. 그러므로 리브가의 결혼 이야기를 길게 할애하고 있는 창세기 24장은 한낱 결혼 이야기나 하는 것 같지만, 거기서 그치는 게 아닙니다. 이 이야기는 넉넉한 마음과 열정을 가지고 순결하고 헌신된 삶을 아름답게 이루어 가는 종합예술이 결혼 생활이고 신앙생활이라는 것을 보여 주고 있습니다. 그게 하나님 나라를 이 땅에서의 실현하는 것입니다. 우리의 신앙생활은 어떤 결혼 생활로 비치고 있습니까?

* 가이드의 단상 5
고목 나무에 핀 생명의 꽃

창세기 25장 1-11절까지 아브라함의 후손들이 등장합니다. 특히 '아브라함이 후처 그두라를 얻었다'라는 재혼기사가 삽입되고, 믿음의 두 번째 조상인 이삭의 이야기가 시작됩니다. 창세기 저자 모세가 아브라함의 이야기를 '아브라함의 후처 그두라와 6명의 자녀'란 기사로 마무리를 지은 것은 의도적입니다. 1절 "아브라함이 후처를 맞이하여"란 구절을 만날 때 기분이 좀 불쾌해지려 합니다. 지금까지 아브라함의 믿음의 과정을 서술해 왔는데 웬 갑자기 후처인가, 거룩한 말씀에 왜 고춧가루를 뿌리는가 생각될 수도 있습니다.

그러나 성경의 관점에서, 신앙의 관점에서 생각해 보면 깜짝 놀랄 만한 새 생명의 역사를 보여 주는, 눈을 뗄 수 없는 정말로 아름다운 장면입니다. 후처를 얻은 게 윤리적으로 잘못이냐 아니냐 이런 문제를 말하려는 게 아닙니다. 아브라함은 그 당시 시대 관습을 그대로 따른 것뿐입니다.

그런데 그 시대 풍습을 빌려 하나님이 말씀하고자 하는 것이 무엇일까요?

아브라함이 후처 그두라와 결혼했습니다. 결혼할 나이인가요? 결혼하면 아기를 낳을 수 있을까요? 100세일 때도 아기를 어떻게 낳을까 했는데 그 이후로 시간이 꽤나 많이 지났습니다. 그런데 결혼을 했습니다. 출산이 가능할까요?

그런데 아기가 하나 나왔습니다. 시므란입니다. 깜짝 놀랐습니다. 잠시 후 또 하나 나왔습니다. 욕산입니다. 어이가 없었습니다. 이어서 므단, 미디안, 이스박, 수아가 연이어 탄생했습니다. 어느새 아브라함은 줄줄이 여섯 명을 낳았습니다. 필자는 이 장면이 성경에서 가장 신비스럽고 황홀하고 생명력이 넘치는 장면이라 생각합니다.

여러분! 그 당시 아브라함은 비유적으로 표현하면 죽은 고목 나무와 같았습니다. 누가 보더라도 죽었다고 생각합니다. 그런데 그 죽은 고목 나무와 같은 아브라함에서 죽음의 한계를 뚫고 생명이 하나씩 하나씩 맺히는 모습을 보세요. 마치 죽은 고목에서 핀 꽃을 보는 것 같습니다. 고목 나무에 핀 생명의 꽃, 말입니다.

창세기 기자는 이 이름을 언급하면서 생명의 신비, 믿음의 위력 앞에 탄복해서 기록하고 있다고 생각됩니다. 아브라함이 갈대아 우르에서 부름을 받아 하나님과 약속을 맺어 하나님의 신부가 되었습니다. 그는 하나님과 일체가 되어 아름다운 결혼 생활을 누렸고, 그 정점이 그두라와의 결혼이고 자녀 출산입니다. 이것을 보여 주려는 게 모세의 의도가 아닌가 생각합니다.

믿음은 고목에서 꽃이 피게 합니다. 믿음은 가면 갈수록 능력이 드러납니다. 겉은 후패하나 속은 나날이 새로워집니다. 겉은 죽은 고목 나무 같으나 생명을 줄줄이 낳을 수 있습니다. 믿음은 역설의 신비입니다. 처음은 초라할지라도 나중은 창대한 게 믿음의 특징입니다. 오늘날 의외로 믿음으로 시작해서 육체로 마치는 경우가 많습니다. 우리 아브라함의 믿음으로 다시 한번 돌아갑시다. 삶의 위기가 올 때, 아브라함의 신앙으로 돌아가 부흥을 일으켰던 사람이 아들 이삭이었습니다. 이삭이 어떤 위기를 만났으며 그 위기를 어떻게 극복했는지 살펴봅시다.

2) 이삭의 이야기(25:19-27:46)

* 이삭의 두 자녀(25)

이삭이 40세에 리브가를 아내로 맞이했습니다. 그러나 20년 지나도 자식이 없었습니다. 이삭은 하나님 앞에 엎드려 열심히 기도했습니다. 이삭이 60세가 되었을 때 리브가가 쌍둥이를 잉태하게 되었습니다. 혹자는 '믿음의 조상은 자녀를 낳는데 왜 그렇게 집착하나?' 생각할 수도 있습니다. 그러나 그들에게는 '자식이 있으면 좋고 없어도 괜찮아'의 문제가 아닙니다. 믿음의 조상은 반드시 대를 이을 자녀가 있어야 합니다. 그래야 우리의 구원자 예수그리스도가 탄생할 수 있기 때문입니다. 사단은 이것을 알고 생명의 줄기를 차단하기 위해 모든 에너지를 동원해서 방해합니다.

이삭은 기도를 통해 쌍둥이를 낳았는데, 그들이 바로 에서와 야곱입니다. 에서와 야곱 중 야곱이 하나님께 약속의 자녀로 선택받았습니다. 형 에서는 용모가 붉고 전신이 털옷 같으며, 동생인 야곱은 조용한 자였는데, 형 에서가 동생 야곱을 섬기게 됩니다. 동생 야곱은 하나님의 선택을 받은 자로 하나님의 인도를 받으면 되었습니다. 그게 믿음입니다. 그런데 보이지 않는 하나님의 인도하심에 답답했던지 자기 힘으로 뜻을 성취하려다 어려움을 겪습니다. 대표적으로 장자권과 축복권을 얻는 데 있어서 그렇습니다.

* 장자권(25)

장자권은 이삭의 장자인 에서가 가지고 있었습니다. 태어나면서 주어지는 것입니다. 에서는 장성하여 사냥꾼이 되었고, 야곱은 장막에 거주하는 조용한 사람이 되었습니다. 어느 날, 에서는 아버지 이삭이 좋아하는 맛있는 고기를 대접하기 위해 사냥을 하고 집에 돌아왔을 때 너무나 배가 고팠습니다. 때마침 집에 있던 야곱은 팥죽을 끓이고 있었는데, 그 짙은 향기가 배가 고픈 에서를 자극했습니다. 에서는 야곱에게 다가가 그 붉은 팥죽을 먹게 해 달라고 청했습니다. 야곱은 '장자권을 나에게 팔면' 그러겠다고 했습니다.

그때 에서의 반응은, 자기가 죽게 되었는데 장자권이 무슨 소용이 있냐며 맹세하고 장자의 명분을 야곱에게 팔아 버렸습니다. 이렇게 에서는 장자의 명분을 팥죽 한 그릇에 팔아 버렸습니다. 이를 두고 히브리서 기자는 에서가 망령되이 행했다고 혹평합니다.

"에서는 장자의 명분을 경홀히 여겼다"
(창 25:34 / 히 12:16)

왜 장자의 명분을 경홀히 여긴 것을 망령된 행위라고 할까요?

당시 장자의 의미가 무엇인지를 알면 쉽게 이해할 수 있습니다. 당시 가정에서 장자는 세 가지 역할을 가지고 있었습니다. 첫째, 장자는 대가족의 선지자 역할입니다. 하나님의 뜻을 깨닫고 그것을 받아서 가족들에게 전하는 선지자입니다. 둘째, 장자는 대가족의 제사장 역할입니다. 온 가족의 죄 문제를 들고 하나님 앞에 나가 용서받고 위로받게 하는 제사장입니다. 셋째, 대가족의 왕의 역할입니다. 하나님의 뜻을 따라 대가족을 통치하는 왕입니다.

이것을 종합하면 장자는 그냥 가정의 서열 1위로서 재산의 3분지 2를 상속받는 정도가 아닙니다. 장자는 삼중적인 책임을 지고 있는 공인입니다. 에서가 이 의무를 소홀히 했으니 망령된 자라 혹평하는 것입니다. 그런 측면에서 7대손(장자)인 에녹은 하나님과 동행했으니 장자권을 바르게 행사한 대단한 믿음의 사람입니다.

* 축복권(27)

이삭이 삶의 마지막이 다가오자 자녀에게 축복하고자, 에서를 불러 산에 가서 고기를 사냥하여 자기가 즐기는 별미를 만들어 오라고 했습니다. 그것을 먹고 난 다음 장자인 에서를 축복하겠다는 것입니다. 이것을 곁에서 들은 어머니 리브가는 자기가 사랑하는 야곱에게 야곱이 축복받을 수 있는 속임수를 가르쳐 행하도록 합니다. 야곱은 어머니 리브가의 지시에 잘못하면 벌을 받을까 주저주저했지만, 그런 야곱에게 리브가는 모든 책임은 자기가 질 테니 시키는 대로 하여 축복을 쟁취하라고 재촉합니다.

야곱은 어머니 말대로 양고기로 별미를 만들고 양의 털로 에서인 것처럼 위장하여 아버지 이삭에게 나갑니다. "아버지여! 아버지가 원하신 별미를 만들어 왔습니다. 잡수시고 축복해 주세요." 눈이 보이지 않는 이삭은 별미를 그렇게 빨리 준비해 온 것에 의심도 없지 않았으나, 양털로 위장한 야곱의 몸을 만져 보면서 털 많은 에서라 생각하고 축복을 쏟아붓습니다.

축복을 요약해 보면 첫째, 풍부한 양식인 물질의 축복이요, 둘째, 군사적 정치적인 권세의 축복이며, 셋째, 하나님의 보호인 영적인 축복입니다. 이 모든 축복을 야곱은 속임수로 쟁취했습니다.

그런 후 에서가 사냥에서 돌아왔습니다. 에서는 열심히 별미를 만들어 아버지께 갔지만, 이미 그에게 돌아올 것은, 아무것도 남아 있지 않았습니다. 에서는 자기를 축복해 달라고 대성통곡을 했지만, 아버지 이삭도 어찌할 수 없게 되었습니다. 그러나 이렇게 야곱의 속임수로 축복권을 빼앗긴 에서는 야곱을 죽이겠다 벼르고 야곱은 형을 피해 도망치는 신세가 되었습니다.

야곱은 하나님의 선택자로 하나님의 인도하심에 자신을 맡기고 살아갔으면 저절로 장자권과 축복권이 돌아왔을 것입니다. 이 축복은 우리가 쟁취한다고 되는 게 아닙니다. 하나님이 위로부터 부어 주시는 것입니다. 하나님의 뜻을 기다리지 못하고 조바심 때문에, 행한 섣부른 행동의 결과와 대가는 너무나 컸습니다. 이삭의 가정을 보세요. 야곱은 형, 에서의 분노를 피해 도망갈 수밖에 없었고 도피의 삶이 시작되었습니다. 자기를 그렇게나 사랑하고 돌봐 준 어머니와는 다시는 만나지 못하는 생이별을 하게 됩니다.

여기서 우리는 야곱의 모습을 통해 우리의 모습을 점검해 봐야 합니다. 우리 인간에게는 장자권과 같은 특권과 풍요를 누릴 수 있는 축복권을 소유하고 쟁취하고자 하는 본능적인 욕구가 있습니다. 그러나 하나님이 우리를 부르신 것은 이런 삶을 넘어 위로부터 부으시는 하나님의 축복이 있음을 깨닫고, 하나님의 인도하심에 자신을 맡겨 축복을 누리는 인생을 살라는 것입니다. 이것을 명심해야 합니다.

* 우물 파는 이삭(26)

우리는 창세기 25장에서 장자권을, 27장에서 축복권을 살펴보았습니다. 그리고 장자권과 축복권 사이에 샌드위치 형태로 들어 있는 26장에는 이삭이 우물을 파는 모습이 등장합니다. 이 모습을 통해 성경 기자는 축복의 근원이 무엇인지, 영적 부흥의 원리가 무엇인지를 선명하게 가르쳐 주고 있습니다. 이삭을 축복의 계승자라고 할 때 흔히 두 가지 사건을 들고 있습니다.

하나는 창세기 22장에서 아브라함이 이삭을 제물로 드리려 할 때 온전히 순종했던 사건이고, 또 다른 하나는 창세기 26장에 나온 우물 파는 사건입니다. 창세기 26장은 이삭의 거짓말(자기 부인을 자기 누이로 속이는 모습)로 시작합니다. 좋은 모습은 아니나 하나님은 이삭을 보호하시고 도리어 100배의 축복을 허락합니다. 하나님은 자기 백성을 얼마나 철저히 보호하시고 채우시는 분이신지를 알 수 있습니다.

축복받는 이삭을 지켜본 블레셋 사람들은 저절로 시기심이 발동하여 이삭을 쫓아내기로 작정합니다. 그래서 이삭이 얻은 우물을 자기들의 것이라 주장하며 시비를 걸어왔습니다. 우물은 근동에서는 생명과 같은 것입니다. 우물 없이는 생존도 농사도 가축도 모든 것이 불가능합니다. 그러니 우물을 빼앗겼을 때 얼마나 분하겠습니까? 이삭이라고 참고만 있지 않았을 것입니다. 심히 큰 다툼이 있었을 것입니다. 그래서 그곳 이름을 '다툼'이라는 의미인 '에셋'이라 불렀습니다. 그러나 결국 이삭은 물러갈 수밖에 없었습니다.

그리고 이삭은 또다시 우물을 파서 우물을 얻었습니다. 이를 본 블레셋인들이 또 다가와 우물을 빼앗았습니다. 여기서도 엄청난 분노가 있었습니다. 그곳 이름을 '분노'란 의미의 '싯나'라 지었습니다. 이번에도 어찌할 수 없어 다른 장소로 옮겨 우물을 팠습니다. 그런데 이번에는 큰 샘의 근원이 터져 물이 넘쳐흘렀습니다. 그제야 다툼이 사라졌습니다. 그곳 이름을 '하나님이 우리를 넓게 하셨다'라는 의미인 '르호봇'이라 명명했습니다. 이삭이 얼마나 기뻤겠습니까?

이삭은 너무 큰 감격도 있었지만, 한편으론 그동안 우물로 인한 고통과 상처가 너무나 컸기에, 그것을 쏟아 놓기 위해 하나님께 나가 예배를 드렸습니다. 그때 하나님이 이삭에게 나타나셔서 위로하시고 축복을 내려 주셨습니다. 이삭의 상처가 온전히 치유되는 예배였습니다. 그런 후 좀 전까지만 해도 적이었고 힘들게 했던 블레셋 사람들이 찾아와서 화평을 요청합니다. 평화가 임했습니다. 전에는 우물 파기 위해 어느 곳에 파야 할지 기도하고 힘을 썼지만, 이제는 어디에 우물을 파든, 파는 그곳에서 우물이 솟아났습니다.

우물 파는 이삭의 이야기가 무엇을 보여 주고 있습니까?

하나님의 길을 갈 때 에셋(다툼), 싯나(분노) 등 많은 어려움을 만납니다. 우리는 이때 의심이 될 수도, 좌절할 수도 있습니다. 왜 믿음의 길을 가는데, 왜 바른길을 가는데 이런 어려움이 있는가? 굳이 이런 길을 갈 필요가 있을까? 다른 사람도 전혀 그 길을 가지 않는데? 신앙생활에 에너지를 집중하기가 쉽지 않습니다. 그러나 이삭은 마음의 상처와 고통을 받았지만, 그럴수록 이삭은 하나님을 더욱 의지하여 우물 파는 데 에너지를 집중했습니다. 그 결과가 큰 샘의 근원이 터져 넘쳐흐르는 축복의 누림이 있었습니다.

장자권과 축복권은 하나님 소관이지만 우물을 파는 데 우리의 온 에너지를 집중할 때 주어진다는 것입니다. 이렇게 우물 파는 사건 앞에는 장자권을, 뒤에는 축복권을 배치하는 샌드위치로 구조로 메시지를 보다 분명하게 전달하고 있습니다.

이삭은 우물을 팠습니다. 그 우물은 아버지 아브라함이 팠던 우물입니다. 우물은 생명의 근원입니다. 생명의 근원인 하나님께 집중하라는 것입니다. 믿음의 길을 가는 데 다툼이 있고 분노가 있다고 생명의 근원에 집중하는 것을 중단하지 말라는 것입니다. 그때 은혜의 '레드오션'(red ocean)이 아니라 '블루오션'(blue ocean)의 세계가 전개된다는 사실입니다.

14세기부터 16세기 사이 일어난 전 유럽의 문예 부흥을 주도하고 현대에는 전성기를 지칭하는 대명사가 된, 르네상스의 표어는 'ad fontes'(아드 폰테스 : 근원으로 돌아가라)입니다.

르네상스가 표어처럼 근원으로 돌아갔을 때 르네상스 부흥의 역사가 일어났습니다. 이처럼 우리도 생명의 근원인 하나님께로 돌아가는 게 언제나 변함없는 부흥의 비결입니다. 믿음의 두 번째 조상 이삭은 생명의 근원인 하나님께 집중했던 사람입니다.

이 사건을 야곱의 장자권과 축복권 사이에 배치한 것은, 아브라함으로부터 내려오는 신앙의 진수를 아들 야곱에게 보여 주려는 저자의 의도라고 생각됩니다. 과연 야곱이 이 의도를 깨달았을까요? 야곱의 이야기를 살펴봅시다.

3) 야곱의 이야기(28-36)

* 벧엘의 하나님(28)

야곱의 이야기는 4개의 지역을 거점으로 한 원점회귀의 형태로 전개됩니다. 그 지역이 벧엘, 밧단아람, 브니엘, 엘벧엘입니다. 벧엘은 야곱의 인생과 신앙에 새로운 출발점이요, 전환점입니다. 이야기는 야곱과 에서의 이야기로부터 야곱과 라반의 이야기로 전환됩니다. 벧엘에서 하나님이 나타나서 그를 가나안으로 돌아오게 하겠다고 약속하시고, 브니엘에서는 야곱이 귀향하는 데 걸림돌을 다 제거해 주십니다.

그래서 창세기 28장과 32장의 이야기는 매우 흡사합니다. 28장인 벧엘에서 야곱이 '하나님의 사자'를 보지만, 32장인 브니엘에서 '하나님의 사자'가 야곱을 만납니다. 28장에서 야곱이 '하나님의 사자'를 만난 그곳을 가리켜 '하늘의 전이요, 하늘의 문'이라 말하지만, 32장에서는 하나님을 만난 그곳을 '하나님의 진영 또는 하나님의 군대'라 부릅니다. 이는 야곱이 에서의 분노를 피해 도망갈 때 간절함 때문에 하나님을 만난 것 같지만, 사실은 하나님 자신이 야곱의 인생을 철저히 인도하고 보호하고, 계셨다는 것을 보여 줍니다.

창세기 28장은 야곱의 도주로 시작됩니다. 형, 에서의 장자권과 축복권을 사기로 빼앗은 야곱은 형의 살인 분노를 피하여 고향인 브엘세바를 떠나, 외삼촌이 있는 밧단아람을 향해 갈 수밖에 없었습니다. 하룻길을 걸어 해가 자취를 감추기 시작하고 어둠이 깃들 때, 돌을 베게 삼아 누었던 곳이 벧엘 들녘이었습니다. 꿈에 보니 사닥다리가 하늘에 놓였고 그 위에 천사들이 오르락내리락하고 있었습니다. 그리고 하나님이 말씀하는 소리가 들렸습니다.

“나는 너희 조부 아브라함의 하나님이요 이삭의 하나님이라
네가 누워있는 땅을 내가 너와 네 자손에게 주리니 (…)
내가 너와 함께 있어 내가 어디로 가든지 너를 지키며 너를 이끌어
이 땅으로 돌아오게 할지라 내가 네게 허락한 것을 다 이루기까지
너를 떠나지 아니하리라 하신지라”
(창 28:13-15)

야곱은 잠이 깨어 “이곳이 하나님의 전이요 하늘의 문이로구나” 고백하면서, 하나님이 나를 이곳으로 돌아오게 하면 “여호와는 나의 하나님이 될 것이요 이 돌은 하나님의 전이 될 것이며 내가 반드시 십일조를 드리겠습니다”라고 서원합니다. 십일조는 우리 자신의 전부가 하나님의 것이라는 신앙고백입니다. 내가 내 인생의 주인이 아니라 하나님이 나의 주인이라는 고백입니다. 그러므로 십일조를 드리지 않는 것은 하나님이 나의 주인임을 부정하는 것이요, 여전히 내 인생의 주인은 나 자신이라는 고백입니다. 이 십일조의 근본정신을 놓치지 않아야 물질의 십일조를 드리는 것이 큰 축복이 됨을 깨닫게 됩니다.

* 밧단아람(29-31)

야곱은 밧단아람에 도착해 결혼하여 가정을 이루고, 가나안으로 돌아오기 전 20년을 보냅니다. 여기서 4명의 부인과 12명의 자녀를 얻고 풍부한 재물을 모읍니다. 그러나 그 과정을 살펴보면 외삼촌 라반에게 철저하게 사기를 당합니다. 사기의 대명사인 야곱이 진짜 사기꾼을 만나 속절없이 사기당하는 과정을 낱낱이 보여 줍니다. 그리고 12자녀들이 이스라엘 공동체요, 교회공동체의 근원인 12지파를 이루어 가는 모

습을 생생하게 보여 주고 있습니다.

* 야곱의 결혼과 자식 낳기 경쟁(29)

밧단아람에 도착하자 외삼촌의 둘째 딸인 라헬의 아름다움에 사로잡혀 사랑에 빠져 청혼합니다. 결혼의 대가로 7년을 봉사해야 했고, 그런 후 첫날밤을 가졌는데 이게 어찌 된 일입니까? 그 곁에 누워 있는 여자는 사랑하던 라헬이 아니고 언니 레아였습니다. 이를 분히 여겨 외삼촌에 항의했더니 자기 동네 풍습은 그러하니 동생까지 얻으려면 7년을 더 봉사해야 한다고 합니다.

이때 야곱은 어떤 생각이 들었을까요? 아마도 형을 속이던 자신의 모습이 겹쳐 나타났을 것입니다. 이뿐인가요? 재물 모으는 과정에서도 눈 붙일 겨를도 없이 죽도록 일하고 결국은 고단수 사기꾼 외삼촌에게 엄청난 사기를 당합니다. 철이 철을 제련하듯이 돌 같은 야곱이 조금씩 조금씩 제련되어 가는 모습을 볼 수 있습니다.

야곱은 레아와 라헬, 그리고 그들이 제공한 첩인 빌하와 실바까지 네 명의 부인을 두게 되었습니다. 이 네 명의 부인이 무엇을 합니까? 자식 낳기 경쟁을 합니다. 네 명의 부인에게서 12명의 아들이 탄생 되는 과정을 자세히 보여 주고 있습니다. 이것은 아브라함과 이삭에게 많은 민족을 주시겠다는 하나님 약속의 성취입니다.

야곱 자녀의 출생은 어미별로 세 부분으로 나뉘는데 창세기 29장 31-35절(레아의 네 아들), 창세기 30장 1-13절(두 첩의 네 아들), 30장 14-24(레아의 두 아들과 딸 그리고 라헬의 두 아들)입니다. 아이들의 이름 짓기에는 야곱의 아내들의 저마다의 여호와에 대한 신앙고백적 의미와 장래에 대한 소망이 담겨 있습니다.

첫째 아들 "르우벤"(보라! 아들이다)이 태어났습니다. 레아가 첫째 아들을 낳고 "보라! 아들이다"라고 외칩니다. 남편에 사랑받지 못한 레아의 마음이 얼마나 고통스러웠겠습니까? 그런데 그때 첫아들이 태어났습니다. 아들을 본 순간 그녀의 심령 속에 있는 울분이 터져 나왔습니다. 세상 모든 사람이여 보세요! 이제는 야곱이 이 아들을 보아서라도 자기를 사랑하리라는 확신의 외침입니다. 그러나 현실은 그렇지 않았습니다. 야곱의 마음은 차디찬 돌덩이 같았습니다.

낙심 가운데 있을 때 둘째 아들이 태어났습니다. 레아는 "하나님이 들으셨다"라는 의미인 "시므온"이란 이름을 지었습니다. 둘째 아들 "시므온"이 태어난 것입니다. 하나님이 이제는 자신의 아프고 고통스러운 간구를 응답하셨다고 확신했습니다. 그런데 이번에도 레아에 대한 야곱의 태도는 바뀌지 않았습니다.

그러다가 셋째를 낳았습니다. 그가 "레위"입니다. "연합"이란 뜻입니다. '무슨 일을 해도 이왕이면 삼세번이라 했는데, 이제는 하나님이 나와 하나 되어 내 마음을 아시고 응답하겠지, 야곱도 별수 없이 나를 사랑하고 연합하겠지'라고 확신했습니다. 그러나 이번에도 아니었습니다.

이제는 어떻게 해야 하나? 레아가 자신을 바라보니 너무나 비참했습니다. 남편이기는 하나 한 인간에 지나지 않는 야곱의 사랑을 받기 위해 집착하는 그 모습이 너무나 처량하고 비참했습니다. 눈을 들어 하나님을 바라보았습니다. 야곱에서 누리지 못한 새 힘과 위로를 누리는 것만 같았습니다. 그때 넷째아들이 태어났습니다. 레아는 기다리고 있었다는 듯 그 아이를 "하나님 찬양"이라는 의미의 "유다"로 이름을 지었습니다.

레아는 더는 야곱의 사랑을 구걸하지 않았습니다. 그녀는 하나님의 사랑을 구했고 하나님만이 자기 전부요, 힘이요, 유일한 소망이란 사실을 깨달았습니다. 이런 소망이 결집되어 나타난 이름이 '유다'입니다. 그래서 12지파 중, 유다가 제일 축복받은 자로 등장합니다. 축복의 근원은 하나님입니다. 그 하나님만 의지하는 것, 바라보는 것, 붙드는 것이 믿음이고 축복이고 위로이고 소망입니다. 12지파, 나가서는 이스라엘 공동체, 신앙적으로 교회공동체의 생명의 근원은 하나님만 의지하는 것입니다. 하나님만 찬양하는 것입니다. 여기서 찬양이란 신앙고백적 의미입니다. "하나님만이 나의 유일한 힘이요, 소망이요, 능력이다"라는 확실한 고백이 있을 때, 세상에 휘둘리지 않습니다.

계속해서 레아의 네 아들에 이어 라헬의 첩인 빌하를 통하여 단과 납달리, 레아의 첩인 실바를 통해 갓과 아셀, 레아의 아들 잇사갈과 스블론, 라헬의 아들 요셉이 태어납니다. 이 야곱의 아들들이 이스라엘의 12지파를 이루고 교회의 모체인 이스라엘의 공동체를 이룹니다. 교회공동체의 핵심은 유다 지파의 뿌리에서 나올 예수 그리스도입니다. 하나님이 축복의 뿌리임을 기억하고 그를 의지하는 게 교회의 본연의 모습입니다.

* 야곱과 라반의 계약(31:1-55)

야곱은 아내도 많이 얻었고 자식들도 많이 거느리게 되었습니다. 이제 그에게는 물질이 필요했습니다. 야곱은 외삼촌인 라반에게 가서 '나는 언제나 내 집을 세우리까?'라고 울분을 토하며 고향으로 돌아가게 해달라고 호소합니다. 라반은 야곱을 데리고 있는 것이 재물의 유익에 엄청난 도움이 되기 때문에 그를 보내고 싶지 않았습니다. 그래서 그는 야곱과 품삯의 계약을 새롭게 맺었습니다.

그러나 야곱은 하나의 조건을 걸었습니다. 당시 목장의 양과 염소가 있었는데 대부분 색깔이 흰색이나 검은색이지 혼합된 색은 없었습니다. 그러기에 양과 염소가 아롱지고 검은색을 지닌 혼합된 색을 가진 새끼를 낳을 확률은 별로 없습니다. 그런데도 야곱은 아롱지고 검은색을 지닌 혼합된 색이 나오는 염소나 양은 품삯으로 자기에게 달라고 합니다.

이는 라반에게 훨씬 유리한 조건이고 야곱이 불리한 조건처럼 보입니다. 그러나 야곱은 당당히 이 조건을 제안했고 라반은 동의했습니다. 그리고 이 불리해 보이는 제안을 통해 야곱은 엄청난 부를 불리는 기회로 전환시킵니다. 그의 부의 축적방법은 실한 양과 염소가 새끼 밸 때 물옆에 신풍 나무의 껍질을 벗긴 푸른 가지를 놓아 실한 새끼가 자기 것이 되도록 하는 것입니다. 이렇게 하여 그는 떼돈을 벌었습니다.

이를 본 라반이 화가 나서 다 압수하려 하자, 야곱은 고향으로 돌아갈 결심을 굳힙니다. 야곱은 아내들과 자녀들을 불러 놓고 고향으로 돌아갈 이유를 하나하나 설명했습니다. 그러자 그들이 다 한마음 되어 라반을 떠납니다. 야곱이 도망간 것을 확인한 라반이 추격하여 사흘 후 야곱을 따라잡습니다. 자기가 섬기는 드라빔이 없어져 찾겠다고 추격 이유를 따지기에 조사를 받았으나 발견되지 않았습니다. 사실은 라헬이 드라빔을 그녀의 안장 속에 숨겨 그 위에 앉아 있어서 발견되지 않은 것입니다. 이에 야곱이 라반에게 분개하며 일장 열변을 토합니다.

"내가 외삼촌과 함께 20여 년을 지내면서 외삼촌의 양을 쳤는데,
내가 먹은 것은 한 마리도 없고 도리어 물린 것이나 낙태된 것이나
도둑맞은 것이 있으면 내가 스스로 그것을 보충했습니다.
또한, 내가 20여 년을 외삼촌 집에 있으면서
외삼촌의 두 딸을 위하여 14년,
외삼촌의 양 떼를 위하여 6년을 봉사했으나,
외삼촌은 내 품삯을 열 번이나 바꾸셨습니다.
내 하나님이 아니면 외삼촌이 나를 빈손으로 돌려보냈겠지만,
하나님이 내 수고를 보시고 어제밤에 외삼촌을 책망하셨습니다."
(창 31:36-42)

이것이 야곱의 당당한 자기변호이고 양심선언이며 신앙고백입니다. 여기에 그의 밧단아람의 생활이 요약되었는데, 그의 정직성, 성실성, 책임감이 잘 나타나 있습니다. 그가 얼마나 큰 집념과 의지의 사나이였는가를 보여 줍니다. 그러나 하나님이 야곱에 원한 게 이런 것이었을까요? 하나님이 야곱에게 의지의 사나이가 되라고 했나요? 아버지 이삭의 대를 이어 축복의 사람이 되기를 원하셨습니다. 라반은 야곱과 언약을 맺고 야곱을 축복하며 떠나보냅니다.

* 브니엘 : 야곱을 변화시킨 여호와(32-33)

20여 년 전에 헤어진 형, 에서를 만나러 가는 야곱이 브니엘에서 날이 새도록 천사와 씨름을 합니다. 이 장면은 라반을 떠난 야곱을 여호와가 만나 주시고, 앞길의 장애를 극복하도록 도우시는 장면이요, '야곱'이 '이스라엘'로 새롭게 탄생하는 장면입니다.

지금 야곱의 상황은 어떠한가요?

형을 속이고 20년이 지났지만, 마음 한구석에는 여전히 형의 복수에 대한 두려움이 있었습니다. 고향길로 향하는 그에게 마하나임의 하나님이 나타나셨습니다. 이는 창세기 28장에서 야곱이 형을 피해 밧단아람을 향해 도주할 때 나타난 여호와의 사자가 그의 장래를 보호하듯, 고향으로 귀환하는 위급한 상황에도 함께하심을 보여 줍니다. '마하나임'은 '하나님의 군대', '두 진영'이란 뜻입니다.

그러나 이런 하나님의 보호 속에도 20여 년 전에 헤어진 형, 에서를 만나러 가는 야곱은 두려움을 떨쳐 버리지 못하고 자신의 방식대로 꾀를 내어 만약의 사태에 대비합니다. 그가 하나님의 은혜를 모르는 것도 아닙니다. 너무나 많은 은혜를 체험했습니다. 그는 형에게 말합니다.

"내가 내 지팡이만 가지고 이 요단강을 건넜더니
지금은 두 떼나 이루었나이다"
(창 32:10)

얼마나 큰 은혜입니까? 야곱은 에서의 분노로 인해 아무것도 챙기지 못하고 지팡이 하나 들고 요단강을 건너 도망쳤습니다. 그리고 20년이 지났습니다. 4명의 아리따운 부인과 13명의 자녀 그리고 넘치는 물질, 그야말로 떼를 이루는 축복을 받았습니다. 이게 얼마나 큰 은혜인가요? 많은 은혜를 체험하고 축복을 받았고 스스로 은혜를 고백하면서도 지금 야곱은 마음이 불안하여 견딜 수가 없습니다. 야곱은 먼저 형, 에서의 환심을 사려고 예물을 보냅니다. 그리고 처자식과 양과 소와 낙타를 두 떼로 나누어 앞서 보내고 자신은 홀로 얍복강 가에 남아 서성이고 있습니다.

그때 어떤 사람이 야곱을 찾아와 씨름하다가 이기지 못함을 깨닫고 환도뼈를 쳤습니다. 허벅지가 부러진 야곱은 천사를 붙들고 축복을 간구하여, '야곱'에서 '이스라엘'로 변화되는 축복을 얻습니다. '야곱'은 '붙잡는다'라는 뜻으로 사람과의 싸움을 의미하고, '이스라엘'은 '하나님과 겨루다'라는 뜻입니다. 야곱은 사람들의 발목을 잡고 그들과 겨루어 이겼고, 급기야 하나님까지 그렇게 물고 늘어져서 이기고야 말았습니다. 그러나 이제부터는 하나님이 주도하고 하나님의 다스림을 받으며 살아가라는 의미입니다.

여기서 야곱은 축복의 개념을 바로 깨닫게 됩니다. 그것은 세상의 축복보다는 하나님의 축복이 먼저 필요함을 깨닫습니다. 야곱은 인생을 풀어 가는 데 문제를 해결하는 카드를 많이 쥐고 있었습니다. 그러나 이제 그것이 무의미하고 오직 하나님의 카드만이 유의미함을 깨달았습니다. 야곱 환도뼈는 부러졌지만, 브니엘을 지날 때는 해가 솟아오르듯, 그의 영혼에도 밝은 햇살이 비춰 오고 있었습니다. 브니엘은 "하나님의 얼굴"이란 뜻인데 "하나님의 얼굴"을 만나면, 우리 문제는 눈 녹듯 풀어집니다.

이런 과정을 통해 하나님을 만난 야곱이 그토록 두려워 떨었던, 문제의 당사자인, 에서를 만났을 때 어떠한 일이 벌어졌습니까? 에서는 야곱에겐 늘 두려움의 대상이었습니다. 20년의 세월이 지났지만, 마음의 두려움은 사라지지 않았습니다. 시간이 지난다고 마음의 상처가 해결되는 것은 아닙니다. 하나님만이 문제의 해결자이십니다. 야곱이 하나님을 만난 후, 에서를 만나니까 에서가 울면서 야곱을 환영합니다.

에서의 분노의 마음을 누가 움직일 수 있습니까? 하나님만이 움직일 수 있습니다. 야곱은 이 하나님을 체험했습니다. 야곱은 에서의 안내와

호위를 정중히 뿌리치고, 숙곳에 머무르다가 세겜에서 은 100개로 땅을 사서 단을 쌓고 그곳 이름을 "엘엘로해 이스라엘"(하나님, 이스라엘의 하나님)로 불렀습니다. 이는 예배의 단이라기보다는 하나님의 인도로 가나안에 귀환한 것을 기념하는 기념의 단으로 생각됩니다.

* 엘벧엘 : 야곱에게 복 주시는 여호와(34-35)

사람이 변한다는 것은 한 번에 확 뒤집어져 변하는 게 아니라 매일매일 조금씩 영적 교제를 통해서 점진적으로 변화된다는 사실을 기억해야 합니다. 얍복강에서 하나님을 만난 야곱의 변화를 보세요. 그가 100% 변화되었더라면 하나님이 약속하시고 본인이 서원한 벧엘로 즉시 올라가야 했습니다.

그런데 지금 그는 어떻게 하고 있나요? 숙곳에 쭈그리고 앉아 숙곳 문화를 즐기는 데 세월을 보내고 있습니다. 이때 어떤 일이 벌어집니까? 야곱의 외동딸인 디나가 세겜의 문화와 삶에 유혹이 되어 구경하러 나갔다가 강간을 당하는 사건이 발생합니다. 이 사건 때문에 거기서 더는 머무를 수 없어 결국은 서원한 벧엘로 올라가게 됩니다.

세겜에서 벌어진 일을 살펴봅시다. 디나가 강간을 당하자 세겜의 추장 하몰은 이를 지혜롭게 해결하기 위해서 자기 아들을 위해 디나에 청혼을 요청합니다. 그 대가로 야곱의 모든 요청을 수용할 것을 제안하니, 이 제안을 디나의 오빠인 시므온과 레위가 수용합니다. 그러나 그들의 수용은 그들의 숨은 뜻을 이루기 위한 저의가 있었으니 그것은 할례를 요구하여 그들이 고통 중에 있을 때 적을 죽이기 위함이었습니다. 그들의 계획대로 세겜 족속을 할례의 고통 중에 있을 때 살해해 버립니다.

이 소식을 듣고 주변 백성이 두려워진 야곱은 도리어 두 아들을 책망하나, 그들은 디나의 아픔을 호소합니다.

왜 이 사건이 등장할까요?

야곱은 벧엘로 돌아가라는 명령을 받았으나, 숙곳을 거쳐 세겜에 안주해 버렸습니다. 야곱의 엉거주춤한 불순종의 태도를 볼 수 있습니다. 그리고 이 디나의 사건이 터졌습니다. 그러고도 결단하지 못하고 있는 야곱에게 하나님이 나타나셔서 말씀하십니다.

"벧엘로 올라가라, 그리고 단을 쌓으라"

그런데 야곱의 반응을 보세요. 그대로 순종합니다. 그 순종의 결의가 얼굴에 그대로 묻어나 있습니다. 이 야곱의 결의는 가족 공동체에 그대로 전이가 됩니다. 전에는 야곱의 사랑받는 라헬도 드라빔을 섬기고 남편의 말을 듣지 않았습니다. 아이들도 아버지께 대들고 불순종했습니다. 그런데 이제 하나님 앞에선 야곱의 결연한 자세는 가족 공동체에 고스란히 전해집니다.

공동체에서는 신앙의 헤드십이 중요합니다. 공동체의 헤드가 영적으로 살면 소속원은 다 살아날 소망이 있는 것입니다. 가정에서도 헤드십의 회복이 정말 중요합니다. 야곱의 가정을 보세요. 가정의 헤드십인 야곱이 회복되니 가정이 살아나지 않습니까?

많은 가정이 자녀의 문제로 힘들다고들 말합니다. 그러나 엄밀히 말하면 가정의 문제는 자녀의 문제가 아니라 부모의 문제입니다. 이 말은 자녀가 문제가 없다는 말이 아닙니다. 자녀는 늘 문제투성이들입니다. 그러나 문제의 해결은 가정의 헤드인 가장의 신앙에 달려 있다는 것입니다. 가정의 문제는 자녀의 문제가 아니라 부모의 문제입니다. 이 사실을 빨리 깨달아야 합니다. 그래야 축복의 가정을 세워 갈 수 있습니다.

그리고 이런 믿음의 결단은 외부적으로도 역사가 동반됩니다. 야곱이 살인사건으로 인해, 주변 민족이 자기를 해코지하지 않을까 두려움에 빠져 있을 때, 하나님이 사면을 두렵게 하여 야곱을 추격하는 자가 없게 했습니다. 여기서 야곱은 다시 한번 하나님의 은혜를 체험합니다. 그래서 벧엘에 도착해서 단을 쌓고 그곳을 엘벧엘 "벧엘의 하나님"이라 불렀습니다. 이는 하나님이 그와 동행하시고, 약속대로 그를 고향에 돌아오게 하신 하나님을 기념한 것입니다.

야곱은 이렇게 벧엘을 떠나 벧엘로 다시 돌아오는 원점회귀의 인생을 살았습니다. 야곱이 밧단아람에서 벧엘로 돌아왔을 때, 하나님이 그에게 나타나셔서 그의 이름을 이스라엘이라 부르시며 복을 주셨습니다.

"나는 전능한 하나님이라 생육하고 번성하라
한 백성과 백성들의 총회가 네게서 나오고 왕들이 네 허리에서 나오리라
내가 아브라함과 이삭에게 준 땅을 네게 주고
내가 네 후손에게도 그 땅을 주리라"
(창 35:11, 12)

이 약속은 창세기 17장 아브라함에게 나타나셔서 그의 이름을 아브람에서 아브라함으로 바꿔 주시며 하신 말씀과 똑같습니다. 이것은 야곱이 아브라함의 약속을 계승하고 있는 자라는 것을 알려 줍니다. 야곱은 이곳을 '벧엘'이라 불렀는데, 이는 하나님이 그를 만나 주신 것뿐 아니라 하나님 약속의 성취를 재확인하는 것입니다.

4) 요셉의 이야기(37-50)

여기서는 요셉 이야기로 분류했지만, 창세기의 요셉 이야기는 야곱 이야기의 일부분입니다. 37장 2절에 "야곱의 족보는 이러하니라. 요셉이 17세의 소년으로 그 형들과 함께 양을 칠 때에 (…)"라고 시작합니다. 즉 창세기 저자는 야곱이 어떻게 애굽에 내려가게 되었으며, 그가 죽어 어떻게 가나안 땅에 있는 조상들의 묘실에 장사되었는가를 설명하기 위하여 요셉의 이야기를 하지 않을 수 없습니다.

요셉의 이야기는 창세기의 마지막을 장식하는데 37장에서 50장까지입니다. 요셉 이야기의 전체 구조를 분석해 보면 메시지의 내용을 더 선명하게 이해할 수 있습니다. 요셉 이야기도 전반부에 나오는 이야기와 후반부에 나오는 이야기가 대칭으로 쌍을 이루어 대칭으로 배치되어 있고, 중앙으로 다가오면서 핵심적인 내용이 자리 잡는 수미상관법 구조로 되어 있습니다.

전체 구조(동심원적 구조)

- A 요셉과 그 형제들(37)
  - B 막간 이야기 : 유다와 다말(38)
    - C 역전에 역전을 경험하는 요셉의 운명(39)
      - D 애굽의 구원자 요셉(40-41)
        - E 야곱의 아들들이 애굽으로 여행을 2번 떠남(42-43a)
          - F 야곱 아들들의 최종적 시험(44)
          - F' 최종시험 통과(45)
        - E' 애굽으로 2번 이민 가는 이야기(46-47a)
      - D' 애굽의 구원자 요셉(47b)

C’ 운명의 역전을 경험하는 요셉의 후손들(47b-48)
B’ 야곱의 12지파를 축복함(49)
A’ 요셉과 그 형제들 이야기의 마무리(49b-50)

위 구조는 믿음의 선배들이 이미 추론해 놓은 것입니다. 우리 스스로 위 구조를 파악하면 좋겠지만 그러기 위해선 상당한 노력과 시간이 듭니다. 그래서 이런 것은 믿음의 선배들이 이미 해 놓은 것을 참조하면 성경 접근에 더욱 편리하고 쉽게 다가갈 수 있습니다.

맨 먼저 시작되는 37장과 맨 마지막 끝부분인 50장은 ‘요셉과 형제들의 이야기’로 쌍을 이루어 마무리됩니다. 38장과 대칭되는 49장은 ‘유다와 다말의 이야기와 야곱 12지파의 축복 이야기’입니다. 39장과 대칭되는 47b-48장은 ‘역전에 역전을 거듭하는 요셉의 운명과 요셉 후손들의 이야기’입니다. 40-41장과 대칭되는 47a는 ‘애굽의 구원자 요셉’을 다루고 있습니다. 42-43장과 46-47장은 ‘야곱의 아들들이 애굽으로 여행을 2번 떠나는 것과 애굽으로 2번 이민 가는 이야기’가 나옵니다.

그리고 요셉 이야기의 한가운데 배치된 44장에는 ‘야곱 아들들의 최종적인 시험 사건’이, 45장에는 ‘최종적인 시험을 통과한 사건’이 나옵니다. 이런 구조는 44장과 45장을 중심 기점으로 앞뒤로 펼치며 읽어가도 이야기의 내용과 메시지를 쉽게 파악할 수 있습니다.

전체 구조를 보면 야곱 후손들의 이야기는 요셉과 그 형제들의 갈등으로 시작하여 화해로 마칩니다. 이 이야기의 중앙에 유다의 감동적인 회개와 요셉의 용서가 있습니다. 표면적으로는 요셉이 주인공으로 등장하나 무책임하고 방탕했던 유다의 진정한 회개와 그의 최종적인 책임이 더욱 두드러집니다. 하나님은 주권적으로 요셉을 세우실 뿐 아니라, 유다를 변화시키면서 그에게 구속의 중요한 책임(메시야 지파)을 맡기십니다.

* 요셉의 꿈(37)

요셉의 이야기는 요셉이 꾼 꿈으로 시작됩니다. 요셉은 17세에 두 가지 꿈을 꾸었습니다. 하나는 밭에서 곡식단을 묶고 있는데 형들의 곡식단이 자기에게 절하는 꿈입니다. 또 다른 하나는 해, 달, 11 별이 자기를 향해 절하는 꿈입니다. 요셉은 꾼 꿈 이야기를 형들에게 고백했습니다. 그러자 형들의 반응은 "네가 우리 왕이 된다."라고 하면서 크게 분노했습니다. 더욱 "부모까지 너한테 절한다."라고 하면서 분노와 질투, 시기에 사로잡혔습니다. 그러나 아버지 야곱은 그 말을 마음에 간직해 두었습니다.

이렇게 요셉의 꿈은 형들을 분노케 하고, 그들의 분노는 결국 요셉을 죽이려 했으나, 르우벤과 유다의 간섭으로 애굽에 팔아넘기게 되었습니다. 애굽으로 팔려 간 요셉은 역전에 역전을 거듭하며 결국은 애굽의 총리가 되었습니다. 이게 표면적으로 드러난 요셉의 이야기입니다. 우리는 여기서 요셉에 대해, 특히 꿈에 대해 깊이 생각해 볼 필요가 있습니다. 이것을 어떻게 해석하느냐 따라 우리 믿음이 결정되기 때문입니다.

우리는 교회에서 꿈을 굉장히 강조합니다. 꿈대로 이루어진다고 큰 꿈을 가지라고 합니다.

그 예로 등장하는 게 바로 요셉이요, 다니엘이요, 다윗입니다. 그들은 큰 꿈을 가져 요셉은 총리, 다니엘도 총리, 다윗은 왕이 되었다고 합니다. 믿음을 가지면 이렇게 큰 인물이 된다고 합니다. 이것은 굉장히 위험한 생각이요, 성경을 아주 오해한 것이며 하늘의 것을 땅의 것으로 대체시키는 인본주의 전형적인 모습입니다. 그러기에 우리는 요셉의 꿈이 어떤 의미가 있는지, 하나님의 뜻이 무엇인지를 명확히 이해해야 합니다. 그때 비로소 영의 눈이 열리게 되기 때문입니다.

* 가이드의 단상 6
요셉의 꿈

오늘 이 시간 '요셉이 꾼 꿈이 무엇이며, 이 꿈이 우리와 무슨 관계가 있는가?'를 살펴보고자 합니다. 하나님은 모든 사람에 꿈을 주고, 꿈을 꾸게 하며, 그 꿈을 이루어 가기 원하십니다. 요셉의 꿈이 내 꿈이 되어야 할 연결점은 무엇일까요? 요셉은 무슨 꿈을 꾸었나요?

절받는 꿈을 꾸었습니다. 그러기에 우리도 절받는 꿈을 꾸어야 합니다. 그러면 절받는 꿈은 무엇인가요?

그것을 알려면 먼저 요셉이 왜 절을 받게 되었는지를 살펴봐야 합니다. 그렇지 않으면 꿈에 대한 많은 오해를 낳습니다. 많은 사람이 요셉이 총리가 되어 절을 받았다고 생각하는 경향이 있습니다. 그래서 우리도 절받는 인생을 살려면 총리가 되어야 하는데, 그러기 위해서는 총리가 되는 꿈을 꾸면 된다고 생각합니다.

그러나 그렇지 않습니다. 하나님이 요셉에게 애굽의 총리가 되라고 했나요, 아니면 왕이 되라고 했나요? 하나님은 결코, 그렇게 말하지 않았습니다. 하나님도 자기 백성이 좋은 자리, 높은 자리 갖는 것을 원하실 것입니다. 그러나 하나님의 우리에 대한 꿈은 그런 게 아니라, 더 큰 데 있습니다.

우리는 단순히 높은 신분이나 지위를 가지면 사람이 우러러보고 절하게 되는데, 우리는 그게 하나님의 꿈의 성취라고 생각합니다. 그건 틀린 말입니다. 그렇다면 요셉이 총리가 되어 바로 외에는 다 절하는 신분이 되었으니, 하나님의 꿈이 이루어진 걸까요? 성경은 '아니다'라고 말합니다. 높은 지위에 올랐다는 자체가 하나님의 꿈이 이루어진 것이 아니라는 것입니다. 하나님의 꿈은 높은 지위에 있든 낮은 지위에 있든, 있는 자리에서 하나님의 영광이 드러나, 사람들이 그것을 보면 엎드리며 경배하는 것입니다. 이게 바로 요셉이 절받는 꿈입니다.

많은 사람이 요셉을 좋아합니다. 요셉을 좋아하는 이유는 자기가 그렇게 되고 싶고, 자녀가 그렇게 되기를 원하기 때문입니다. 요셉을 생각할 때 총리, 높은 지위, 많은 사람이 절하는 것만 생각합니다. 그것은 요셉에 대해 반도 이해하지 못하는 것입니다. 하나님이 우리에게 주신 꿈은 높은 지위에서 다스리는 게 아닙니다. 높은 지위든 낮은 지위든 어떤 지위에 있든, 모든 사람이 경배하는 경외감을 가지는 사람이 되라는 것입니다.

요셉이 높은 지위인 총리라서 많은 사람이 절했습니까? 아닙니다. 요셉이 남들로부터 절받는 진짜 이유는 그가 총리의 자리에 이르러서가 아니라, 총리의 지위에서도 주어진 사명을 가지고 하나님의 뜻을 잘 감당하여 하나님의 영광을 드러냈기 때문입니다. 그게 사람들이 그에게 절한 이유임을 꼭 기억해야 합니다. 총리의 자리를 보고, 절한 게 아니라, 그를 통해 드러나는 하나님의 영광을 보고, 절한 것입니다.

우리의 지위의 확장, 우리가 가진 소유의 번성, 우리가 행사하는 영향력 있는 자가 되는 것도 중요합니다. 그러나 그 일을 통해 직분을 책임감 있게 감당하므로 존경받는 것이 더 중요합니다. 그 존경이 요셉의 지위 때문에 오는 게 아니라, 요셉이 총리든 감옥에 있든 있는 자리에서 하나님의 영광을 드러냈기 때문입니다. 요셉이 사람들에게 절받으므로, 하나님의 이름이 요셉을 통해 드러나는 게 하나님이 주신 꿈입니다. 그런 꿈을 꿀 때 절받을 수 있습니다. 이게 요셉의 꿈입니다.

* 유다와 다말(38)

유다와 다말 이야기가 왜 이곳에 갑작스럽게 등장해야 하는지 당황스러울 때가 있습니다. 그러나 구속사적 의미에서 이곳에 배치하는 게 가장 적합하기 때문입니다. 야곱의 아들 중 하나님께 쓰임받는 대표적인 아들은 유다와 요셉입니다. 그러나 메시야 지파는 유다 지파입니다. 요셉 이야기가 야곱 이야기의 일부분이라면 유다의 이야기는 요셉의 이야기가 나오기 시작하는 이곳이 가장 적합합니다.

유다와 야곱은 상당히 비슷합니다. 이 둘은 원치 않는 여자와 결혼하고 자식을 낳았습니다. 야곱은 쌍둥이로 태어났는데, 유다는 다말에게서 쌍둥이를 낳았습니다. 야곱은 에서의 발꿈치를 붙잡고 나왔는데, 유다의 쌍둥이들도 그 어미의 뱃속에서 나오므로 순서가 바뀝니다. 베레스가 터뜨리고 나와 보아스의 조상이 되고 오벳, 이새, 그리고 다윗으로 이어집니다.

유다가 가나안 수아의 딸과 결혼하여 거십에 거하며 엘, 오난, 셀라 등 세 아들을 두었습니다. 그는 엘을 위해 다말을 며느리로 맞이했습니다. 그러나 엘이 악하게 행동하여 하나님이 치심으로 죽었습니다. 당시 시대는 형이 죽으면 둘째가 형의 부인인 다말과 결혼하여 대를 이어 주는 수혼제가 있었습니다. 이 수혼제는 오늘날 우리가 보기에는 이상하게 보이지만 당시엔 홀로된 여인들을 위한 중요한 구제책이었습니다.

형인 엘이 죽자 머리 회전이 빠른 동생인 오난은 형수와 결혼해서 아들을 낳아도, 그 아이가 자기 아들이 되지 못함을 알았습니다. 그와 동시에 자기 땅을 떼어 주어야 하는 경제적인 손실을 직감했습니다. 이런 손실 때문에 그는 형수와 관계를 맺지 않으려고, 땅에 설정하는 원시적 피임 방법을 썼습니다. 여기서 오나니즘이란 말이 생겼습니다. 여기서 하나님은 이 오난의 행위를 악하게 여기고 가차 없이 그를 죽여 버렸습니다.

왜 하나님은 그렇게까지 진노하시는 겁니까?

단지 오난이 밖에 설정했기 때문만이 아닙니다. 가난하고 힘든 자의 구원책인 수혼제의 근본정신을 오난이 망각했기 때문입니다. 즉 고아나 과부의 재산 상속을 본인이 가로채는 죄를 여호와는 본 것입니다. 이번에는 유다가 막내 셀라를 다말에 주어 대를 잇게 해야 하는데, 그러지 않았습니다. 유다는 셀라가 너무 어리다는 핑계로 다말에 주지 않았는데, 결과적으로는 하나님의 약속을 거절하게 된 셈입니다.

시아버지 유다의 이런 태도에 대하여 며느리 다말의 반응이 나오는데, 읽기 민망한 이야기가 같지만, 사실은 매우 중요한 구속사적 의미가 내포되어 있습니다. 며느리 다말은 어떻게 하나요? 다말은 수혼제 제도에 담긴 하나님의 약속을 기억하고 창녀로 변장하여 시아버지인 유다와 관계를 맺습니다.

당시 셈족은 결혼한 여자가 남편이 죽으면 남편의 대를 잇게 해 주는 것이 의무였습니다. 그게 약자를 보호하는 오늘날 사회 보장 제도였습니다. 유다는 약속대로 다말에게 셀라를 주어 아이를 낳게 하여 다말로 하여금 결혼의 의무를 다하도록 해야 했었습니다. 결혼한 남편과 아내

사이의 계약이라는 것을 염두에 둔다면, 시아버지와 관계를 맺은 다말은 본래의 계약에 오히려 충실하기 위해 애쓴 사람입니다. 다말은 바로 이런 점에서 옳았습니다.

그래서 사사 시대 베들레헴 사람들은 룻을 맞은 보아스를 축복하며 이르기를 "여호와께서 이 소년 여자로 네게 후사를 주사 네 집으로 다말이 유다에게 낳아준 베레스의 집과 같게 하기를 원하노라"(룻 4:12)라고 하였습니다. 이들은 룻을 다말에 비유했습니다.

다말은 쌍둥이를 잉태하여 아들을 낳고 "베레스"와 "세라"라고 이름을 지었습니다. 만민을 구원할 그리스도가 바로 시아버지와 관계를 맺은 이 다말의 족보에서 출생한 것입니다. (마 1:3) 이런 의미에서 요셉에 앞서 메시야 혈통인 유다의 이야기를 기록한 것은 구속사관이 투철한 모세의 의도였다고 볼 수 있습니다.

* 요셉의 머슴살이와 감옥살이(39-40)

본문은 다시 요셉의 이야기로 돌아옵니다. 창세기 39-40장에는 요셉의 애굽에서 머슴살이와 옥살이가 기록되어 있습니다. 요셉은 형들에 의해 애굽의 대상에 팔렸습니다. 당시 나이가 17세 정도였습니다. 17세면 한창 청운의 꿈을 가지고 유학할 나이입니다. 그러나 그는 유학생이 아니라 남의 집 머슴살이하는 노예로 애굽에 팔려 갔습니다. 인간적으로 보면 얼마나 비참하고 절망적인가요? 하나님을 원망할 수밖에 없는 상황이 아닌가요? 그러나 그는 그런 상황에서도 함께하시는 하나님을 바라보았습니다. 그 믿음을 귀히 보신 하나님은 한량없는 축복을 내려 주셨습니다.

이를 목격한 바로의 시위 대장 보디발은 요셉을 자기 집을 관리하는 가정 총무로 중용했습니다. 요셉은 보디발의 집에서도 충성했습니다. 머슴살이라는 가혹한 삶도 요셉을 좌절케 하지는 못했습니다. 도리어 하나님의 영광을 드러내는 도구가 되었습니다. 이제는 시위 대장 보디발의 아내가 잘생긴 요셉을 유혹합니다. 이에 대한 요셉의 태도는 어떠했습니까?

"나의 주인이 집의 모든 소유를 간섭지 아니하고
다 내 손에 위임하였으니
이 집에는 나보다 큰이가 없으며
주인이 내게 아무것도 금하지 아니하였어도
금한 것은 당신뿐이니 당신은 그의 아내임이라
그런즉 내가 어찌 이 큰 악을 행하여 하나님께 죄를 지으리까?"
(39:9)

이 정결한 믿음 때문에 도리어 요셉은 보디발 아내의 누명을 쓰고 감옥에 갇히게 되었습니다. 급기야 요셉은 감옥의 맨 밑바닥 인생으로 굴러떨어지게 된 것입니다. 그런데 바로 삶의 가장 밑바닥이라고 했던 그곳에서도 하나님은 함께 계셨습니다. 도리어 그 자리가 하나님의 영광을 드러내는 자리가 되었고, 후에는 애굽의 총리 자리로 올라가는 디딤돌 역할을 했습니다. 요셉에게 감옥살이는 회복 탄력성의 디딤돌이었습니다.

앞에서도 언급했지만 많은 사람이 요셉을 좋아하는 이유는 요셉의 믿음 때문이라기보다는, 요셉의 출세한 자리 때문인 것은 부인할 수 없는 사실입니다. 요셉의 믿음 자체를 좋아해야 하는데, 믿음의 결과로 주어진 선물을 좋아하는데, 심각한 신앙의 문제가 있습니다. 그러면 성경의 계시는 자꾸만 우리 눈으로부터 멀어집니다. 영의 눈이 열리지 않습니다. 도리어 성경은 우리 욕심을 채우는 도구로 전락하게 됩니다.

하나님은 우리가 성경이 말씀하는 하나님의 음성을 그대로 들어 믿음으로 살기를 원하십니다. 그때 머슴살이의 고통 속에서도, 감옥살이의 인생 밑바닥에서도 하나님은 일하심을 볼 수 있습니다. 내 안에, 내 삶에 일하시는 하나님이 있다면 무엇이 문제가 되겠습니까? 말씀의 비밀을 가진 자의 말할 수 없는 환희 아니겠습니까? 요셉의 삶이 그것을 보여 주고 있음을 놓치지 말아야 합니다.

* 총리가 된 요셉(41)

요셉이 보디발 아내의 유혹을 거절한 대가는 감옥살이였습니다. 하지만 감옥살이도 함께 계시는 하나님의 은혜로 멋지게 극복했습니다. 그는 죄수들의 얼굴을 살피며 근심을 풀어 주며 위로해 주었습니다. 어느 날 바로를 섬기다 죄수로 들어온 술 맡은 관원장과 떡 굽는 관원장이 자신들의 꿈 때문에 근심하고 있었습니다. 요셉은 그 꿈을 해몽해 주었는데, 그 해몽대로 술 관원장은 복직되었고, 떡 관원장은 죽임을 당했습니다. 술 관원장이 은혜를 잊고 있다가 바로가 꿈을 꾸었을 때, 꿈의 해석자 요셉을 기억하고 바로 앞에 호출했습니다. 요셉은 바로의 꿈을 해석하고, 그 계기로 애굽의 총리가 되었습니다.

바로가 어떤 꿈을 꾸었습니까?

"흉악하고 파리한 일곱 마리 암소가 아름답고 살찐 일곱 암소를 잡아먹는 꿈"

"마른 일곱 이삭이 실한 일곱 이삭을 삼키는 꿈"

바로는 두 번 꿈을 꾸었는데, 두 번이라는 것은 하나님의 뜻의 확실성을 보여 줍니다. 그런데 그 하나님의 뜻은 무엇일까요? 애굽의 술사를 다 불러 모아 물어보아도 아는 자가 없었습니다. 그래서 소환된 자가 감옥에서 꿈을 해석했던 요셉입니다. 바로 앞에 선 요셉은 꿈을 해석합니다. "일곱이란 수는 완전수로 7년이라 뜻입니다. 좋은 암소와 좋은 이삭은 앞으로 있을 풍년을, 나쁜 암소와 마른 이삭은 흉년을 뜻합니다. 그러니 대비책으로 풍년의 때에, 곡물의 오분지 일을 저장하여 흉년을 대비하십시오!" 요셉의 해석을 듣고 바로와 신하들은 탄복하고 그를 애굽의 총리로 임명했습니다.

요셉이 애굽의 총리가 된 나이는 30세, 애굽의 총리니 이름도 사브낫바네아로 개명했고, 제사장 보디베라의 딸 아스낫을 아내로 맞아 결혼하여 가정을 이루게 되었습니다. 곧 두 자녀가 태어났습니다. 장남은 "므낫세"라 이름 지었는데, "하나님이 애굽에서 나의 모든 고통을 잊게 하셨다"라는 뜻입니다. 요셉이 애굽에서 당한 고통과 상처 그리고 아픔이 얼마나 컸겠습니까? 무엇이 요셉의 수많은 상처를 지워 버릴 수 있나요? 시간이 흐르면 가능하나요? 아닙니다. 오직 하나님의 풍성한 은혜뿐입니다. 은혜가 상처를 지우는 지우개입니다. 차남은 "에브라임"이라 이름을 지었는데, "하나님이 나로 수고한 땅에서 창성케 하셨다"라는 뜻입니다. "창성케 했다"라는 의미는 한량없는 축복(double blessing)을 주셨다는 것입니다.

두 아들의 이름 짓는 모습에는 요셉의 아름다운 신앙고백이 담겨 있습니다. 그들을 볼 때마다, 이름을 부를 때마다 생생하게 흘러넘치는 은혜의 물결이 이는 듯합니다. 이 요셉 한 사람의 은혜가 얼마나 큰일을 했습니까? 풍년이 그치고 마침내 애굽에 드디어 흉년이 들기 시작했습니다. 요셉이 비축한 곡물은 바다의 모래처럼 많았습니다. 요셉은 바로로부터 곡물을 나누어 주는 전권을 부여받았습니다. 애굽 사람들뿐 아니라 가나안 지역의 주민들도 애굽의 요셉에게로 나오지 않을 수 없었습니다. 노아 시대에 노아로 말미암아 생물이 보존되었듯이, 애굽 시대에 요셉을 통해 만백성이 생명을 유지하게 되었습니다.

* 형들과 만나는 요셉(42-45)

애굽의 총리가 된 요셉의 이야기는 여기서 끝나지 않습니다. 더 큰 긴장감으로 독자들을 이야기 속으로 끌고 들어갑니다. 그것은 요셉과 형들의 드라마틱한 상봉 이야기입니다. 이제 요셉과 형들의 상봉이 이루어지는데, 이 과정에서 요셉은 형들의 죄악을 들추어 자신들의 죄악을 낱낱이 보게 하고 진실로 회개하게 한 후에, 자신이 바로 20년 전에 형들이 팔아넘긴 요셉임을 밝힙니다. 그리고 그들의 모든 죄를 용서해 줍니다.

창세기 42장은 형들과 요셉의 첫 번째 만남입니다. 기근은 애굽뿐 아니라 가나안에도 찾아왔습니다. 가나안에 있는 야곱의 가족들에게도 양식이 다 떨어져 가고 있었습니다. 마침 애굽에는 양식이 풍부하다는 소식이 들려왔습니다. 야곱은 양식을 구해 오도록 베냐민을 제외한 열 아들을 애굽으로 보냅니다. 그들이 애굽에 도착했을 때, 요셉은 그들이 자기 형들임을 알아보았으나, 형들은 요셉을 알아보지 못했습니다. 요셉은 형들을 시험하기 위해 그들을 정탐꾼으로 몰아붙였습니다. 요셉은 시므온 한 사람을 인질로 잡아 놓고, "너희들이 돌아가서 베냐민을 데려오면 너희가 정탐꾼이 아님을 확인하고 풀어 주겠다."라고 말했습니다.

그들은 집으로 돌아와 아버지 야곱에게 자초지종을 다 털어놓았습니다. 사랑하는 요셉을 잃었던 야곱은 깜짝 놀라 베냐민까지 잃을까 걱정하며 베냐민을 애굽에 보내는 것을 완강히 거절합니다. 이에 르우벤이 자기 두 아들을 담보로 걸고 반드시 베냐민을 데려올 테니 보내 달라고 간청하지만, 야곱은 듣지 않습니다. 그러던 중 시간이 흘러 애굽에서 가져온 양식이 다 떨어져 먹을 것이 없게 되었습니다.

이때 유다가 비장한 심정으로 아버지께 나아가 절규합니다. 아버지가 베냐민과 함께 가는 것을 허락하지 않는다면, 더는 애굽에 갈 수 없다며, 심금을 울리는 수사력으로 아버지 야곱을 설득합니다. 유다의 말을 듣고 야곱은 "내가 아들을 잃으면 잃으리로다"라 각오하고 베냐민을 데리고 가도록 허락합니다. 야곱의 이 각오는 에스더가 이스라엘이 국가 위기 시에 했던 "내가 죽으면 죽으리로다"(스 4:16)라고 했던 결단과 유사합니다.

베냐민을 데리고 온 형들은 요셉을 마주 대합니다. 그들이 요셉 앞에 엎드려 절하는데 어린 시절 꿈이 생각납니다. 요셉은 그들을 순서대로 앉히고 양식을 주어 돌려보냅니다. 이 과정에서 베냐민의 자루에 은그릇을 넣어 베냐민을 도적으로 몰아 형들의 죄악을 다시 한번 들추어냅니다. 다시 붙잡혀 온 형들은 이제는 어찌할 수 없어서 요셉 앞에서 과거의 죄를 서로 고합니다.

이때 유다가 요셉 앞에 나서서 자기가 종이 될 테니 베냐민을 풀어 달라고 간청합니다. 요지부동이었던 아버지 야곱을 설득해 냈던 유다의 역할이 다시 한번 빛을 발합니다. 절체절명의 순간마다 자기희생을 각오하고 앞에 나서서 문제를 해결해 내는 리더십을 발휘하는 유다이기에 비록 허물이 많았다 하더라도 유다 지파는 메시야 지파가 되기에 충분했던 것입니다.

창세기 44장 30-34절은 유다의 고백이 나오는데 요셉을 종으로 팔

자고 했던 유다가 이제는 자기가 스스로 종이 되겠다고 합니다. 자기 생명을 담보하여 베냐민을 살리고자 합니다.

형제들을 대표한 유다의 참된 회개를 본 요셉은 바로 이것을 원했던 것입니다. 그리고 하나님의 뜻도 바로 여기에 있었습니다. 하나님의 공동체가 죄를 고백하고 다투지 않고 하나 되는 것, 이것이 바로 최고의 공동체 모습입니다. 이게 요셉 이야기의 핵심입니다. 야곱의 12지파가 교회의 기초가 되는데, 이 교회는 다양성 속에도 하나 되는 역사를 이루어 가는 것입니다.

이어 요셉이 일어나 자신의 신분을 밝혔고 형제들이 두려움을 갖게 됩니다. 두려워하는 형들을 본 요셉은 이것이 하나님의 섭리임을 고백하면서 그들을 안심시킵니다.

"당신들이 나를 이곳에 팔았다고 해서 근심하고 한탄하지 마소서,
하나님이 생명을 구원하시려고 나를 당신들보다 먼저 보내셨나이다
이 땅에 이 년 동안 흉년이 들었으나
아직 오 년은 밭갈이도 못하고 추수도 못할지라
하나님이 큰 구원으로 당신들의 생명을 보존하고
당신들의 후손을 세상에 두시려고 나를 당신들보다 먼저 보내셨나이다
그런즉 나를 이리로 보낸 것은 당신들이 아니요 하나님이시라"
(창 45:5-8)

이렇게 형들을 안심시킨 후 요셉은 아버지 야곱의 안부를 묻고 아버지 야곱을 애굽으로 초청합니다. 이 엄청난 소식에 놀란 야곱은 두려워할 수밖에 없었습니다. 그래서 아버지 이삭이 우물을 양보하면서 예배를 드리다가 하나님을 만난 역사적 사건이 깃든 브엘세바에서 하나님의 인도하심을 구했습니다. 그때 아버지 이삭에게 나타나셨던 하나님이 야곱에게도 나타나셔서 말씀합니다.

"애굽으로 내려가라 내가 거기서 너를 큰 민족을 이루게 하리라"

야곱이 도착한 지역은 고센이요, 동참한 일행은 70명입니다. 창세기 기자는 그 이름을 하나하나 또박또박 열거하며 기록하고 있습니다. 성경에는 기념비적인 사건이 있을 때마다, 이름을 돌에 각인하듯이 기록하여 남깁니다. 이상한 감이 듭니다. 우리는 하나님의 역사는 이름도 없이 빛도 없이 섬겨야 한다는 말에 너무 익숙해졌기 때문입니다. 그런데 성경은 이름을 너무나 또렷이 기록합니다.

종교개혁자들도 그랬습니다. 종교개혁자 마르틴 루터(Martin Luther)는 동역자인 게오르그 스팔라틴(Georg Spalatin)의 이름을 종교개혁의 역사의 책에 '황금 펜'으로 기록하고 싶다고 하였습니다. 왜 그럴까요? 이 비밀을 잘 깨달아야 합니다. 이름도 없이 빛도 없이 섬기라는 것은 하나님을 섬기는 자세와 정신을 말합니다. 그런 자세와 정신의 소유자라면 이름을 쓰지 못할 이유가 하나도 없습니다. 도리어 쓰는 게 더 자연스럽습니다. 우리는 이름을 쓰느냐 아니냐를 신앙의 절대기준으로 분류하는 경향이 있습니다. 하나님은 또박또박 우리 이름을 기록하기 원한다는 사실입니다. 하늘나라에 '황금 펜'으로 기록되어 있는 우리의 이름을 생각해 보세요. 얼마나 황홀합니까? 이런 자들의 특징은 축복을 나누어 주는 모습으로 나타납니다.

야곱은 요셉을 만난 후 바로를 만납니다. 촌로와 왕의 만남입니다. 그런데 바로 앞에 선 야곱의 자세를 보세요.

"내 나그네 길의 세월이 백삼십 년이니이다 내 나이가 얼마 못되니
우리 조상의 나그네 길의 연조에 미치지 못하나
험악한 세월을 보내었나이다"
(창 47:9)

그러면서 야곱이 바로를 축복합니다. 원래는 누가 누구를 축복해야 합니까? 왕인 바로가 촌로인 야곱을 축복하는 것이 세상의 원리 아닙니까? 그런데 야곱이 바로를 축복하고 있습니다. 야곱이 축복권을 가지고 있기 때문입니다. 축복할 수 있는 사람은 하늘에 '황금 펜'으로 이름이 기록된 사람들입니다. 여러분은 이 축복권을 얼마나 활용하십니까? 야곱은 이 축복권을 어떻게 사용하고 있습니까?

* 야곱의 축복(48-49)

창세기 48장에는 야곱이 죽음이 임박하자 요셉의 두 아들인 므낫세와 에브라임을 자기 아들로 입양하는 입양예식이 나옵니다. 야곱은 축복권을 가지고 있었기에 손자인 므낫세와 에브라임을 12 아들의 반열로 세울 수 있었습니다. 그리고 그는 이 두 아들을 축복하는데 순서를 뒤집어 축복합니다. 그의 오른손은 차자인 에브라임에, 왼손은 장자인 므낫세의 머리에 놓고 축복합니다. 이 축복처럼 에브라임은 큰 지파가 되었는데, 왕국시대에는 이스라엘을 가리켜 에브라임이라 부르기도 했습니다.

창세기 49장은 '야곱의 축복'이라 말하지만, 여기에는 축복만 있지

않고 저주도 있고, 칭찬뿐 아니라 책망도 있고 지리와 역사에 대한 언급도 있습니다. 그래서 본문을 '야곱의 언약' 또는 '야곱의 유언'이라 부르기도 합니다. 그러나 1절에 "후일에 당할 일"이라는 말씀대로 "야곱의 아들들에 대한 예언"이라 할 수 있습니다. 이 예언의 형태는 "들으라, 들으라"로 되어 있어 지혜자의 잠언처럼 들리며, 전체 구조 또한 치밀하게 짜여 있습니다.

"너희는 모여 들으라 야곱의 아들들아 너희 아버지 이스라엘에게 들을지어다"

그리고 예언의 순서는 레아의 자녀인 르우벤, 시므온, 유다, 스블론, 잇사갈 다음은 빌하의 자녀 단, 다음은 실바의 자녀 갓과 아셀 그다음은 빌하의 자녀 납달리 마지막으로 라헬의 자녀인 요셉과 베냐민입니다.

- 르우벤

장자로서 능력이 탁월하나 빌하와 간통으로 지도자가 되지 못합니다. 장자의 특권과 능력의 탁월성을 가졌어도 하나님의 축복이 없으면 무용지물입니다.

- 시므온과 레위

서열상 르우벤 다음이라 르우벤 유고 시 대를 이을 지도자가 될 수 있었습니다. 그러나 거짓으로 세겜 족속을 향해 칼을 휘두른 잔인성으로 형제 중에 흩어질 것이라는 예언을 받습니다. 레위 지파도 흩어질 것이라는 예언을 받았습니다. '흩어졌다'라는 점에서는 예언대로 시므온이나 레위나 똑같습니다.

그러나 시므온은 형제들 속에 흩어져 사라졌으나, 레위는 다시 한번 회복되어 형제들 속에서 흩어져 그들을 말씀으로 섬기게 됩니다. 출애굽기에서 금송아지 사건 때, 그리고 모압의 바알브올 사건 때, 레위 지파가 하나님 편에 가담한 것이 심판이 축복으로 변하고 지파가 회복되는 계기가 된 것입니다.

- 유다

유다는 형제들의 찬송이 됩니다. 형제를 다스립니다. 유다는 사자 새끼로 비유됩니다. 홀과 치리자의 지팡이가 실로가 오실 때까지 떠나지 않습니다. 여기서 홀, 사자, 치리자의 지팡이, 실로의 이미지는 메시야를 상징합니다. 유다는 메시야가 나올 지파입니다.

- 단과 납달리

단 지파는 용맹스러운 지파입니다. 그런데 이것이 잘못 사용되었습니다. 사사 시대에 우상숭배를 하고 다른 지역을 점령합니다. 납달리 지파는 아름다운 소리를 발하는 웅변가의 기질이, 좋은 소식을 전하는 대변인의 기질이 있습니다.

- 갓과 아셀

갓 지파는 처음은 연약하나 나중은 강하게 됩니다. 아셀 지파는 먹거리가 풍부합니다.

- 스불론과 잇사갈

스블론 지파는 해변에 거하여 해상무역이 뛰어나게 되며, 잇사갈 지파는 나귀처럼 쉴 곳을 좋게 여기고 아름답게 여깁니다. 이는 주어진 여건을 긍정적으로 본다는 의미입니다. 그런데 어깨에 짐을 메고 압제 아래 섬깁니다. 이는 현실이 고통스럽고 척박하다는 뜻입니다.

- 요셉(에브라임과 므낫세)

유다 지파가 구속의 은혜를 상징한다면, 요셉 지파는 일반은혜의 특징이 강합니다. 요셉은 무성한 가지처럼 축복이 흘러넘칩니다. 위로 하늘의 복과 아래로 원천의 복과 젖먹이의 복과 태의 복이 있습니다. 이러한 복의 출처는 하나님인데 24절에 묘사되어 있습니다. 이 하나님은 전능자시오, 이스라엘의 반석인 목자이십니다. 요셉에서 이스라엘 반석인 목자가 나온다는 말은 오해의 소지가 있는데, 이것을 잘못 해석하여 "요셉 지파에서 메시야가 나온다."라고 보면 안 됩니다. 이것은 요셉 지파를 축복하는 힘의 원천이신 분이 이스라엘 반석인 목자라는 뜻입니다.

- 베냐민

노략물을 나눌 수 있는 지파가 될 것입니다.

* 죽음으로 끝나는 창세기(50)

창세기 50장 맨 마지막 절은 이렇게 기록되어 있습니다. "요셉이 110세에 죽으매 그들이 그의 몸에 향 재료를 넣고 애굽에서 입관하였더라" 하나님께서 하나님의 영광을 위해 하나님의 형상으로 창조한 인간입니다. 하나님과 거의 같은 급으로 인간을 창조하셨습니다. 그런데 창세기의 저자인 모세는 그런 인간이 관속에 누워 있는 죽음의 모습을 마지막에 보여 줍니다.

하나님의 의도는 원래 이런 것이 아니었는데, 이 죽음이 어디에서 왔는가를 강하게 반문하는 하나님의 호소이며, 동시에 다음 책인 출애굽기 도입을 촉구하는 것입니다. 죽음이 맺힌 인간은 출애굽의 역사를 통해 구속받아야 합니다. 불순종이란 죄로 인해 인간에게 죽음이 찾아왔지만, 그래서 하나님의 계획이 일단은 무너진 것 같았지만 그렇지 않다는 것입니다.

출애굽기를 통해 새로운 구원의 길이 제시되었다는 것입니다.

이런 확신은 야곱과 요셉의 죽음에서 가나안땅에 자신들의 해골을 묻어 달라는 해골 신앙에서도 볼 수 있습니다. 당시 애굽 보다 더 화려한 나라가 어디 있었습니까? 애굽을 히브리어로 '미츠라임'이라 하는데, 이는 '검은 땅'이란 뜻입니다. 나일강이 범람하면 검은 모래흙이 나일강 주변을 뒤덮어 풍요로운 땅이 되게 합니다. 애굽은 풍요의 나라였습니다. 요셉은 애굽의 총리였고 애굽의 모든 영화를 다 누렸습니다. 그러나 그는 애굽의 풍요로운 경제, 수준 높은 문화에 집착하지 않았습니다. 오히려 가나안 땅에 대한 소망과 그리움이 그의 유일한 소망이었습니다.

죽음을 넘어 가나안을 향했던 그의 신앙을 해골 신앙이라 하는데, 히브리서 기자는 이를 근거로 요셉을 히브리서 11장에 있는 믿음의 반열 가운데 그의 이름을 기록해 놓았습니다.

이렇게 창세기가 죽음으로 끝나지만, 그 죽음은 구원을 간절히 갈망하는 죽음입니다. 그리고 이들이 그토록 갈망하던 구원의 여정이 다음 장에서 펼쳐질 출애굽기의 이야기입니다.

출애굽기(40) : 언약의 책

모세의 출생 바로의 IS 학대정책	모세의 소명	가족의 성결(피남편)	모세를 설득하시는 하나님	10가지 재앙	유월절양	여호와의 군대	미리암의 찬양, 마라	신광야의 만나	반석의 생수, 여호와 낫시	행정조직	시내산 언약(벧전29)	십계명(신5)	세부법(5,6 7,8 계명)	성막 계획	금송아지 사건	단장품제거(호렙산)	40주야 모세	성막 건설
1 2	3	4	5 6	7~11	12	13 14	15	16	17	18	19	20	21~24	25~31	32	33	34	35~40
		게르솜 엘리에셀	피, 개구리, 파리, 종기, 메뚜기, 장자, 이, 악질, 우박, 흑암(3일)		7번						· 돌봄의 대상 (객, 과부, 고아) · 3대 절기							오홀리압 브살렐
애굽에 있는 IS						광야에 있는 IS						시내산에 있는 IS						

출애굽기(40) : 구속

1. 출애굽기 스케치

1) 출애굽기 구조

출애굽기는 총 40장으로 구성되어 있는데, 전반부는 1-18장, 후반부는 19-40장까지입니다. 전반부에 흐르는 주제는 이스라엘 백성을 애굽에서 해방하는 출애굽 사건 즉 '이스라엘이 어떻게 하나님의 자녀가 될 수 있는가?'라는 구속의 문제를 다루고 있습니다. 후반부의 주제는 출애굽한(구원받은) 이스라엘이 '어떻게 하나님 백성으로 성장해 갈 수 있는가?' 즉 성도의 양육에 대한 문제를 취급하고 있습니다. 이것을 좀 더 세부적으로 살펴보면 전반부의 핵심주제는 구속인데, 이 구속사건을 이스라엘의 출애굽이란 역사적 사건(12-14장)을 통해 그림처럼 보여 주고 있습니다.

그런데 출애굽 사건이 실현되기 위해서는 이스라엘 백성을 인도할 지도자가 필요합니다. 하나님은 지도자 없이 일하시지 않기 때문입니다. 그 지도자가 바로 모세입니다. 하나님은 모세를 부르시고 준비시키십니다. (1-3장) 그리고 모세의 가족을 성결케 하십니다. (4장) 그뿐만 아니라 동역자 아론도 예비해 두셨습니다. (5-7장)

이 준비가 끝난 후, 하나님은 모세를 바로에게 보내셔서 이스라엘을 내보내도록 하십니다.

그러나 바로가 쉽게 말을 듣지 않습니다. 아무리 재앙을 내려도 바로의 마음은 돌아서지 않고 완고해져 갑니다. 그런 바로에게 하나님은 마지막 10번째 재앙으로 장자재앙을 내리십니다. 바로는 두 손을 들게 되었고, 이스라엘 백성이 애굽을 떠나도록 허락합니다. 이스라엘은 유월절을 지키고 홍해 바다를 건너 온전한 출애굽의 역사를 이룹니다. (12-14) 이 사건을 통해 이스라엘 백성은 하나님의 백성이 됩니다.

후반부는 출애굽기 19-40장까지인데 '구원받은 백성이 어떻게 성장해 갈 수 있는가?'가 핵심주제입니다. 이것을 설명하기 위해 등장하는 두 가지 개념이 있는데, 그게 '십계명'(19-24)과 '성막'(25-40)입니다. 하나님은 이스라엘에게 십계명을 주시고 성막을 지으라고 명령하십니다. 여기서 십계명은 말씀이고, 성막은 교회라 볼 수 있습니다. 따라서 출애굽 사건을 통해 구원받은 백성은 신앙 성장을 위해서 말씀과 교회 생활이 절대적임을 알 수 있습니다. 그러므로 십계명과 성막이 여기에 등장할 수밖에 없는 것입니다. 이런 측면에서 보면 어렵게만 보이는 출애굽기 후반부가 우리 눈에 쉽게 다가올 뿐만 아니라, 교회가 얼마나 존귀하고 말씀이 얼마나 중요한지를 새롭게 깨닫게 됩니다. 이처럼 하나님의 의도를 따라가다 보면 출애굽기 40장 전체가 한눈에 선명하게 보입니다.

2) 출애굽기의 제목이 지닌 문제점

모세오경의 두 번째 책을 출애굽기라 부르는데, 이것은 출애굽기의 참모습을 이해하는 데는 스스로의 한계를 가지고 있습니다. 출애굽기라 하면 그 강조점이 출애굽 즉 애굽에서의 탈출에만 관심을 제한시키게 되어, 출애굽이 가진 본래의 중요한 의미를 놓치기 쉽기 때문입니다. 출애굽기는 애굽에서의 탈출에만 관심 있는 게 아닙니다. 오히려 탈출은 한 과정이고 그 목적은 '하나님과 언약을 맺어 언약 백성으로 어떻게 하면 잘 살아갈 수 있을까?'에 있습니다.

그러므로 출애굽기의 강조점은 출애굽 사건보다도 시내산에서 언약을 맺고 율법(언약)을 받으며 성막을 짓는 데 있습니다. 그러므로 출애굽기의 내용을 정확히 들추어 내려면, 그 이름을 '시내산 언약기'라 부르는 게 더 합당합니다. 다른 말로 하면 출애굽기는 구속뿐 아니라, 성장(양육)에 초점을 맞추고 있다는 것입니다. 신앙생활의 전 구조는 '구속'과 '성장'이란 도식으로 요약할 수 있는데, 구속은 한 과정이지 목적이 될 수 없기에, 그 목적을 성장에 두는 게 정상적인 신앙생활입니다.

3) 언약이란?

모세오경을 공부하려면 언약이 무엇인가를 분명하게 알 필요가 있습니다. 흔히 언약을 율법이라 생각하여 부정적으로 보는 경향이 있습니다. 그러나 율법은 우리가 세상에서 무엇을 지키지 못하면 벌을 받는 것처럼, 하나님의 말씀을 지키지 못하면 하나님의 징계를 받는다는 개념이 아니라는 것을 알아야 합니다.

언약은 우리가 이미 하나님의 자녀 된 전제 조건을 깔고 맺은 관계이지, 하나님의 말씀을 순종치 못하면 자녀에서 탈락하는 그런 관계가 아닙니다. 그러므로 하나님의 백성은 이런 관계에 근거하여 하나님께 떼를 쓰면서 간구할 수 있습니다. 이런 간구가 잘 나타난 곳이 시편의 기도입니다. 시편의 기도 중 점잖은 것이 얼마나 되나요? 그들의 애절함과 간절함이 어디서 나오는가요? 그것은 그들이 하나님과 언약을 맺은 언약 백성이라는 관계에서 나오는 것입니다. 자녀는 비록 잘못한 것 있더라도 아버지께 떼를 쓰며 간구하지 않던가요?

4) 시내산 언약과 모압 언약의 대조

시내산 언약이란?

출애굽한 이스라엘 백성이 시내산에서 하나님과 맺은 언약을 말합니다. 그 내용은 십계명(출 20장)과 시내산 언약의 세부법(출 21-23장)으로 구성되어 있습니다. 이 언약은 이원적인 것이 특징입니다.

모압 언약이란?

신명기에서 모압 지역에 이르렀을 때 앞으로 들어갈 가나안 땅을 바라보며, 하나님과 이스라엘 백성이 언약을 갱신하여 맺는 언약을 말합니다. 그 내용은 십계명(신 5장)과 주요법 설교(신 6-11장) 그리고 신명기 세부법(신 12-26장)으로 구성되어 있습니다. 이 언약은 삼원적인 것이 특징입니다.

시내산 언약에서는 이원적인 것이, 왜 모압 언약에서는 삼원적으로 내용이 늘어났는가?

이것은 자연스럽게 그럴 수밖에 없습니다. 시내산 언약은 하나님과 이스라엘이 처음 결혼하는 장면과 비슷합니다. 처음 결혼할 때는 어떤 기분이 듭니까? '결혼은 어려운 거야, 이제부터 고생문이 열렸네'라고 결혼을 경험한 어른들은 충고합니다. 그때 결혼 당사자는 '그런 것은 우리와 상관없어, 우린 사랑으로 다 이겨 낼 거야'라고 자신만만하게 반응합니다. 그러나 시간이 얼마 지나지 않아 곧 결혼의 어려움을 깨닫게 됩니다.

시내산 언약은 비유하자면 처음 결혼하는 것과 같습니다. 굳이 결혼의 장밋빛 미래에 도취되어 있는데, 좋지 않은 이야기를 해서 판을 깰 게 뭐 있나요? 그래서 언약이 이원적으로 짧습니다. 그런데 모압 언약은 시내산 언약에서 아픔을 경험해 본 이후, 어떻게 하면 결혼 생활을 더 잘할 수 있을까 하여 덧붙여진 말씀입니다. 그러니 훈계도 들어가고 삼원적으로 갈 수밖에 없습니다

5) 언약과 성막의 관계

출애굽기 19-24장은 하나님과 이스라엘이 언약을 맺는 장면입니다. 출애굽기 1-15장에 걸쳐 출애굽이라는 역사적 사건을 통해 준비된 하나님 나라의 씨가 공적으로 형성되는 게 '시내산 언약'입니다. 지금까지는 출애굽기를 통해 주로 출애굽 사건만 부각시켰는데, 이는 마치 황태자가 감옥을 탈출한 이야기에만 초점을 맞추는 것과 같은 것입니다. 이제 그가 한 나라의 왕으로 등극하고 통치하는 삶을 살아가야 합니다. 그러므로 출애굽기의 강조점은 후자에 두는 것이 마땅합니다.

출애굽기 19-24장에 나오는 언약의 법은 하나님이 강압적으로 주시는 법이 아닙니다. 하나님과 이스라엘 백성이 맺은 언약이 잘 이루어지고 유지되도록 하기 위한 도구로 주신 것입니다. 출애굽기 25-31장에는 성막의 규례가 기록되어 있습니다. 이것은 출애굽기 19-24장과 무슨 상관이 있습니까? 문서설 주장자는 전혀 상관이 없다고 합니다. 그러나 그렇지 않습니다. 성막의 규례가 언약 체결 후에 나오는 것은 너무나 당연합니다. 언약이 인격 당사자 간에 공적인 관계를 형성하는 것이라면, 그 관계가 형성된 후에 두 당사자가 같이 삶을 살아갈 장소를 마련하는 것이 필요한데, 이 장소가 바로 성막입니다.

성막을 좀 더 쉽게 이해하려면 성막의 다른 이름인 '증거막'이란 이름을 기억하면 좋습니다. 증거막은 뭔가가 증거되는 곳인데, 무엇이 증거가 되는 곳이겠습니까? 당연히 언약의 삶이 증거가 되는 곳입니다. 따라서 법궤에 더 적절한 이름이 '증거궤'입니다. 그 안에 들어 있는 판도 법판이 아니라 '증거판'이라 합니다. 이것은 모두 언약에 대한 일관성 있는 증거를 나타내는 표현입니다.

이것을 쉽게 이해하려면 결혼 생활을 생각해 보면 됩니다. 남자와 여자가 언약을 맺고 결혼합니다. 그것으로 끝납니까? 아니지요. 둘이 같이 결혼 생활을 할 집인 공간 즉 신방이 필요합니다. 신방이 없는 결혼은 없습니다. 신방은 결혼의 삶이 얼마나 아름다운지 축복인지를 보여주는 곳입니다. 그것을 잘하기 위해 몇 가지 규례가 필요합니다. 이 규례는 결혼을 얽매기 위함이 아니고 결혼 생활이 잘 유지되도록 도와주는 도구입니다. 그러니 이 규례를 사랑할 수밖에 없습니다.

언약 백성이 되었다는 것은, 하나님과 결혼했다는 것입니다. 결혼했으면 신방이 필요하듯 언약 백성은 언약 백성의 삶의 내용을 보여 줄 성막(증거막 : 교회)이 필요합니다. 행복한 결혼 생활을 위해 규례가 필요하듯, 언약 백성이 축복의 교회 생활을 위해 언약의 말씀이 필요합니다. 그러므로 언약의 말씀은 우리 삶을 괴롭히는 율법이 아니라, 우리 삶을 행복하게 해 주는 도구입니다. 이러한 관계를 명확하게 인식시켜 주는 것이 출애굽기입니다. 그럼, 이상에서 살펴본 선지식을 가지고 출애굽기의 여행을 떠나 봅시다.

2. 출애굽기 전반부 : 구속(출 1-18)

1) 지도자 모세의 준비(출 1-3)

위에서 언급한 것처럼 출애굽 전반부는 이스라엘의 애굽에서 해방을 다루고 있습니다. 이스라엘은 애굽으로 내려온 지 400여 년이 지났습니다. 야곱의 한 가정 70명이 내려와 인구도 300만 가까이 증가했습니다. 이런 인구의 증가는 하나님 나라의 성장을 보여 주며, 동시에 아브라함 언약의 성취이기도 합니다. 하나님 나라는 시작은 겨자씨와 같이 작으나 후에는 아주 창대해집니다.

이렇게 성장하는 이스라엘을 알지 못하는 애굽에 새 왕이 즉위했습니다. 새 왕에게는 이스라엘이 큰 위협으로 느껴졌고 조직적으로 3단계 핍박 정책을 펼치게 됩니다. 1단계는 국고성인 라암셋, 비돔 건설에 강제노역으로 동원하여, 흙 이기기와 벽돌 굽기, 농사일 등의 중노동을 시킵니다. 그런데 묘하게도 중노동을 시키면 시킬수록 이스라엘 인구는 더 증가합니다. 2단계는 히브리 산파인 십브라와 부아를 통해 이스라엘의 남자아이가 태어나면 죽이도록 했습니다. 그러나 이들은 왕보다 하나님을 두려워하여 왕의 명령을 어기고 아이들을 살려 주었습니다. 3단계로는 이스라엘의 남아가 출생하면 나일강 하수에 던져 죽이도록 하는 이스라엘 유아 말살 정책입니다.

이런 학대에도 불구하고 이스라엘 백성은 오히려 더 번성했고 큰 민족을 이루어 갔습니다.

물론 그 과정은 너무나 고통스러워 울부짖을 수밖에 없었습니다. 때가 되어 하나님은 이들의 고통을 들으시고 애굽에서 출애굽시키기로 작정하셨습니다. 이게 출애굽 역사입니다. 그런데 하나님의 일을 할 때 먼저 준비해야 할 것이 있는데, 그게 바로 지도자입니다. 그래서 출애굽기 2장에는 하나님이 지도자 모세를 부르시는 장면이 나옵니다. 하나님 앞에 일하는 자는 먼저 하나님의 부르심을 받아야 합니다.

모세는 누구입니까?

모세는 레위 족속 아므람과 요게벳의 아들입니다. 모세가 출생했을 때, 모세 부모는 바로의 유아학살정책 때문에 모세를 집에서 더는 숨겨 키울 수 없게 되었습니다. 그들은 모세를 갈대 상자에 담아 나일강에 버렸습니다. 마침 그때 바로의 누이동생인 공주가 목욕하러 나왔다가, 우연히 이를 발견하고 어린 아기인 모세를 데려다 왕궁에서 40년을 함께 지냅니다. 스데반 설교에 의하면 모세는 애굽의 학문에 능통했다고 합니다. (행 7장) 모세가 애굽의 왕궁 교육을 받은 것이지요. '모세'는 '물에서 건짐을 받은 자'란 뜻으로, 그는 이름처럼 물에서 건짐을 받았지만, 이스라엘을 홍해 바다에서 건져 낼 구원자로 하나님께 선택을 받았습니다.

모세가 애굽 학문을 마치고 40세가 되었을 때, 자기 백성을 괴롭히는 애굽 사람을 보고 분개하여 그를 쳐 죽이게 됩니다. 이 사건이 도화선이 되어 모세는 미디안으로 도주하게 되었고, 거기서 40년간 이드로의 양을 치게 되었습니다. 모세는 애굽의 궁정에서 40년, 광야에서 목동으로 40년, 그리고 이스라엘 지도자로 40년 총 120년을 살았습니다.

이 모세의 120년의 삶을 스데반은 세 기간으로 분류합니다.

제1기 : 애굽의 40년간 학문 훈련
제2기 : 미디안 40년의 영적 훈련
제3기 : 광야 40년의 지도자 훈련

미국의 부흥사 디엘 무디(D.L. Moody)는 모세의 삶을 영적으로 분류했습니다.

제1기인 애굽의 40년 학문 연구 기간을 '무엇인가 이룰 수 있는 Something Life'로, 제2기인 미디안 40년 영적 훈련 기간은 '아무것도 할 수 없는 Nothing Life'로, 제3기인 광야 40년의 지도자 훈련 기간은 '이제 어떤 것이라도 할 수 있는 Anything Life'로 특징지어 분류했습니다.

제1기인 Something Life는 애굽에서 세계 최고의 학문을 공부했기에, 이 정도면 마치 무엇이든지 다 이룰 것 같다는 자신감의 표현입니다. 그러나 실제는 아무것도 이루어지지 않았습니다. 제2기인 Nothing Life는 광야로 쫓겨나 있었기에, 이제는 아무것도 할 수 없다는 절망감의 표현입니다. 제3기인 Anything Life는 이제는 '하나님 외에 내 힘으로는 아무것도 할 수 없구나'를 깨닫는 순간에 모든 일이 이루어지는 것을 체험한 은혜의 고백입니다.

모세를 부르신 하나님은 미디안에서 모세가 의지하던 세상 것들을 뽑아내시고 오직 하나님을 의지하는 믿음의 훈련을 시키셨습니다. 그것을 마친 후 하나님은 이스라엘과 맺은 언약을 기억하시고 이스라엘의 고통에 응답하사 모세를 구원을 이루는 도구로 사용하셨습니다. 하나님은 모세를 능력의 도구로 사용하시고, Anything Life의 삶을 살게 하셨습니다. 출애굽기 3장은 모세가 하나님 앞에 부르심을 받는 장면이 나오는데, 이는 우리가 꼭 놓치지 말고 기억해야 할 장면입니다. 모세가 불붙은 떨기나무에 이끌리어 다가가는데 그때 하나님의 음성이 들려왔습니다.

"네가 선 곳은 거룩한 땅이니 네 발에서 신을 벗으라"
(출 3:5)

이스라엘 백성을 출애굽시켜야 할 모세에게 하나님이 하신 이 말씀은 무슨 의미일까요? 출애굽을 시킨다는 것은 홍해 바다를 건너게 하는 것인데, 그러려면 배를 만든다든지 비행기를 준비하는 것이 더 합리적입니다. 그러나 하나님은 "신을 벗으라"라고 하십니다. 이 말씀은 여호수아가 여리고 정복을 앞두고 요단강을 건널 때에 주신 말씀이기도 합니다. 여기서 바다를 건너는데, 여리고를 정복하는 데 필요한 것이, 배나 비행기 아니라 신을 벗는 것임을 알 수 있습니다.

그러면 신을 벗는 것은 무슨 의미일까요? 신을 벗는 것은 그가 종이라는 것을 의미하고, 신을 신는 것은 주인, 즉 자유인을 의미합니다. 그러므로 하나님 앞에 신을 벗는 것은 하나님과 모세의 관계가 주인과 종의 관계임을 확인시키는 것입니다. 하나님은 우리의 주인이기에 주권을 하나님께 맡기고 절대 의지하라는 것입니다. 이 하나님과 우리와의 관계가 분명하고 확실해야 합니다. 그때 하나님이 우리 안에서 일하시기 때문입니다. 이 고백이 선명할 때 홍해가 갈라지고 여리고 성이 무너졌습니다. 그래서 바다를 건너는 데에 배가, 비행기가 필요한 게 아니었습니다.

오늘날 우리를 슬프게 하는 것은, 하나님을 믿는다고 하지만 하나님을 나의 주인으로 믿지를 않는다는 것입니다. 도리어 하나님을 나의 종처럼 부려 먹는 경우가 너무나 많다는 것입니다. 우리가 하나님 앞에 돌아가 이 관계를 확인하는 게, 신앙의 알파와 오메가란 사실을 잊지 말아야 합니다. 하나님은 출애굽의 사명을 맡은 모세에게 한 가지를 원했는데, 바로 하나님과의 주종관계입니다. 하나님은 모세를 통해서 믿음이란 바로 이런 것임을 선명히 밝혀 주고 있습니다.

2) 모세 가족의 준비(출 4)

모세를 준비시킨 하나님께서 모세의 동역자 아론을 예비해 두셨습니다. 모세가 지도자로서 말이 더디고 부족하다고 불평해서 준 것 같지만, 실상은 하나님은 하나님의 사명을 감당하려는 자들에게는, 여호와이레가 되셔서 필요를 채워 주시는 분이십니다. 모세도 준비되고 아론까지 예비해 두셨으니 모세는 이제 사명 감당을 위해 출발합니다. 그런데 바로 그때 하나님의 사자가 나타나 모세의 앞길을 막고 그를 죽이려 합니다.

이때 영적인 분위기를 꿰뚫어 본 자는 아내인 십보라였습니다. 그녀는 자녀들이 할례를 받지 못한 모습이 직감적으로 떠올랐습니다. 서둘러 날카로운 돌을 가져다가 자녀들의 양피를 베어 버렸습니다. 하나님은 사명자의 가정 공동체가 늘 성결하기를 원하십니다. 모세의 가족은 부모인 아므람(야곱-레위-고핫-아므람)과 요게벳(레위지파), 자녀는 "이방인의 객"이란 뜻인 "게르솜"과 "하나님이 도우신다"라는 의미인 "엘리에셀"입니다. 하나님께서는 사명 자들뿐 아니라, 그들이 속한 가정 공동체도 성결하기를 원하십니다. 이렇게 모세는 죽음 직전에 건짐을 받았고 그는 “피 남편”이란 별명을 얻게 되었습니다.

3) 10가지 재앙(출 5-11)

* 바로 앞에 선 모세

드디어 긴 훈련이 끝난 모세가 바로 앞에 섭니다.

“내 백성을 보내라. 그러면 그들의 광야에서 내 앞에 절기를 지킬 것이니라. 우리가 사흘 길쯤 광야에 가서 우리 하나님께 제사 드리려 하오니 가기를 허락하소서.”

여기에 대한 바로의 반응은 더욱 완고해져 이스라엘을 고통스럽게 억압합니다. 이러한 고난 속에서도 모세는 하나님의 말씀을 대언합니다. 그 때마다 하나님은 모세에게 나타나 힘을 주시고 격려하십니다. 하나님은 출애굽기 6장 후반부에서 모세의 족보를 보여 주시면서 바로에게 도전할 것을 권면하십니다.

왜 족보를 보여 주는가요?

족보를 통해 하나님의 역사하심을 깨닫고 힘을 얻도록 하기 위함입니다. 모세 족보의 설명에는 양면적인 모습이 있습니다. 하나는 모세의 출중함이 가계의 영향력에 있음을 보여 주고 있습니다. 또 다른 하나는 정반대로 가계는 좀 흠이 있을지라도 하나님의 은혜로 크게 쓰임 받는 것을 역설적으로 보여 줍니다. 본문은 후자 쪽 비중이 크다고 봅니다.

모세의 조상 아므람을 보면 고핫의 맏아들이요, 고핫은 레위의 둘째 아들이요, 레위는 야곱의 셋째 아들입니다. 그러니 아므람은 야곱의 증손자이며 모세는 5대 고손자입니다. 조상들을 보세요. 레위는 야곱의 셋째로 별로 좋아하지 않는 레아에게서 낳은 아들이며 평범한 자였습니다. 그는 세겜 땅에서 의분에 못 이겨 사람들을 학살한 흠도 있는 자였습니다. 이 레위의 둘째 아들 고핫의 맏아들이 모세의 아버지 아므람입니다. 그러니 모세 조상 가문이 그렇게 탁월한 집안은 못 되는 것 같습니다. 그리고 어머니 요게벳은 아므람의 아버지 고핫의 누이동생이니까 아므람에게 고모가 됩니다. 자기 고모와 결혼하여 낳은 아들이 모세와 아론이니 어머니의 가문 역시 그렇습니다.

하나님은 이렇게 가문이 별로임에도 위대하게 사용하시니 이를 믿고 소망을 가지라는 것입니다. 세상 조건에 좌우되지 않은 하나님의 역사하심을 볼 수 있습니다. 힘의 근원은 하나님께 있다는 것입니다. 모세는 하나님을 바라보면서 바로와 싸웠습니다. 이것이 10가지 재앙이라는 혹독한 재앙이 기다리고 있는 모세에게는 족보를 보여 주신 것은 새로운 힘이 되었으리라 생각합니다.

독일의 종교개혁자 마르틴 루터(Martin Luther)가 1521년 4월 18일 보름스(Worms)에서 칼(Karl) 황제 앞에 심문을 받았습니다. "네가 쓴 책들을 철회하라"라고 하는 심문관의 명령에 루터는 대답했습니다.

"저희 양심은 하나님의 말씀에 사로잡혀 있습니다. 저는 아무것도 취소할 수 없고 하지도 않겠습니다. 양심에 어긋난 일을 하는 것은 옳지도 않을 뿐 아니라 안전하지도 않습니다. 하나님이여 나를 도우소서! 아멘."
(Gott Helfe mir. Amen)

심문을 받은 장소에 그의 동상이 서 있어 오늘도 순례자들을 부릅니다. 그런데 그의 몸은 적대자를 응시하고 있지만, 그의 얼굴은 하늘을 바라보고 있습니다. 하늘을 바라보는 게 능력의 원천입니다. 루터는 이 능력으로 종교개혁을 이루었습니다.

* 10가지 재앙(출 7-10)

하나님의 백성을 보내라는 모세와 보내지 않으려는 바로의 대립이 계속됩니다. 바로에게 강한 재앙을 내리면 내릴수록 그의 마음은 더 완악해질 뿐입니다. 드디어 하나님이 마지막 열 번째 재앙인 장자를 죽이는 재앙을 내려서야 비로소 바로가 항복합니다. 열 가지 재앙의 핵심은 장자의 죽음에 있습니다. 죄는 결국 죽음을 요구합니다. 장자는 죽어야 합니다. 장자는 모든 인류를 대표하는 것이기에 결국 죄인인 모든 인류는 죽음이 최종 종착역입니다. 이 죽음의 문제를 푸는 게 인류의 숙제였습니다. 그 문제를 해결할 분이 바로 유월절 양으로 이 땅에 오셔서 죽임을 당하신 예수님입니다. 그래서 열 가지 재앙의 정점에서 유월절로 연결됩니다.

먼저 10가지 재앙의 구조를 살펴봅시다.

1. 피의 재앙
2. 개구리 재앙
3. 이 재앙
4. 파리 재앙
5. 짐승 독종 재앙
6. 사람 독종 재앙

7. 우박 재앙
8. 메뚜기 재앙
9. 흑암 재앙
10. 장자 죽음 재앙

10가지 재앙의 구조를 살펴보면 대칭 구조입니다.
1 재앙과 10 재앙은 피의 심판을,
2 재앙과 9 재앙은 흑암의 심판을,
3 재앙과 8 재앙은 사람과 곡물에 기생하는 피조물의 심판을,
4 재앙과 7 재앙은 고센을 제외한 애굽만 내리는 구별된 심판을,
5 재앙과 6 재앙은 사람과 동물에 독종의 심판을 내리셨습니다.

하나님은 각 재앙을 통해 자기 영광을 독특하게 드러내셨지만, 이것을 깨달을 수 있는 능력이 불신앙의 인간을 대표한 바로에게는 없었습니다. 9가지 재앙을 내리는 가운데 바로는 여섯 차례나 타협을 요청해 왔습니다. 그러나 재앙이 사라지면 또다시 약속을 취소했습니다. 이제 마지막 재앙인 죽음의 심판 외에는 더는 다른 방법이 없었습니다. 그래서 모든 인간을 상징하는 장자는 죽을 수밖에 없었습니다. 그런데 장자가 죽음에서 살 수 있는 길이 있었습니다. 누가 살 수 있었나요? 이스라엘 백성인가요? 아닙니다. 이스라엘 백성이라고 살고, 애굽 백성이라고 죽은 게 아닙니다.

그러면 어떤 자가 죽음에서 건짐을 받을 수 있었나요?

4) 유월절 양(출 11-12)

하나님은 죽음의 심판을 내리기 전에 먼저 죽음에서 구원받을 수 있는 유월절 규례를 가르쳐 주시면서 명령하십니다. 유월절을 새달로 하여 열흘째 어린양을 취하여 열나흘까지 보관했다가, 해 질 때 양을 잡고 그 피를 양을 먹을 집 좌우 문설주(문 양쪽 기둥)와 인방(문 양쪽 기둥을 지탱해 주는 위아래 받침대)에 바르는 예식을 제정하셨습니다. 이게 여호와의 유월절 절기입니다. 그러면서 약속하기를 '죽음의 사자가 애굽에 있는 모든 장자를 칠 때에, 유월절 어린양의 피가 문설주와 인방에 발라져 있는 것을 보면, 죽음의 사자가 너희를 지나갈 것이다'라고 하십니다. 어린양의 피를 보면 죽음의 사자가 심판을 건너뛰고 지나간다는 말입니다.

이 '지나간다'라는 말에서 유월절, 영어로 Pass over란 말이 유래했습니다. 죽음을 이기는 길이 어린양의 피라는 것입니다. 이스라엘 백성이라도 이 피가 없으면 죽음의 심판을 피하지 못하고, 애굽 백성이라 할지라도 이 피가 있으면 죽음에서 건짐을 받습니다. 어린양의 피만이 죽음을 이기는 능력이 있음을 보여 줍니다. 또한, 앞으로 오실 예수 그리스도가 어린양의 예표인 것을 나타내고 있습니다. 예수 그리스도가 어린양으로 오셔서 성만찬 제정 전에 마지막 유월절을 지키셨습니다. 여호와는 이날을 기념하여 여호와의 절기로 삼아, 영원한 규례로 삼아 대대로 지키라고 명령하셨습니다.

성경에는 이스라엘이 유월절을 지킨 것이 7번 기록되어 있습니다. 출애굽기 12장 애굽에서, 민수기 9장 광야에서, 여호수아 5장 가나안땅 진입 시에, 역대하 30장에서 히스기야 왕 때에, 대하 35장 요시야 왕 치정하에서, 에스라 6장인 포로에서 귀환 후, 그리고 마지막으로 누가복음 22장 성만찬 제정 전입니다. 마지막 유월절에는 어린양의 예시인 하나님의 어린양 예수 그리스도가 친히 지키셨는데 첫 번째로 시행된 애굽에서도 친히 지키셨을 것입니다. 왜냐하면, 유월절이 애굽에서 유래한 것처럼, 유월절의 실체이신 예수 그리스도께서도 애굽에 피하셨다가 유대로 오셨기 때문입니다. (마 2:15)

하나님은 유월절을 체험한 이스라엘 백성들 가운데 처음 난 것인 초태생을 자기 것으로 구별하십니다. 모두가 다 하나님의 것이지만 초태생에 대표성을 부여하여 자기의 것으로 구별해 놓았습니다. 초태생은 하나님의 것입니다. 장자재앙 시 애굽에 있는 모든 장자는 죽을 수밖에 없었지만, 어린양의 피를 의지한 장자는 죽음 대신에 구원을 받았기 때문입니다. 그러므로 이스라엘 초태생(장자)은 하나님께 다 드려야 하는데 이들을 레위인으로 대체했습니다. 레위인의 총수는 22,000명(생후 1개월 이상 남자)이고, 이스라엘의 장자 수는 22,273명입니다. 여기서 차이가 나는 273명에 대해서는 돈으로 계산하여 아론과 모세에게 드려야 했습니다.

5) 홍해 체험(출 13-15)

애굽을 출발한 이스라엘의 장정은 603,560명(민 2:32)이었습니다. 그들이 홍해 앞에 이르렀을 때 이스라엘의 백성은 어찌할 줄을 몰랐습니다. 앞에는 넘실거리는 홍해 바다요, 뒤에는 맹렬히 추격하는 바로의 최신 병거로 사면초가의 상태였습니다. 두려움에 사로잡혀 불평하는 이스라엘 백성에게, 모세는 하나님의 이루실 구원역사를 바라보라며 권면하고 기도합니다. 모세의 기도에 하나님은 응답하사 하나님의 지팡이를 바다 위로 내밀어 홍해 바다를 육지처럼 갈라지게 하셨습니다. 이스라엘 백성은 그길로 구원받았고, 그 길을 따라가던 애굽 백성은 한순간에 바다에 수장되었습니다. 하나님은 유월절과 홍해 사건을 통해 구원역사는 하나님의 절대적인 역사이며, 그 구원의 역사를 준비하시고 이루신 하나님의 큰일을 받아들이는 것이 구원의 길임을 명확히 보여 주셨습니다.

이 놀라운 구원역사를 체험한 이스라엘 백성은 하나님을 찬양하지 않을 수 없었습니다. 15장은 자연스럽게 구원을 체험한 아론의 누이 미리암을 중심으로 이스라엘 백성의 찬양이 나옵니다. 모세의 노래 중 2절 "여호와는 나의 힘이며 노래요 구원이시다"라는 고백과 11절 "여호와의 신중에 주와 같은 자 누구이니까?"라는 고백을 통한 하나님 성호 찬양은 찬양이 단지 입술의 고백이 아니라 심령의 고백임을 보여 주고 있습니다. 구원받아서 그냥 기쁜 게 아닙니다. 내 이성이 하나님께 압도 당하여 통제되어 이성을 뛰어넘어 내 깊은 영혼 속에서 흘러나오는 게 찬양입니다.

이 찬양이 성경에 처음 나오는 찬양인데, 신약성경 누가복음 1장에 나오는 마리아의 찬양인 '마그니피카트'의 모체가 모세와 미리암의 찬양입니다. 마리아가 '예수님을 잉태했다는 소식'이 그녀에게 그저 기쁘고 좋은 소식은 아니었을 것입니다. 처녀 마리아가 잉태했습니다. 더욱 약혼한 몸이었습니다. 그런데 잉태했다는 게 기쁜 소식일 리 있겠습니까? 당시 율법으로는 돌 맞아 죽어야 할 일이었습니다. 이 소식은 엄청난 부담이요, 자칫 잘못하면 인생파멸에 가까운 소식이었습니다.

하지만 하나님의 은혜를 깨달은 마리아에게서는 찬양이 흘러나왔습니다.

"내 영혼이 주를 찬양하며"

누가 무엇이 주를 찬양하고 있나요? 입술인가요? 아닙니다. 마리아의 이성인가요? 그것도 아닙니다. 마리아의 이성을 넘어 저 깊은 영혼 밑바닥에서 흘러나오는 '영혼'이 주를 찬양하고 있습니다. 영혼이 이성을 뚫고 나와 찬양하고 있습니다. 이게 찬양입니다. 이게 구원받은 자들이 경험해야 하고 누려야 할 찬양입니다. 하나님의 구원의 능력과 신비 앞에 심령 깊은 곳에서부터 흘러넘치는 영혼의 찬양을 경험한 이스라엘 백성들에게, 이어지는 상황을 보세요.

출애굽기 15장 후반부 사건입니다. 이스라엘이 광야의 사흘 길을 걸어서 '마라'에 도착했습니다. 그때 우물을 발견하고 너무 기쁜 나머지 엎드려 물을 마셨습니다. 그러나 쓴 물이었습니다. 이때 이스라엘 백성에게서 불평이 쏟아집니다. 참 쉽게 불평이 나옵니다. 불평하는 이들에게 하나님은 "마라"(쓰다)라는 쓴 물을 단물로 변화시켜 마시게 하셨고, 자신을 "여호와 라파"(치료하시는 하나님)라고 선포하셨습니다.

출애굽기 16장은 이스라엘이 신광야에 도착했을 때 양식이 떨어진 이야기가 나옵니다. 여기서도 이스라엘의 불평이 또 튀어나옵니다. 하나님은 이때도 하늘에서 '만나'(이게 뭔가)가 쏟아지게 하여 배불리 먹게 하셨습니다. 그들이 배를 채운 후에 르비딤에 도달하니, 또 마실 물이 없었습니다. 이번에도 그들은 원망과 불평에서 벗어나지 못했습니다. (17a) 하나님은 이번에는 반석을 쳐서 물을 강물처럼 쏟아지게 하셨습니다. 하나님의 수많은 기적을 체험하고 견딜 수 없는 찬양을 드렸어도, 이어지는 게 불평과 원망입니다. 우물에서는 쓴 물과 단물이 나올 수 없지만, 인간이란 쓴 물과 단물이 함께 흘러나오는 존재입니다.

왜 이렇게 이스라엘은 불평을 할까요?

이스라엘이 본래부터 모자라고 배은망덕한 백성이라서 그런 게 아닙니다. 인간은 모두 연약하기에 그럴 수밖에 없는 존재인 것입니다. 인간은 땅의 양식뿐 아니라 하늘의 양식으로 살아가는 존재입니다. 그래서 하나님의 백성은 끊임없는 영적인 투쟁이 필요합니다.

어떻게 영적인 투쟁을 해야 하나요?

출애굽기 17장 후반부에서 이스라엘과 아말렉의 싸움이 그것을 가르쳐 줍니다. 이스라엘이 광야 행진 시 이스라엘과 제일 먼저 대적한 민족이 아말렉족속입니다. 이 아말렉은 하나님 백성의 순례길을 방해하는 대적자로 사단을 상징합니다. 아말렉은 에서의 후손으로서 영원한 육체의 소욕을 상징하기도 합니다. 이것 때문에 하나님의 백성은 이 땅에서는 전투를 할 수밖에 없습니다.

본문에서 이스라엘은 여호수아를 아말렉과 싸우는 전쟁의 현장으로 보냅니다. 모세는 아론과 훌을 데리고 산꼭대기로 올라가 기도합니다. 그런데 모세가 기도하면 이스라엘이 전쟁에서 승리하고, 기도에 지쳐 손을 내리면 이스라엘이 패배했습니다. 여기서 하나님 백성의 영적 싸움의 승리의 비결을 볼 수 있습니다.

첫째는 기도가 모든 전쟁의 승리의 원동력이란 사실입니다.

둘째는 기도하면서 현장에서 싸워야 합니다. 실천을 외면한 기도는 무의미합니다.

셋째는 합심 기도의 중요성입니다. 전도서에서 혼자는 넘어지기 쉬우나 세 겹줄은 끊어지지 않는다고 했습니다.

"한 사람이면 패하겠거니와 두 사람이면 맞설 수 있나니
세 겹줄은 쉽게 끊어지지 아니하느니라"

(전 4:12)

모세에겐 아론과 훌의 동역자가 있었습니다.

이런 싸움의 결과 "여호와 닛시"(여호와는 나의 깃발)란 승리의 고백이 이스라엘에 생기게 되었습니다. 하나님의 백성에게는 "여호와 닛시"라는 고백의 흔적이 있어야 합니다. 그리고 하나님은 우리의 영원한 대적자 아말렉을 향하여 여호와께서 영원히 대적자 아말렉을 멸하겠다고 선포하십니다.

"이르되 여호와께서 맹세하시기를 여호와가 아말렉과 더불어
대대로 싸우리라 하셨다 하였더라"
(출 17:16)

우리의 대적자는 하나님이 멸하십니다. 그러니 대적자로 인하여 마음 상할 필요가 없습니다. 그리고 그 대적을 우리가 멸망시키려 할 필요도 없습니다. 그것은 하나님이 하시는 일입니다. 이게 믿음으로 순례의 길을 시작하는 이스라엘에 얼마나 큰 힘이 되었겠습니까?

출애굽기 18장은 이스라엘의 행정 조직을 서술하고 있습니다. 모세가 재판하는데 일이 너무나 많았습니다. 이를 보고 있던 모세의 장인인 이드로는 너무나 안타까웠습니다. 그래서 모세에게 행정 조직을 세워 일을 분담할 것을 권면합니다.

"너는 또 온 백성 가운데서 능력 있는 사람들 곧 하나님을 두려워하며
진실하며 불의한 이익을 미워하는 자를 살펴서 백성 위에 세워
천부장과 백부장과 오십부장과 십부장을 삼아
그들이 때를 따라 재판하게 하라"
(출 18:21-22)

지도자는 일을 분담할 수 있는 능력이 있어야 합니다. 많은 사람을 동원할 수 있는 것이 지도자의 리더십이고 능력입니다. 혼자 일하면 쉽게 할 수는 있지만, 큰일은 할 수 없습니다.

사도 바울을 보세요!

얼핏 생각하면 그는 능력이 많아 혼자 일한 것 같지만 전혀 그렇지 않습니다. 로마서를 비롯해 그의 여타 서신에서 그는 항상 동역자의 이름을 빼놓지 않고 언급합니다. 얼마나 많은 사람이 언급되고 있습니까? 능력 있는 사도 바울도 혼자 일하지 않았습니다.

* 가이드의 단상 7
출애굽 도식의 의미

신앙생활을 하면서 늘 혼란에 빠지게 되는 이유 중의 하나가 출애굽 도식에 대한 무지 또는 몰이해입니다. 예를 들면 광야 40년 동안 2백만이 넘는 이스라엘 백성 중 오직 구원받은 자는 여호수아와 갈렙뿐이라 하면서 천국 가고 싶으면 이 두 사람과 같은 믿음을 가져야 한다고 합니다. 이런 이야기를 들을 때 그 누군들 믿음의 불안을 느끼지 않겠습니까?

또 요단강 건너는 것을 끝으로 생각하여 가나안에 들어가면 아무 고통도 죄악도 없는 안식만이 있다고 합니다. 그러나 이스라엘이 가나안에 들어갔을 때 치열한 전쟁만이 기다리고 있었습니다. 그러므로 우리는 바른 신앙생활을 위하여 출애굽 도식(애굽-광야-가나안)에 대한 분명한 이해가 있어야 합니다.

출애굽 도식은 3요소 즉 애굽, 광야, 가나안으로 이루어져 있습니다.

여기서 애굽은 죄를, 가나안은 천국을 상징함은 의심할 사람이 없을 것입니다. 물론 가나안은 천국의 미래성과 현재성 즉 양면성을 포함하는 선이해가 있어야 합니다. 그런데 문제는 광야입니다. 이것이 무엇을 의미하는지를 푸는 것이 출애굽 도식을 푸는 열쇠입니다.

이것을 단순히 연대기적으로 관찰하면 광야는 애굽과 가나안 중간지대입니다. 지금까지 모든 오류는 이런 식의 접근방식에서 기인했습니다. 그러나 성경은 중간지대는 없다고 합니다. 하나님이면 하나님이고 죄면 죄지 그사이에는 아무것도 없다고 합니다.

그러면 광야는 무엇일까요?

이런 삼각 구조를 샌드위치구조라고 합니다. 샌드위치구조는 연속된 앞뒤 관계의 원리를 샌드위치 된 사건 또는 요소가 밝혀 주는 것입니다. 그러므로 여기서 광야란 애굽을 벗어난 가나안에서의 삶을 알려 주고 있습니다. 즉 가나안땅에서 사는 자는 광야의 원리를 적용해야 한다는 것입니다.

그러면 광야의 원리란 무엇일까요?

광야의 원리는 하나님만 의지하여 하나님의 말씀대로 사는 원리를 말합니다. 그것을 상징해 주는 것이 아침마다 하늘을 봐야 먹을 수 있는 만나입니다. 이것은 하나님의 기적에 의한 음식으로 그들이 죄를 범하든 불평하든 하나님이 주시는 것입니다. 일할 필요가 없던 광야 생활입니다. 그러나 광야를 지나 가나안땅의 삶은 다릅니다. 거기서는 만나가 그쳤습니다. 그리고 그 땅의 소출을 먹게 되었습니다. 거기에는 풍성한 수확이 따르게 되었습니다. 이러한 환경 가운데서 믿음으로 살아가는 게 가나안땅의 삶입니다.

그런데 문제는 풍성한 수확을 보면서 매일매일 하나님께 감사하면서 살아가야 하는데 그것이 쉽지 않습니다. 쉽게 교만이나 나태함에 빠지게 됩니다. 이런 여건 가운데서 어떻게 주님을 기쁘시게 할 수 있겠습니까? 그것은 광야의 원리를 가지고 가나안 삶 가운데 적용할 때만이 가능합니다. 그러므로 '생활은 가나안식으로 정신은 광야식으로' 살아가는 원리가 적용될 때 죄악 되지만 이 땅에서 거룩한 삶을 살며 승리하는 비결입니다.

3. 출애굽기 후반부 : 양육(성장 : 출 19-40)

출애굽기 전반부(1-18)에서 큰 주제는 구속이었습니다. 이제 후반부(19-40)는 '구속받은 자녀들이 어떻게 하면 성장하는가?'에 대한 비결을 가르쳐 주는데, 그 두 요소가 하나님의 율법(19-24)과 성막(25-40)입니다. 그래서 출애굽 후반부는 자연스럽게 율법과 성막에 대한 이야기가 나옵니다. 이렇게 출애굽기 전체를 조망해 보면 1-18장의 핵심은 '구속'이요, 출애굽기 19-24장은 '언약의 말씀'이고, 출애굽기 25-40장은 '성막'이란 사실이 한눈에 들어옵니다.

1) 시내산 언약(19-24)

아이가 태어나면 자라는 것이 정상이듯이 하나님의 자녀도 이와 똑같습니다. 하나님의 자녀가 되었다고 끝난 게 아닙니다. 자라나야 합니다. 하나님께 영광을 돌리며 하나님의 장성한 분량까지 자라나야 합니다. 어떻게 자라날 수 있습니까? 그게 하나님의 말씀과 성막을 통해서 가능합니다. 이 관계를 설명하기 위해 먼저 하나님과 구원받은 이스라엘 백성이 언약을 맺는 사건이 19장에 나옵니다. 이는 율법인 말씀과 교회인 성막이 우리에게 의무적으로 강압적으로 주어진 게 아니라, 결혼한 자들에게 그들의 행복한 결혼 생활을 위해 주어진 지침이란 것입니다.

이스라엘 백성이 시내산에 도착했습니다. 그때 하나님은 이스라엘 백성을 불러 언약을 맺었습니다. 이것을 하나님과 이스라엘이 시내산에서 언약을 맺어서 시내산 언약이라 합니다. 당시 언약을 맺을 때는 정복자와 피정복자가 만나 주종관계의 언약을 맺는데, 이때 계약 당사자는 쪼개진 제물 사이를 지나갑니다. 이런 예식은 계약 당사자가 언약을 지키지 못하면 동물이 쪼개져 죽듯이 죽겠다는 약속입니다. 이게 당시의 언약의 방식이었습니다. 시내산 언약은 당시의 풍습에 기인한 언약입니다.

이처럼 출애굽기 19-24장에 언약의 형식이 나옵니다. 먼저는 시간과 장소 그리고 역사적 배경, 그리고 언약 당사자인 왕과 백성의 소개가 있고, 그런 후 언약의 내용이 소개됩니다.

이 마지막은 피 뿌림으로 언약의 체결을 맺고 산상 식사인 피로연을 통해 끝을 맺게 됩니다.

구체적으로 보면 19장에 시간과 장소, 역사적 배경이 간략하게 서술되었으며 언약의 백성이 소개되고 있습니다. 그리고 20장에 언약의 내용인 십계명이, 21-23장에는 사회법이, 그리고 24장은 언약 체결과 그것을 축하하는 피로연으로 마무리를 짓고 있습니다.

다른 것과는 달리 증인이 나타나 있지 않고 곧바로 25-31장에 나오는 성막으로 연결되는데, 이는 성막 자체가 증인이기 때문입니다. 성막의 의미를 정확히 이해하려면 성막의 또 다른 이름인 '증거막'을 기억하는 게 좋습니다. 하나님과 이스라엘 백성이 함께하는 삶이 어떤 삶이었는지는 성막이 그대로 증거하고 있기 때문입니다.

그러면 시내산 언약의 배경을 살펴봅시다.

시기 : 출애굽 후 제 삼월 50일 되는 날

장소 : 시내산 앞 광야

내용 : 너희가 내 말을 잘 듣고 내 언약을 지키리라
목적 : 너희가 내게 대하여 제사장 나라가 되며 거룩한 백성이 되리라
반응 : 이스라엘 백성이 모세의 설명을 듣고 아멘으로 응답했습니다

하나님은 시내산에서 이스라엘 백성을 신부로 맞아 결혼해 언약 백성으로 만드시고, 하나님이 주신 말씀과 교회 생활을 통해 제사장 나라요, 거룩한 백성으로 삼으셨습니다. 사도 베드로는 베드로전서 2장 9절에서 예수를 믿는 참 이스라엘을 가리켜 제사장 나라요, 거룩한 백성의 사명을 다시 한번 확인시켜 줍니다. 이상을 정리하면 하나님의 백성인 우리의 존재 목적은 세상에서 거룩한 백성이요 제사장 나라의 사명을 감당하는 것이 첫째 목적임을 알 수 있습니다. 그것을 잘 감당하도록 주신 것이 '말씀과 성막'입니다. 그러므로 성막인 교회는 우리 삶의 자리요, 말씀의 영광을 드러내는 자리요, '하나님과의 삶'을 그대로 보여 주는 곳입니다.

* 십계명(20)

시내산 언약을 맺은 후 하나님이 첫 번째로 주신 것이 20-23장 언약법입니다. 언약법의 기본은 십계명입니다. 그러기에 20장은 십계명이 먼저 언급되고 있습니다. 십계명은 언약법의 머리 부분입니다. 이는 단순히 도덕법이 아니라 하나님의 백성이 반드시 드러내야 할 징표가 십계명이라는 것입니다. 십계명의 삶을 한마디로 압축하면 그것이 바로 하나님의 백성의 삶입니다.

십계명의 주어진 근거는 "나는 너를 애굽 땅 종 되었던 집에서 인도하여 낸 너희 하나님 여호와로다"라는 구원을 전제로 합니다. 이 말은 십계명을 지켜서 구원받는 게 아니라, 구원받은 자들이 기쁨으로 닮아 가

야 할 하나님의 형상이란 것입니다. 하나님은 한 백성을 창조하시고 내 소유라고 선포하셨습니다. 창세기 1장에서 만물을 창조하시고 심히 기쁘다고 선포하신 하나님이 오랜 기간을 거쳐 한 백성을 재창조하시고 선포하실 때의 기쁨이 얼마나 크셨겠습니까? 이 기쁨에서 근거에서 십계명이 주어진 것입니다. 이를 종합해 볼 때 모든 언약의 근간이 되는 것이 십계명입니다.

신명기 5장에는 가나안 입성을 앞두고 이스라엘 백성이 언약을 갱신하는 장면이 나옵니다.

여기서 언약법을 주실 때도 근본이 십계명인데, 그 십계명이 신명기 5장에 나옵니다. 십계명의 구조는 유대인은 5:5, 카톨릭은 3:7, 개신교는 4:6으로 분류합니다. 1계명에서 4계명까지는 하나님에 대한 계명이요, 5계명에서 10계명 까지는 사람에 대한 계명으로 분류하지만, 십계명은 모두 하나님의 계명이기 때문에 하나님을 순종하는 마음으로 두 돌판의 계명을 지켜야 합니다.

*** 세부법(5, 6계명 : 21)**

성경을 공부할 때 꼭 알아야 할 이스라엘 법이 있습니다. 이스라엘 법은 세 종류로 구분합니다.

첫째는 도덕법 : 십계명은 하나님의 뜻을 압축해놓은 것인데, 그 하나님의 뜻이 도덕법으로 출애굽기 20장에 기록되었습니다.

둘째는 시민법 : 십계명중 5-10계명에 관한 도덕을 이스라엘 백성이 시민으로서 지켜야 할 법이 시민법인데, 그것이 21-23장에 기록되어 있습니다.

셋째는 의식법(제사법) : 1-4계명에 해당하며 하나님께 드리는 예배에 대한 율례로서 의식법, 즉 제사법이 있습니다. 이는 주로 레위기에서 다룹니다.

이것이 구약의 이스라엘에 주신 종교법입니다.

출애굽기 21장은 5계명을 이스라엘 백성에게 적용한 시행규칙입니다. 첫째는 종과 부모에 대한 세칙이며(5계명) 둘째는 이웃 상해 살인에 대한 규례(6계명)입니다. 가정에서 부모 섬기는 태도와 훈련이 사회에 나가서 윗사람을 섬기는 모습의 기초가 됩니다. 이 주종관계는 예수 그리스도와 우리의 관계를 설명하고 있습니다.

* 가이드의 단상 8
히브리종(뚫린 귀와 귀머거리 독사)

성경은 인체의 오관을 통하여 신앙에 대한 교훈을 많이 언급하고 있습니다. 예수님께서도 "들을 귀 있는 자는 들으라"라는 표현을 즐겨 사용했습니다. 하나님의 사람인지 아닌지를 구별하는 지표 중의 하나는 어떤 귀를 가지고 있느냐에 달려 있습니다. 귀에도 두 가지 종류가 있는데 하나는 신앙의 귀요 또 다른 하나는 불신앙의 귀입니다. 신앙의 귀는 예리한 송곳으로 뚫린 귀이고, 불신앙의 귀는 귀머거리 독사의 귀입니다.

출애굽기 21장에는 신앙의 귀에 대한 예로써 히브리 종에 관한 기사가 나옵니다. 이 종은 6년 동안을 열심히 주인을 섬기고 7년째가 되어 안식년으로 자유를 누리게 되었습니다. 그런데 이 종은 자유인이 되어 자유를 누리는 것보다 훌륭한 주인에게 예속되는 것이 훨씬 더, 행복을 느낍니다. 그래서 주인을 찾아가 '자유인보다는 영원히 주인을 섬기겠습니다'라고 고백하면, 주인은 그 증거로 종의 귀를 예리한 송곳으로 꿰뚫어 영원히 자기의 소유로 삼습니다. 하나님의 백성도 이 히브리 종과 같이 하나님께 영원히 소속되었다는 표시로 뚫린 귀를 가져야 함을 교훈해 주는 말씀입니다.

반면 시편 58편에서 다윗은 악인의 무리를 지적하여 귀를 막는 귀머거리 독사란 표현을 사용합니다. 악인이 되는 과정은 귀를 막음으로 시작됩니다. 믿음은 들음에서 나며 들음은 그리스도의 말씀으로 생기기 때문입니다. (롬 10:17) 귀를 막으면 그리스도의 말씀을 듣지 못하니 믿음이 생길 수 없고, 믿음이 생기지 않으니 그 사람은 자연히 죄와 더불어 먹고 마시는 죄인이 될 수밖에 없습니다. 말을 듣지 못하는 농아는 듣지 못하는 데서 그치는 게 아니고 말을 할 수도 없습니다. 저들의 장애는 성대가 아니라 귀에 있음에도 말을 할 수가 없습니다.

영적으로 귀가 막혀서 영의 소리를 듣지 못하는 영적인 귀머거리는 진리를 말할 수 없습니다. 육체적인 농아는 진리든 불의든 말할 수 없지만, 영적인 농아는 진리는 말하지 못하나 불의는 말할 수 있다는 점에서 구별됩니다. 이들은 진리를 말하지 못하는 데에 머물러 있지 않고, 불의를 말하는 사람으로 전락하게 됩니다. 바로 이 점에서 다윗이 귀를 막는 사람을 가리켜 "귀머거리 독사"란 표현을 쓰고 있습니다.

귀머거리로 끝나지 않는다는 말입니다. 독사가 되어 버립니다.

그러므로 들을 귀를 갖느냐 그렇지 않느냐는 신앙생활에 절대적인 영향을 줍니다. 성경에 나오는 신앙의 위인들은 모두가 하나같이 예리한 송곳으로 뚫린 귀를 가지고 있는 자들입니다. 사도 바울을 보십시오! 인류를 구원하고자 하는 하나님의 음성을 들을 수 있었기 때문에 복음 전도에 자신을 드렸습니다.

그는 피조물의 탄식 소리까지도 들을 수 있었습니다. 이 땅을 향한 하나님의 절규에 귀 기울입시다.

* 세부법(7, 8계명 : 22)

출애굽기 22장의 주요 내용은 7계명과 8계명을 실행하기 위한 시행 세칙으로 이스라엘 백성에게 주신 시민법입니다. 이는 우리 시대에 문자적으로 적용할 수는 없고, 다만 그 규칙이 내포한 정신을 적용해야 합니다.

* 유대인의 3대 절기(23)

"너는 매년 세 번 내게 절기를 지킬지니라
너는 무교병의 절기를 지킬지니라
내가 네게 명한 대로 아빕월의 정한 때에
이레 동안 무교병을 먹을지니
이는 그달에 네가 애굽에서 나왔음이니라
빈손으로 내게 보이지 말지니라"
(출 23:14-15)

유대인의 3대 절기는 무교절, 맥추절, 수장절입니다. 물론 이 절기를 지키기 위해 안식일과 안식년을 먼저 언급하고 있습니다. 안식일이 모든 절기의 기본임을 알 수 있습니다. 이 절기의 장이 레위기 23장에도 나옵니다.

① 무교절(유월절)

이 절기는 유월절 다음 날 시작하여 7일간을 지키도록 되어 있는데, 애굽에서의 종살이를 기억하며 누룩 없는 떡 즉 무교병을 먹습니다. (아빕월 14일은 유월절이고 15일에서 21일까지는 무교절입니다) 누룩은 죄를 상징합니다. (마 16:6 바리새인과 사두개인의 누룩. 고전 5:6-8 묵은 누룩, 악하고 악의에 찬 누룩. 갈 5:9 적은 누룩)

② 맥추절(칠칠절, 초실절, 오순절)

무교절이 끝난 후 7주가 지난 50일째가 되는 날인데 오늘날 일요일(주일)에 해당합니다. 이유는 유월절은 금요일이고 무교절은 유월절 다음 날 토요일에서 일주일이므로 금요일에 끝납니다. 맥추절은 무교절이 끝난 날 금요일 다음 날부터 7주가 지난 다음 날이므로 일요일이 됩니다. 이렇게 일주일이 일곱 번 지났으므로 칠칠절이라 하고, 이 기간이 밀 추수 기간이므로 초실절이라고도 하며, 49일이 지난 50일째이므로 오순절이라고도 합니다.

③ 수장절(초막절, 장막절)

이 절기는 가을 추수를 한 후에 연중에 드리는 감사 예배입니다. 이것은 출애굽 후 광야에서 초막과 장막을 치고 살았던 과거를 회상하고 기념하면서 가나안 땅에서 추수하게 하신 하나님께 감사를 드리는 절기입니다. 유대력 7월 15일부터 22일까지 한 주간 초막을 짓고 절기를 지켰습니다.

* 가이드의 단상 9
여호와의 절기와 우리의 신앙

출애굽기 23장과 레위기 23장을 일컬어 절기의 장이라 하는데, 출애굽기 23장에는 3대 절기인 유월절, 맥추절, 초막절이 나오고, 레위기 23장에는 가장 짧은 주기로 반복되는 7대 절기가 나옵니다. 이것은 여호와가 특별히 규정한 여호와의 절기이며 하나님의 자녀는 이 절기를 반드시 지켜야 합니다.

그러면 하나님께서 이 절기를 규정하여 제도화시키신 이유는 무엇입니까?

첫째는 절기가 자녀들에게 하나님에 대한 신앙을 심는 교육의 장으로 사용되기를 원했습니다. 여호와의 절기는 자녀들의 신앙을 위한 교육의 장으로 제공되어 하나님 역사에 대해 눈을 뜨게 하고, 하나님 나라에 대한 비전을 갖게 하는 데 있습니다. 부모는 유월절 밤이 되면 잠이 든 자녀를 깨워 놓고 유월절 밤에 있었던 하나님의 역사를 재현하여 가르쳐 줍니다.

그들은 절기를 하나님의 영광을 선포하는 날로 삼습니다. 오늘날 하나님의 자녀인 우리에게도 많은 신앙적인 절기 즉 주일, 성탄절, 부활절, 맥추절, 추수 감사절 등이 있습니다. 이 절기를 어떠한 심령으로 지키고 있습니까? 이것을 신앙을 심는 절기로 삼아야 합니다. 절기에 대한 새로운 인식이 있어야 하겠습니다.

둘째는 이보다 본질적인 의미로서 하나님의 은혜를 잊지 않고 기억하도록 하기 위함입니다. 하나님은 인간이 원하든 원치 않던 절기를 규정하여 제도화해서 예배를 드리도록 하였습니다. 이것은 인간의 죄성을 깊이 꿰뚫어 보신 하나님의 깊은 사랑의 표현입니다. 절대로 인간을 구속하기 위한 수단이 아닙니다.

어떻게 보면 신앙은 가장 자율에 맡겨야 한다고 생각할 수 있지만, 자율에 맡겼던 실험은 거의 다 실패했습니다. 인간의 죄성 때문입니다. 그래서 인간은 규범이 필요합니다. 인간의 기질은 규범화하지 않으면 자멸의 길로 치닫게 되어 있어 영적 생활에서의 규범을 정하셨습니다.

주일예배를 보세요.

1년에 53번 일주일 간격으로 예배를 드립니다. 이렇게 제도화해 놓은 것이 얼마나 우리에게 축복이 되는가요? 그러지 않고 53번의 예배를 1월 1일 시작하여 2월 21일까지 연속으로 드려 1년 53번의 주일예배를 지키고, 나머지 시간은 자율에 맡겨 알아서 신앙생활하라고 한다면 신앙이 유지될까요? 거의 불가능할 것입니다. 우리 인간의 죄성 때문에 그렇습니다.

교회사적으로 보더라도 신앙을 인간의 자율에 맡겼을 때 신앙이 성공한 적이 없었습니다. 신앙에 있어 자율에 맡겼던 프로그램과 실험은 거의 다 실패했습니다. 옛날 기독교 정신에 기초해 세운 학교가 미국이나 우리나라에서 완전히 실패하지 않았습니까? 이런 사례에서도 알 수 있듯이 하나님은 절기를 규정하여 반드시 지키도록 명령하셨습니다. 이는 실로 인간의 죄성을 꿰뚫어 보신 하나님의 사랑의 발로입니다.

* 언약서 낭독과 백성들의 반응(24)

하나님이 모세와 아론, 나답과 아비후 그리고 70 장로를 부르십니다. 앞서 모세를 구별하여 언약서(20-23)를 백성 앞에 낭독하게 하자 이스라엘 백성은 자발적으로 그 언약에 충실할 것을 맹세합니다. 그러자 모세는 제물을 잡아 그 피의 반은 단에, 반은 백성에게 뿌려 언약의 체결을 공포합니다. 이 피를 '언약의 피'라고 합니다. 그렇지 않으면 동물이 피를 흘린 것처럼 우리의 피를 내놓을 수밖에 없습니다. 이 피는 우리가 예수의 피(눅 22장)로 말미암아 하나님의 언약의 백성이 된 것과 같습니다.

이런 의식이 끝난 후 모세를 비롯한 70 장로인 이스라엘 대표자들은 산 위의, 하나님의 처소로 부르심을 받아 하나님을 만나게 됩니다. 그들이 지금 하나님을 만나 뵙고 있는 것입니다. 그뿐만 아니라 하나님과 함께 산상 식사를 하고 있습니다. 왜 그렇습니까? 피 없이 감히 하나님 앞에 설 자가 누구겠습니까?

그들은 이미 언약의 피를 갖고 나갔기 때문입니다. 그리고 하나님과의 산상 식사는 하나님과의 깊은 교제의 관계를 의미하며 언약 성취를 축하하는 피로연입니다. 모든 원수 관계가 해결된 평화의 관계임을 보여 주는 것입니다. 야곱이 라반을 피해 도망할 때 화해의 표시로 증거의 무더기를 쌓고 식사를 같이했는데 이는 화해의 상징이었습니다.

모세는 한 걸음 더 나가 하나님과 깊은 교제를 갖고 십계명이 새겨진 돌판을 하나님으로부터 받습니다. 그는 40일간 하나님과 깊은 교제를 가졌습니다. 그 내용은 알 수 없지만, 하나님의 영적인 비밀을 체험했을 것입니다. 하나님이 십계명이란 말씀을 주신 지향점은 하나님처럼 되는 것입니다.

그것을 날마다 확인하는 곳이 어디인가요?

2) 성막 설계도(출 25-31)

출애굽기 25장부터 마지막 40장까지는 성막에 대한 교훈입니다. 성막 건축은 두 번 나오는데 첫 번째는 25-31장이고 다음은 35-40장입니다. 전자는 '이렇게 만들어라'라는 하나님의 설계도이고, 후자인 35-40장은 '그대로 실천한 내용'입니다. 그리고 이 둘 사이에 32, 33, 34장은 이스라엘 백성의 죄를 범한 내용이 삽입되어 있습니다. 이런 구조는 샌드위치 구조로 샌드위치 된 중간의 실패한 역사를 강조하고 있습니다. 인간은 실패할 수밖에 없는 존재요, 스스로를 구제할 능력이 없음을 깨닫게 합니다. 그리고 오직 구원은 하나님께 달려 있음을 말해 줍니다.

하나님은 이스라엘 백성에게 언약법인 말씀을 주시고, 그다음에 주신 것이 성막입니다. 그러면 왜 여기에 성막이 등장하는 것일까요? 이것은 성막이 언약과 밀접한 어떤 관계가 있기 때문입니다. 성막을 '증거막'이라 하는데 무엇이 증거가 되느냐 하면, 하나님이 우리와 함께한 삶의 내용이 증거가 되는 곳입니다. 하나님은 자신을 이 땅에 나타내시기를 원하십니다. 그러나 더러운 땅에 거룩하신 자신을 나타낼 수가 없는 것입니다. 시내산에 강림하실 때도 천지가 진동했습니다. 그런데 어떻게 그분이 이 땅에 거하실 수 있습니까?

하나님이 거하실 수 있는 곳이 성막인데, 그러기에 성막은 속죄와 밀접한 관계가 있습니다. 속죄의 피 때문에, 우리의 죄가 가리 우고 우리와 함께 거하시는 것입니다. 그렇게 하나님은 자신을 이 땅에 드러내십니다. 그리고 만물의 주가 됨을 선포하십니다. 그러므로 성막은 언약의 삶을 가장 선명하게 드러내는 언약의 클라이맥스라고 할 수 있습니다.

이런 영적인 눈이 열리면 자연스럽게 성막을 제작하는 하나하나의 기구에 관심을 기울일 수밖에 없습니다. 그게 성막 생활 즉 교회 생활을 잘할 수 있는 비결이기 때문입니다. 이것을 놓치면 성막 제작은 레위기의 제사법과 함께 가장 재미없는 이야기로 치부하게 됩니다. 이 비밀을 깨우치지 못하면 대부분은 여기부터 성경을 읽기를 포기하고 맙니다.

* 성막의 제작(증거궤, 속죄소, 떡상, 등대 : 25-31)

성막의 제작 과정을 살펴보기 전에 먼저 전체 구조에 나타난 하나님의 의도를 파악하는 게 중요합니다. 먼저 출애굽기 25-31까지는 "성막은 이렇게 지으라"라는 하나님의 설계도가 나옵니다. 그런 후 35-40까지는 "성막을 하나님이 제시한 식양 대로 지었다"라는 이스라엘 백성의 실천이 나옵니다. 하나님이 성막을 지을 때 절대적으로 강조한 것은 "무릇 내가 네게 보이는 모양대로 장막을 짓고 가구들도 그 모양을 따라 지을지니라 무릇 내가 네게 보이는 대로 장막의 식양과 그 기구의 식양을 따라 지을지니라"(출 25:9) 이 구절이 성막이 지어져 가고 있는 과정마다 계속 반복됩니다.

성막 건축의 가장 중요 요소는 먼저 설계도를 살펴보는 것입니다. 설계도를 볼 줄 알아야 합니다. 이는 하나님의 뜻이 무엇인가를 먼저 알아야 한다는 의미입니다. 그래서 우리는 성경 말씀을 열심히 묵상해야 합니다. 그럴 때 나의 뜻이 부인되고 하나님의 뜻이 이루어져 하나님이 거하시는 성막이 완성됩니다.

그러므로 신앙생활이란 하나님의 뜻이 무엇인가를 먼저 살피고 그 뜻에 순종하는 게 기본자세입니다. 이런 마음을 품고 성막의 설계도를 살펴봅시다.

성막의 설계도의 특징은 가장 깊은 내부로부터 외부로 향해 설계도가 그려져 있습니다. 즉 성막의 가장 안쪽에 있는 지성소로부터 시작하여 번제단, 성막, 뜰로 나아갑니다. 그러나 성막의 실천도에서는 거꾸로 외부에서 내부인 지성소를 향해 지어져 갑니다. 이것은 말씀과 실천이 하나가 되어야 함을 교훈하고 있습니다. 그러면 성막 기구는 어떻게 지어지는가를 살펴봅시다.

* 증거궤(25:10-22)

증거궤는 성막의 가장 핵심 부분인 지성소에 있습니다. 그만큼 중요하다는 것이지요. 증거궤는 조각목으로 짓고, 겉에 정금을 입혀서, 항상 움직일 수 있도록 바퀴를 달아 놓았습니다. 이 증거궤는 그 뚜껑인 속죄소와 이것을 양쪽에서 덮고 있는 두 그룹으로 구성되어 있는데 이것이 하나입니다. 재료는 별 쓸모없는 아카시아나무인데, 이것에 금을 입혀 영광스럽게 만듭니다. 이는 마치 쓸모없는 죄인을 예수 그리스도로 옷 입혀 영광스럽게 만들어 주는 것과 같습니다.

증거궤에는 항상 십계명인 말씀을 두는데, 우리를 영광스럽게 하는 것은 말씀이라는 것을 가리킵니다. 속죄소의 은혜를 통해 하나님의 자녀 된 자가 말씀을 통해 영광스럽게 되어 하나님과 함께 거함이 증거가 되는 곳이 증거궤입니다. 증거궤는 또한 고정된 것이 아니라, 항상 움직이게 만들어졌습니다. 이는 하나님이 고정된 분이 아니라 항상 이스라엘과 함께하는 분이심을 보여 줍니다.

* 떡상(25:23-30)

떡상도 조각목으로 만들었고, 정금을 입혀 싸서 들고 다닐 수 있도록 만들었습니다. '진설병'은 영어로 show bread라 하는데 이것이 본래의 의미를 더 잘 설명해 줍니다. 이 떡은 하나님 앞에 보이도록 이스라엘 12지파를 따라 12개를 6개씩 배열해 놓은 것입니다. 이는 하나님이 하나님의 백성인 이스라엘을 위해 준비하신 영혼의 식탁입니다. 하나님의 백성들의 관심은 하나님 앞에 어떤 존재인지 늘 살피는 게 중요하고, 그것을 늘 확인받아야 하는 것입니다.

* 등대(25:31-40)

등대는 정금으로 만드는데 7개의 대와 그 위에 7개의 살구나무 등잔이 있어 아침, 저녁으로 불을 비추어야 합니다. 이는 위에서 기름이 부어지면 꺼져 가는 등불이 빛을 발하게 되는 것을 나타냅니다. 개인이나 교회도 성령의 역사 하심을 통해 이 빛을 비추는 역할을 잘 감당해야 합니다.

* 성막 제작(26-30)

성막(여기 성막은 성막을 안과 밖을 치는 휘장을 말합니다)은 안과 밖이 구별된다는 점입니다. 1절을 보면 "맨 안쪽의 덮개"를 서술하고 있습니다.

"너는 성막을 만들되 가늘게 꼰 베실과 청색 자색 홍색 실로
그룹을 정교하게 수 놓은 열 폭의 휘장을 만들지니"
(출 26:1)

가늘게 꼰 베실이라고 하는 것은 아주 부드럽고 귀한 천입니다. 하나님의 장막 안쪽은 아주 아름답고 화려한 모습입니다. 그 위에 있는 장막은 보통 염소 털로 짠 천입니다.

"그 성막을 덮는 막 곧 휘장을 염소 털로 만들되 열한 폭을 만들지며"
(26:7)

그다음 안쪽인 중간은 조금 덜 아름답습니다. 맨 바깥쪽의 덮개는 수양과 해달의 가죽으로 된 아주 견고한 것이었습니다.

"붉은 물 들인 숫양의 가죽으로 막의 덮개를 만들고
해달의 가죽으로 그 윗덮개를 만들지니라"
(출 26:14)

성막의 휘장은 맨 안쪽은 가장 아름다운 것으로, 밖에는 견고한 것으로 배치했는데, 이는 하나님의 아름다움을 체험하려면 반드시 성막 문을 열고 안으로 들어와야 한다는 의미입니다. 오늘 우리도 하나님의 은혜를 체험하려면 하나님의 성소 안으로 깊이 들어가야 합니다. 구경꾼으로 머물러서는 아무것도 볼 수 없습니다.

* 가이드의 단상 10
  하나님의 어전회의

옛날에 어전회의가 있었습니다. 왕이 주관하여 회의를 여는데 왕 가까이는 정일품, 정이품 등 고관들이, 먼 거리에는 낮은 관리들이 참석했습니다. 그런데 문제는 왕이 뭐라 하는지 가까이 있는 자는 바르게 듣고 착오 없이 실행할 수 있으나, 멀리 있는 자들은 들리지 않아 짐작할 수밖에 없다는 것입니다. 신앙도 매일 하나님의 어전회의에 깊이 가까이 들어가야 합니다. 멀리 있으면 들리지 않습니다. 말이 들리지 않으면 대충 이럴 것이라고 짐작하고 행동합니다. 그러면 하나님을 기쁘시게 할 수 없습니다.

욥은 하나님의 어전회의에 깊이 들어가 있었기 때문에, 하나님의 말씀을 또렷이 들을 수 있었습니다. 그러기에 욥은 상상할 수 없는 사단의 공격을 이겨 낼 수 있었습니다. 하나님의 어전회의에 가장 가까이 참여하는 자가 복 있는 자입니다.

* 두 개의 휘장(26:31-37)

첫째 휘장은 지성소와 성소 사이에 있는 것으로서 출애굽기 26장 31절을 보면 그룹이 있는 휘장입니다.

"너는 청색 자색 홍색실과 가늘게 꼰 베 실로 짜서 휘장을 만들고
그 위에 그룹들을 정교하게 수 놓아서"
(출 26:31)

이 휘장은 제사장의 한계를 지정하는 휘장이지만, 동시에 아름답게 묘사하여 지성소에 대한 기대감과 호기심을 불러일으킵니다. 그럼에도 한계를 정한 것은 은혜는 오직 하나님에게서 나오는 것임을 표현한 것입니다. 이 휘장은 예수 그리스도가 십자가에서 죽었을 때 위로부터 아래로 갈라졌습니다. 이제 예수로 말미암아 하나님 앞에 가는데 모든 장애물이 다 사라졌습니다. 은혜의 보좌 앞에 담대히 나갈 수 있습니다.

둘째 휘장은 아름다우나 그룹이 없습니다.

"청색 자색 홍색 실과 가늘게 꼰 베실로 수놓아 짜서
성막 문을 위하여 휘장을 만들고"
(출 26:36)

이 휘장은 사람들의 관심을 불러일으켜 성막으로 초대하는 것입니다. 겉은 매력이 없으나 들어와 보면 아주 매력이 있는 모습으로 기다리는 이 성막을 통해 믿음으로 초청하는 것입니다. 하나님의 백성도 이처럼 속이 매력적인 존재가 되어야 합니다.

* 번제단(27:1-8)

번제단은 조각목으로 만들고, 그 위에 놋을 입힙니다. 그런데 네 모서리에 뿔을 달아 뿔 달린 번제단을 만들어야 합니다. 뿔은 힘과 권위의 상징으로 죄를 사하는 하나님의 권위와 용서의 힘을 보여 줍니다. 구약에서 죄인이 뿔을 잡고 있으면 어떤 죄를 범하였어도 죽일 수가 없었고 안전하였습니다.

* 성막 뜰(27:9-19)

성막 뜰은 맨땅 위에 흰 세마포천을 쳐서 구별시켜 놓은 것입니다.

"너는 성막의 뜰을 만들지니 남쪽을 향하여 뜰 남쪽에 너비가 백 규빗의 세마포 휘장을 쳐서 그 한 쪽을 당하게 할지니"

(출 27:9)

세마포 휘장은 흰 천을 말합니다. 성막 뜰에서 모든 예배와 제사 그리고 기도가 이루어집니다. 심지어 이방인의 뜰에는 이방인도 와서 기도할 수 있습니다. 이곳에서 신앙공동체의 삶이 이루어지는 곳입니다. 지성소나 성소는 그들에게 비밀의 화원과 같습니다. 그러면 왜 이곳을 구별했는가요? 하나님의 거룩한 성품을 배우도록 하기 위함입니다. 하나님이 요구하는 것은 하나님의 거룩한 성품을 배우는 데 있습니다. 레위기 전체가 바로 이런 목적으로 기록되어 있습니다. 그리고 이곳은 공동체를 통해서 신앙의 기본을 쌓아 가는 곳입니다.

* 제사장의 옷(28:1-43)

성막을 건축한 하나님은 성막에서 섬기는 제사장을 위한 제도를 만드십니다. 하나님은 제사장의 옷을 화려하게 만드셨습니다.

"네 형 아론을 위하여 거룩한 옷을 지어 영화롭고 아름답게 할지니"

(28:2)

"그들이 쓸 것은 금실과 청색 자색 홍색실과 가늘게 꼰 베실이니라"
(28:5)

제사장의 옷은 흉배, 에봇, 겉옷, 반포 속옷, 관, 띠가 포함되나 아주 화려하게 만들었습니다.

왜 화려하게 만들었을까요?

제사장 직분이 너무나 중요하고 영광스러운 직분인 것을 기억하도록 하기 위함입니다. 하나님과 인간 사이를 잇는 직분의 영광스러움뿐만 아니라, 사람은 변해도 이 직분은 영원한 것임을 인식시키고, 이스라엘 백성이 어떤 위기 시에도 이길 밖에 없다는 것을 상기시키기 위함입니다.

* 판결 흉패

제사장이 이스라엘을 지도할 때 에봇에 4줄씩 12개의 보석을 갖추고 주머니를 만들어 우림과 둠밈을 넣어 하나님의 뜻을 묻는 것으로 사용합니다. 우림은 "빛", 둠밈은 "완전"이란 뜻입니다.

첫째 줄 : 홍보석, 황옥, 녹주옥
둘째 줄 : 석류석, 남보석, 홍마노
셋째 줄 : 호박, 백마노, 자수정
넷째 줄 : 녹보석, 호마노, 벽옥

보석은 다양하여 하나도 버릴 수 없고 하나님 앞에 빛난 보석으로 서 있어야 합니다. 이것이 하나님의 뜻입니다.

* 제사장의 실존 위기

아무리 화려한 제사장의 옷이라 하여도 그 자체로는 아무 의미가 없습니다. 그 옷을 입고 있는 제사장이 하나님 앞에 서 있는 자세가 중요합니다. 즉 신전의식이 있어야 한다는 것입니다. 이 신전의식을 일깨우기 위하여 몇 가지 옷의 규칙이 만들어졌습니다.

첫째는 에봇에 석류와 금방울을 달아 제사장이 분향하고 있을 때, 소리가 나므로 그의 살아 있음을 알았고 그렇지 않으면 죽은 것으로 간주합니다. 방울은 신앙을 깨우는 수단입니다. 오늘날도 하나님의 종들은 이 방울을 울려 잠자는 심령을 깨워야 합니다.

둘째는 이마에 띠를 두릅니다. 그 띠에는 "여호와께 성결"이라 쓰여 있는데, 이는 하나님 앞에 항상 깨어 있는 모습으로 서 있어야 함을 가리킵니다. 스가랴 선지자는 여호와께서 임하실 때 말방울에까지도 "여호와께 성결"이라 쓰일 것을 예언했습니다.

셋째는 속옷으로 고의를 입어야 합니다. 이 옷은 제사장들만 입는 옷으로 하체를 가리는 데 사용됩니다. 하나님 앞에서 벗어나면 맨 먼저 하체의 타락(성적인 타락)이 나타납니다. 하나님의 사람은 이것을 극복해야 합니다.

* 제사장의 직분의 위임식(29)

제사장은 하나님이 선택합니다. 사람이 선택하는 게 아닙니다. 1절 말씀처럼 하나님이 미리 정하시는 것입니다. 이것은 어떤 의미가 있는 것일까요? 이는 신앙의 본질에 관한 것으로 신앙이란 하나님이 은혜에 대한 믿음의 반응이지, 우리 사람 속에 있는 종교적 상상의 산물이 아니라는 것입니다.

그리고 하나님이 제사장의 위임식을 정하시고 물로 씻기며 화려한 옷을 입히시고 기름을 부으시는 것은 제사장의 인간적인 연약함을 기억하게 하시는 것입니다. 인간의 약한 부분을 하나님이 감당하셔서 하나님의 일을 온전케 섬기도록 하기 위함입니다. 제사장 자신이 연약해지면 제사장 사역을 감당키가 어렵습니다. 하나님은 제사장을 이처럼 자기의 보호 아래 세우셨습니다.

＊ 향단(30)

향단은 휘장 앞에 있어 아침저녁으로 등불을 켤 때 두 번 향을 드려야 합니다. 이 향은 하나님이 지정한 향이어야 합니다. 이는 인간 중심의 기도가 아니라, 하나님 중심의 기도를 해야 함을 의미합니다. 그리고 이 향단에 사용하는 불은 제단의 불이어야지 그렇지 않으면 안 됩니다. 다른 불을 드리면 안 됩니다. 나답과 아비후가 다른 불을 드렸다가 죽임을 당했습니다.

먼저 이 향단은 제단과는 엄격히 구별되는 거룩한 곳입니다. 제단은 예수 그리스도의 심판이 있다면, 이 향단은 요한 계시록 5장 8절에서 "이 향은 성도들의 기도"라 하였듯이 구원받은 성도들의 헌신, 봉사, 기도를 말합니다. 봉사하지 않으면 죽임을 당한다는 태도로 하는 것이 아니라, 하나님의 은혜에 감격하여 봉사하는 것을 말합니다. 또 아침저녁으로 향을 사른다는 것은, 하나님 앞에 우리의 기도가 향기로운 삶으로 드려져야 함을 나타냅니다.

* 물두멍

물두멍은 놋을 부어 만든 것으로 큰 대야라고 생각하면 쉽게 이해할 수 있습니다. 대야처럼 물을 담아 놓아 제사장이 반드시 손과 발을 닦아야 합니다. 그렇지 않으면 성소에 들어갈 수 없습니다. 하나님은 우리의 매일의 삶에 성결을 요구하신다는 것입니다. 또 하나의 특징은 다른 모든 성구는 크기가 지정되었는데 물두멍은 크기가 제한되어 있지 않습니다. 즉 무한히 커도 된다는 뜻입니다. 이는 우리 죄는 아무리 커도 용서받을 수 있다는 뜻입니다. 용서받을 수 없는 죄는 없다는 것입니다. 그리고 물두멍은 여인들의 거울로 만들었습니다.

"그가 놋으로 물두멍을 만들고 그 받침도 놋으로 하였으니
곧 회막문에서 수종 드는 여인들의 거울로 만들었더라"
(38:8)

그러므로 물두멍을 보면 자신의 모습이 전부 볼 수 있었습니다. 성전은 자신의 모습을 가장 정확히 볼 수 있는 곳입니다.

* 관유의 제작

관유는 '붓는 기름'이란 뜻입니다. 모든 물건을 구별할 때 기름을 부어서 '이것은 누구누구의 것입니다'라고 구별합니다. 그래서 기름이 필요합니다. 하나님도 하나님의 것을 구별할 때 기름을 만들어 붓도록 하셨습니다. 이 장은 이 기름을 제작하는 방법을 공개합니다. 이것은 기름에

신비스러운 뜻이 있는 것이 아니고, 하나님이 부으시어 구별한다는 데 의미가 있음을 말해 줍니다. 관유는 주성분인 감람나무 기름에 몰약과 육계와 창포와 계피란 향품을 섞어 만듭니다. 향은 하나님이 우리의 기도와 헌신을 받았다는 확신을 주는 가시적 표현입니다. 이것은 세상 사람들이 피우는 향과는 전혀 다릅니다.

* 성막 기술자(31)

성막 기술자로 유다 지파 브살렐을 선택하고 단 지파 오홀리압을 세워 성막을 완성토록 하였습니다. 하나님은 이들에게 하나님의 영의 충만함을 부어 주어 성막의 내외부를 완전하고 아름답게 만들도록 하셨습니다. 이들의 역할은 은사를 발휘하여 주어진 재료를 다듬어 완벽하고 예술성 있게 조화시키는 일을 감당하는 것입니다.

오늘날도 이런 성막 기술자가 필요합니다. 똑같은 기술자라도 하나님의 은사가 충만하면 화려하게 세워지나 그렇지 않으면 조잡하게 됩니다. 오늘날 하나님의 종은 모든 재료를 아름답게 조화시켜 하나로 만들 수 있는 성령의 충만함을 덧입어야 합니다. 교회의 많은 문제점에도 불구하고 하나 됨으로 이끌어 올릴 수 있는 그런 성도들이 되어야 합니다.

* 안식일이 언약의 징표

성막의 마지막 부분에는 하나님이 안식일을 강조하십니다. 안식일 강조는 출애굽기에도 4번이나 나옵니다. 특히 성막에 있어 이 안식일의 강조는 성막에 몰두하다가 성막의 주인 되시고, 성막보다 크신 하나님을 잃어버릴 위험성이 크기 때문에 강조하신 것입니다. 하나님은 안식일을 언약의 징표 즉 이것이 없으면 '하나님의 언약 백성이 아니다'라는 표로 주신 것입니다.

그러면 왜 안식일을 그렇게 강조하시는 걸까요?

안식일은 인간의 모든 죄악의 본성인 욕심을 통제하고, 하나님만이 우리의 주인 되시고 의뢰자인 것을 훈련하기 위한 제도입니다. 죄악 된 본성은 쉬는 것을 마치 손해 보는 것으로 생각하여 하루를 하나님께 드리는 것을 굉장히 힘들어합니다. 그러나 언약 백성은 이것을 과감히 실행하여 주님께 속한 것을 드러내야 하는 존재입니다. 성막 건축은 외형도 중요하나 본질적인 것은 하나님이 주인으로 거하셔서 그 축복의 절정인 안식을 누리는 것이 최상의 목적 실현임을 보여 줍니다.

3) 언약의 파기와 갱신(32-34)

3장에 걸친 이스라엘 백성의 불순종 이야기는 성막 설계도(25-31)와 성막 건축(35-40) 이야기 사이에 샌드위치구조로 기록되어 있습니다. 왜 성막의 이야기를 하다가 이스라엘의 불순종 이야기를 갑자기 하는 걸까요? 성막이 완성되어 그곳에 거해도 이스라엘은 죄를 범할 수밖에 없는 연약한 존재라는 사실을 명확히 인식시키기 위해서입니다. 그들을 통해 죄가 무엇이고 어떻게 죄인이 은혜를 회복할 수 있는가를 보여 주기 위함입니다.

* 언약의 파기(32)

모세가 하나님의 언약의 말씀을 받으러 시내산에 올라갔습니다. 그런데 모세가 40일이 되어도 돌아오지 않았습니다. 그때 이스라엘 백성이 모세를 더는 기다리지 못하고, 아론을 시켜 금송아지 형상을 만들게 했습니다. 그리고 그것을 보고 '애굽에서 우리를 인도하신 신'이라며 예배했습니다.

이스라엘 백성의 문제가 무엇인가요?

그들이 하나님을 섬기지 않는 자들인가요? 아닙니다. 그들은 지금도 열심히 하나님을 섬긴다고 생각하고 있는 자들입니다. 그렇다면 그들을 향한 하나님의 진노와 모세의 분노 그리고 중보기도는 무슨 의미가 있는가요? 그들이 금송아지를 섬겼다는 것은 하나님보다는 하나님이 주신 선물을 섬겼다는 것을 의미합니다. 이스라엘 백성은 하나님 자체보다는 하나님 주신 선물에 관심이 있다는 것이지요.

이런 점에서 우리의 믿음이 무엇인가를 늘 질문을 던져 보아야 합니다. 우리가 믿는 게 '하나님 자체냐 아니면 하나님의 주신 선물이냐'에 대하여 날카로운 질문을 던지고 정확한 답을 해 나가야 합니다. 이 점에서 실패하면 신앙인이 하나님의 형상을 닮아 가는 게 아니고 괴물로 변해 갑니다.

모세는 바로 이런 이스라엘의 태도를 보면서 거룩한 분노를 참지 못합니다. 하나님이 친히 써서 새겨 준 증거궤 돌판을 던져 깨뜨려 버리고 이스라엘 백성에 대한 전쟁을 선포합니다.

"누가 하나님의 편에 서서 저 죄인을 죽이겠는가?"

그때 레위 지파가 심판의 대행자의 역할을 감당하여 하루에 3,000명을 죽여 버립니다. 이 결과 레위 지파는 축복 지파로 쓰임받게 됩니다.

* 단장품을 제거하는 이스라엘(33)

하나님의 진노로 이스라엘이 도움을 구하자 모세는 그들을 위해 중보기도를 합니다. 모세의 중보기도를 들으신 하나님은 이스라엘 백성에게 그들을 약속한 대로 가나안 땅에는 인도하겠다고 하십니다. 그러나 그들과는 더는 함께하지 않겠다고 하십니다.

이것은 무슨 이야기인가요?

하나님은 이스라엘 백성의 원대로 소원을 들어주겠다는 것입니다. 그러나 하나님은 그들과 함께하지는 않으시겠다는 것입니다. 이것은 이스라엘의 본마음을 끄집어내 밝은 햇빛 아래 들추어내려는 하나님의 의도입니다. 그들이 원하는 선물은 달라니까 허락하겠지만, 하나님은 그들과는 "함께하지 않겠다"라는 뜻입니다. 이스라엘 백성은 아직도 선물에 관심이 있지, 선물을 주시는 하나님께는 관심이 없기 때문입니다.

하나님이 함께하지 않겠다는 말씀에 충격을 받은 이스라엘 백성은 결심했습니다. 그들은 몸에 두르고 있던 악세서리 즉 단장품을 다 제거해 버립니다. 이 단장품은 그들의 것이 아니라 애굽에서 나올 때 전리품으로 얻은 것입니다. 그러나 이것은 언제든지 우상으로 바뀔 수 있는 것들입니다. 그러므로 하나님께서 이런 것들을 제일 싫어하십니다. 우리에게도 상황이 변하면 하나님을 버리고 우리에게 둘러친 단장품을 의지하는 것이 일반적인 사람의 모습이 아닌가요?

이스라엘 백성은 호렙산에서 단장품을 제거했습니다. 이후에는 다시 은혜가 회복되어 하나님은 이스라엘 백성과 친히 함께하겠다고 약속했습니다. 하나님과 함께하는 것이 신앙의 핵심입니다. 아무리 금송아지를 쌓아도 하나님이 함께하지 않으면 인생 꽝이란 사실을 명심해야 합니다. 하나님이 내 영혼의 지성소에 좌정하셔서, 나를 온전히 다스리실 때가 최고의 축복과 안식을 누리는 때입니다. 이것을 누리도록 성막을 지으라고 하신 것입니다.

* 언약의 갱신(34)

모세는 시내산에 올라가 하나님과 다시 언약을 갱신합니다. 하나님의 명령은 처음 언약과는 달리 이번에는 모세가 스스로 돌판을 만들어 오라는 것입니다. 이것은 하나님께서 이스라엘 백성에게 실천 즉 행동을 요구하시는 것입니다. 언약의 실패는 실천이 없는 데서 늘 반복되었습니다. 그러므로 언약 갱신은 늘 실천을 요구합니다. 깨어진 돌판은 인간의 마음이 율법의 돌판보다도 더 완고하다는 것을 가르칩니다. 하나님은 언약 갱신 시 특별히 이중 언약을 금지하셨습니다.

모세가 하나님과 40일 동안 교제하고, 산에서 내려오는 모습을 보면 얼굴에 광채가 나고 있었습니다. 이스라엘 백성은 두려워서 그에게 접근하지 못했으나 모세가 수건을 쓰면 접근했습니다. 그러나 모세가 하나님 앞에 나갈 때는 수건을 벗었습니다. 하나님 앞에는 아무것도 가릴 것이 없었기 때문입니다.

그러면 여기서 모세와 이스라엘 백성 중 누가 수건을 쓰고 있는 것일까요? 그것은 바로 이스라엘 백성입니다. 그들은 죄의 찌꺼기가 묻어 있는 얼굴을 수건으로 가리고 있는 것입니다. 사도 바울은 고린도 교인을 가리켜 수건에 가리어진 자들이라 했습니다. 이 수건을 벗어야 하나님이 보입니다. 하나님의 영광으로 빛납니다.

4) 성막 실천도(35-40)

* 성막 건축을 위한 사람과 재료 준비(35-36)

이스라엘의 배신으로 하나님은 성막 짓는 것을 포기하려 하셨습니다. 성막 짓는 것이 하나님의 뜻이라 포기될 수는 없으나, 이스라엘 백성을 통해서 짓는 것을 포기하시고 새롭게 시작하려 하셨던 것이 하나님의 생각이었습니다. 그러나 하나님은 이스라엘에 작은, 가능성을 보셨는데 그것이 모세의 기도였습니다. 모세의 기도를 듣고 하나님은 자기 생각을 바꾸셨습니다.

그래서 하나님은 다시 이스라엘을 통해 성막을 짓기 시작하셔서 이스라엘 백성에게 필요한 모든 물질을 바치도록 하셨습니다. 이에 이스라엘 백성은 순종하여 물질을 드렸고, 그 물질이 너무 넘쳐서 그만 가져오도록 하기까지 하였습니다. 지도자 한 사람이 깨어 있는 것이 얼마나 중요한가를 알 수 있습니다.

그러면 하나님은 왜 이토록 물질을 바쳐 성막을 짓도록 하시는 것일까요? 이스라엘 백성이 자신을 드리고 자발적으로 섬기지 않으면 하나님이 왕으로 오실 필요가 없습니다. 그러므로 그들이 하나님을 왕으로 영접한다면 백성인 그들은 응당 물질을 드려야 합니다. 그리고 하나님은 무조건 바치라 하는 것이 아니라 필요한 용도를 분명히 밝힙니다.

"너희의 소유 중에서 너희는 여호와께 드릴 것을 택하되
마음에 원하는 자는 누구든지 그것을 가져다가
여호와께 드릴지니 곧 금과 은과 놋과 청색 자색 홍색 실과
가는 베 실과 염소 털과

붉은 물 들인 숫양의 가죽과 해달의 가죽과 조각목과 (…)"
(출 35:5-7)

성막을 짓는다는 것이, 오늘날 어떤 의미가 있을까요?

보이는 건축물도 물론 중요합니다. 그러나 보이는 건축물보다는 영적인 성전을 짓는 게 본질적으로 더 중요합니다. 성막의 지향점은 우리 개인 위에 공동체 위에, 영적인 하나님의 전을 세우는 것에 있습니다. 우리 개인은 하나님의 형상을 닮아 하나님 버금가는 자리에 올라가고, 하나님의 영광이 임재하는 공동체를 진리로 지어야 함을 새롭게 깨달아야 합니다. 여러 사람이 하나님의 주신 은사로 오케스트라와 같은 하모니를 이루어 가야 합니다.

* 성막 제작(36-38)

출애굽기 36장에는 성막이 제작되는데 36장은 외부를 짓는 모습이고, 37, 38장은 내부에 들어갈 기구를 만드는 장면입니다. 그러나 37장은 그 재료가 금으로 된 것이고, 38장은 놋으로 된 것입니다. 36장은 성막을 덮는 휘장, 널판 그리고 휘장을 만듭니다. 37, 38장은 법궤와 속죄소, 진설병상, 등대, 향단을 만드는데 이는 금으로 된 것이요, 38장은 번제단, 물두멍, 성막의 뜰인데 이는 재료가 놋입니다.

성막의 구성 요소가 된 이 기구들은 무엇을 뜻하는 걸까요?

이것은 하나님의 말씀을 상징하는 것입니다. 하나님과 함께하는 것은 하나님의 말씀으로 항상 다스림을 받아야 함을 의미합니다. 오늘 성막 안의 기구들은 구원을 논리적으로 보여 줍니다. 이것을 구원의 서정이라 하는데 구원의 서정이란 구원이 이런 순서로 이루어진다는 것이 아니라, 우리의 구원의 풍성한 은혜를 논리적인 순서에 따라 정리해 보면 이렇다는 것입니다.

성막 안쪽인 지성소에는 '법궤'가 있는데 이는 세 부분으로 되어 있습니다. 법궤 안에는 돌비가 있고 그 위에는 속죄소 또는 시은좌가 있습니다. 대제사장이 피를 뿌릴 때 여기서 뿌립니다. 이 피를 보시고 하나님은 이스라엘의 죄를 용서하십니다. 그 위에는 두 그룹이 양쪽에서 가리고 있습니다.

그리고 성소 안에는 하나님께 바치는 '12개의 떡'과 '등대' 그리고 '향단'이 있습니다. 그리고 뜰에는 '번제단과 '물두멍'이 있습니다. 이것은 구원의 순서를 생각할 때 안에서 생각하는 것보다는, 밖에서 생각하는 것이 이해가 쉽습니다. 놋으로 만든 '번제단'과 '물두멍'을 거쳐 '떡상', '등대,' '향단'을 통해 '법궤'로 나가는 것이 구원의 서정과 일치합니다.

먼저 동쪽에 있는 성막 문을 열고 들어가면 성전 뜰에 '번제단'과 '물두멍'이 있는데, 이는 놋으로 만들어졌습니다. 놋은 하나님의 진노를 상징하므로 죄는 철저하게 심판받아야 합니다. 인간은 죄인입니다. 죄인인 인간이 하나님께 나가는 첫 번째 만남은 번제단입니다. 이곳에서 제물을 드린 후 더러워진 손을 물두멍에서 깨끗하게 씻습니다. 이렇게 하나님께 나아갑니다.

오늘날은 이런 과정 없이 십자가의 예수를 믿음으로 고백하면 모든 죄가 용서되는데, 놋에서 심판을 받는 것과 같은 과정을 예수께서 친히 감당하셨기 때문입니다. 우리의 죄를 대신하여 제물이 되어 피 흘리신 예수님의 은혜에 대한 감사를 항상 기억해야 합니다. 죄는 번제단에서 용서함을 받고 물로 깨끗이 씻어야 성소에 갈 수 있는데, 이는 물로써 깨끗하게 하는 의식이 얼마나 중요한가를 볼 수 있습니다. 세례의식처럼 공포해야 합니다.

그런 후 거기서 끝나는 것이 아니고 성소에 들어가 금으로 둘러싸인 하나님의 영광을 맛보아야 합니다. 거기엔 '12개의 떡상'이 있는데, 이는 홀로 존재하는 것이 아니라 이스라엘 공동체가 떡이 되어 하나님께 온전히 드리는 헌신의 삶을 살아야 함을 말합니다. '등대'는 빛을 비추는 삶을 의미하는데, 항상 하나님의 인도하는 바른길로 가는 삶을 가리킵니다. '향단'은 끊이지 않는 기도를 하나님께 드리는 삶을 말합니다.

특히 제사장이 기도하면 백성은 성소에서 기도하는데, 이 기도를 하나님이 흠향함은 모든 기도와 헌신이 하나님께 상달된다는 것입니다. 그래서 우리가 기도할 때 큰 역사가 일어나는 것입니다. 또 향단을 드릴 때 반드시 번제단의 불로 드려야 하는데, 이는 성령의 역사가 그리스도의 십자가를 통해 이루어지고 하나님의 영광이 드러나는 것과 같습니다. 어떤 분은 십자가가 없는 성령의 역사와 은사를 주장하는데 이는 지극히 위험합니다. 성령은 십자가를 통해서 이루어집니다.

마지막으로 가장 중요한 것은 '법궤'인데 이는 하나님의 보좌를 상징합니다, 이것은 하나님이 말씀으로 우주를 다스리는 것을 의미합니다. 이스라엘 공동체는 하나님 말씀의 지배를 받는 모임입니다. 그러기 때문에 하나님의 말씀을 거부하면 그들은 더는 하나님의 백성이 될 수 없습니다. 그래서 성막의 다양한 기구들은 우리의 구원이 단순히 죄 용서로 끝나는 것만 아니라, 죄 용서를 받고 난 후 한 공동체 안에서 어떻게 하나님의 말씀을 들으며, 어떻게 함께 성령의 능력으로 불타오르며, 어떻게 함께 하나님께 헌신의 생활을 해야 할 것인지를 가르쳐 줍니다.

* 제사장의 옷과 성막 제작의 결산(39)

"여호와께서 모세에게 명령하신 대로 이스라엘 자손이
모든 역사를 마치매 모세가 그 마친 모든 것을 본즉
여호와께서 명령하신 대로 되었으므로 모세가 그들에게 축복하였더라"
(출 39:42, 43)

하나님은 모세가 성막을 다 지었을 때 '아! 수고했구나, 이제 끝이구나'라고 가볍게 생각하지 못하도록 하셨습니다. 오히려 철저히 그 끝마침이 하나님의 지시대로 되었는가 점검하도록 하셨는데, 이는 앞으로 우리가 성전을 지을 때도 이렇게 할 것을, 앞서 예고하시는 것입니다. 성막은 완성되지 않았습니다. 지금도 지어져 가고 있습니다. 성막을 짓는 데는 재료와 설계가 중요합니다. 하나님의 계획대로 하나님의 주신 재료로 지어야만 합니다. 그렇지 않으면 순식간에 다 타 버리고 재가 되어 버릴 수도 있습니다.

* 모세의 순종과 하나님의 영광의 임재(40)

출애굽 마지막 장인 40장은 세 부분으로 되어 있습니다.

첫째인 1-33절까지는 하나님이 성막 안에 이런 것을 들여놓으라는 말씀에 따라 모세가 그대로 순종하는 모습이 나옵니다. "여호와께서 모세에게 명하신 대로 되니라"라는 말씀이 반복되어 나옵니다.

둘째는 완성된 성막에 하나님의 신이 충만히 임재하여 모세가 성막에 들어가지 못할 정도였습니다.

셋째는 민수기와 연결되는 부분으로 하나님께서 이스라엘 백성들과 동행하는 삶이 시작되었습니다.

출애굽기 40장의 클라이맥스는 하나님의 영광이 완공된 성막 위에 임재하는 모습입니다. 그러나 오히려 강조점은 거기에 있지 않습니다. 33절에 보면 모세가 하나님의 말씀에 순종한 것을, 길게 기록해 놓았습니다. 왜 이렇게 길게 기록해 놓았을까요? 하나님의 말씀에 순종하는 것이 하나님의 영광을 맛볼 수 있는 비결임을 가르쳐 주기 위해서입니다. 하나님의 영광은 어떤 신비적인 열심을 통해서 이루어지는 것이 아니고, '하나님이 이렇게 하라고 말씀하셨는데 그대로 하니까 이렇게 되었더라'라는 원리에 따라 이루어진다는 것입니다. 모세는 이것만 기록한 것도 아닙니다. 순종한 세부적인 내용을 기록하므로 하나님의 말씀은 절대적으로 순종해야 함을 강조합니다. 이 강한 메시지를 전하고자 하는 것이 하나님의 의도입니다.

출애굽을 마무리하면서 다시 한번 정리해 봅시다. 출애굽 사건은 애굽에서 탈출한 멋진 구원 사건이라고 했습니다. 그러나 구원은 구원으로만 끝나는 것이 아니라, 성막의 완성을 통한 하나님의 영광이 충만케 임하는 데 그 목적이 있다고 했습니다. 이제 예수 믿고 구원받았다고 만사형통이 아니라는 겁니다. 어린아이로 태어난 것은 참으로 축하할 일이요, 기뻐해야 할 일입니다. 그러나 거기서 머물러 있으면 안 됩니다. 자라나야 합니다. 어디까지 자라야 합니까? 하나님의 성품까지 자라나야 합니다. 그래야 하나님의 구원에 담긴 말할 수 없는 축복의 비밀이 나의 비밀이 되어, 이 땅에서도 천국을 맘껏 누리며 순례의 길을 갈 수 있습니다. 어떻게 그런 축복의 신앙생활이 가능할까요?

하나님이 주신 율법의 말씀과 성막으로 상징된 교회 생활을 통해 가능합니다.

레위기(27) : 거룩의 책

①번제 ②소제 ③화목제 ④속죄제 ⑤속건제 ⑥⑦부가설명	아론의 위임식	아론의 제사	다른 불 (나답 아비후)	정결한 음식	산모	문둥병	문둥병 정결 예식	유출병	대 속 죄 일	하체를 범치 말라	성결 규례		거룩한 절기	안식년과 희년	순종 (축복) 불순종 (저주)	서원
1~7	8	9	10	11	12	13	14	15	16, 17	18	19, 20	21,22	23	24, 25	26	27
제사 율법	제사장의 성별			백성의 정결예법(음식과 질병)					속죄	거룩한 백성		거룩한 제사장	거룩한 절기		의의 보상	서원
하나님께 나아가는 길										하나님과 동행하는 법						
속죄――――――――――속죄일										회복――――――――――희년						

레위기(27) : 거룩

1. 레위기 스케치

레위기를 공부하기 전에 미리 알고 있으면 도움 되는 것들이 있는데, 그것을 먼저 살펴보기로 하겠습니다.

1) 구약 진리의 내면성과 외면성

구약의 진리를 살펴보면 눈에 보이지 않는 유산인 내면성과 보이는 유산인 외면성이 있습니다. 전자는 모세의 윤리법, 선지자의 메시지, 다윗의 시편이고, 후자는 이스라엘의 종교 제도 특히 제사 제도 등 의식법을 말합니다. 그런데 이상하게도 보이지 않는 진리는 설교를 통해서 우리에게 익숙한 데 비하여, 보이는 진리는 오히려 우리에게 아주 낯설다는 것입니다. 그래서 성경을 읽다가도 의식법이 나오는 출애굽기 후반부부터 레위기까지는 가로로 묶어 읽기를 생략하고, 건너뛰어 민수기 10장부터 읽기 시작하곤 합니다. 이런 결과로 출애굽의 성막 제도라든지, 레위기의 제사 제도 같은 것은 거의 무시되는 경우가 꽤 있습니다.

이렇게 된 이유는 외면성을 강조하는 가톨릭보다는 내면적인 것을 설교를 통해 강조해 온 종교개혁의 전통에 기인하는 개신교에 더 심한 것 같습니다. 전통적으로 개신교는 외면성보다는 내면성을 강조해 설교합니다. 형식보다는 정신에 강조점을 둡니다. 그러니 자연스럽게 의식법을 외면하는 경향이 있습니다. 가톨릭은 내면성보다는 외면성을 강조하다 보니 의식이 화려합니다. 어떻게 보면 한쪽으로 너무 치우치는 기형적 현상이라 볼 수 있습니다.

왜 이런 현상이 발생할까요?

구약의 진리를 내면성과 외면성이란 이분법적으로 구분해 균형을 잃고 극단적으로 가기 때문입니다. 내면과 외면은 동전의 양면으로 외면은 내면의 드러남입니다. 구약의 내면과 외면이 모두 그리스도의 십자가를 통해 성취되었습니다. 구약의 내면성의 성취는 계시의 점진성을 통해 살펴볼 수 있고, 외면성의 성취는 형식 자체는 사라졌지만, 형식에 담긴 근본정신의 추출을 통해 살펴볼 수 있습니다.

이런 관점에서 성경을 본다면 성경을 치우치지 않고 하나님의 말씀을 볼 수 있습니다. 그리스도의 십자가를 통해 외면성이 성취되었다고, 제사의식을 이야기하고 있는 레위기가 죽은 문서가 아니란 말씀입니다. 형식은 사라졌을지라도 그 내용의 정신은 지금도 살아 있다는 것입니다.

이런 과정을 통해 얻는 또 하나의 유익은 선지자적 영성과 제사장적 영성의 대립 구도를 극복할 수 있다는 것입니다. 그동안 종교개혁 전통에서는 선지자적 영성이 지배적으로 인식되었습니다. 이스라엘의 종교 제도를 보면 제사장 제도는 이스라엘 수립과 함께 시작되었고, 선지자 제도와 왕 제도는 나중에 필요에 따라 생겼습니다. 선지자적인 영성은 비판적인 데 비해, 제사장적 영성은 이스라엘을 하나님과 근본 언약 관계의 회복과 발전에 이르게 합니다.

2) 모세오경과 레위기의 관계

레위기를 공부하기에 앞서 먼저 오해 한 가지를 제거하고 나가야 할 것 같습니다. 의외로 많은 사람이 레위기를 신앙생활에 별로 필요 없는 죽은 문서로 여기는 경향이 있습니다. 그러나 그렇지 않습니다. 먼저 레위기가 모세오경에서 차지하는 위치를 보세요. 레위기는 모세오경의 한가운데 중앙에 자리를 잡고 있습니다. 이것은 기능적으로 레위기의 역할이 모세오경의 핵심임을 말해 줍니다.

레위기는 한마디로 말하면 예배의 지침서라 할 수 있습니다. 레위기는 '어떻게 하면 하나님 앞에 나갈 수 있고, 어떻게 하면 그와 밀접한 교제를 이루어 동행할 수 있는가?'를 세세하게 지침을 가르쳐 주기 때문에 예배의 지침서라 할 수 있습니다. 따라서 예배의 회복이 신앙생활의 전부라며 예배 회복을 외치는 오늘날에 있어 레위기는 가장 중요한 책인 것입니다.

그리고 레위기는 독립적인 책이 아니라 오경의 한 책으로 읽어야 합니다. 이는 오경 신학인 언약 신학의 바탕에서 레위기를 읽어야 한다는 것을 의미합니다. 오경에는 이런 언약이 세 종류가 있는데, 창세기는 하나님 나라를 이루는 족장언약을 통하여, '하나님 나라의 씨'와 '하나님 나라의 땅'의 형성을 위한 준비 완료가 서술되었습니다. 출애굽기에서 민수기까지는 하나님 나라의 한 구성 요소인 '씨'(백성)가 형성되는 것을 말하는 시내산 언약이 언급되고 있습니다. 그리고 신명기에는 하나님 나라의 또 다른 구성 요소인 '땅'(영토)이 형성되는 것을 말하는 모압(세겜) 언약이 언급되고 있습니다.

그러므로 레위기는 출애굽기 19-24장에서 공적으로 수립된 하나님과 이스라엘 백성 사이의 시내산 언약을 유지하려는 목적을 가집니다. 시내산에서 공식적으로 하나님의 씨로 받아들여진 이스라엘이 어떻게 그 언약의 씨로 계속 머물러 있을 수 있는가를 가르쳐 줍니다. 그러므로 오늘날 하나님 나라 백성인 우리가 어떻게 계속 하나님과 언약 관계를 유지할 수 있는가를 레위기에서 배울 수 있습니다.

그러면 이스라엘이 어떻게 언약 백성으로 계속 머물러 있을 수 있습니까?

첫째는 제사입니다. 하나님과 이스라엘이 맺은 언약은 어기면 피를 흘려 죽을 수밖에 없는 생명의 언약입니다. 그러나 하나님은 이스라엘이 연약하여 언약을 깰 수밖에 없음을 아셨고, 그 회복방법을 미리 마련하셨는데 그것이 제사입니다. 그러므로 제사는 반드시 피를 흘려야 합니다. 언약을 깼기 때문입니다.

이것이 현재에는 어떻게 적용되어야 할까요? 구약 제사의 의미가 시내산 언약에 잘 나타나 있습니다.

첫째, 공동체의 부르심이 있습니다. (출 19:3-8)

둘째, 죄의 고백과 용서가 있습니다. (출 19:9-25)

셋째, 언약의 말씀의 선포가 있고, (출 20) 그에 대한 설명과 해설이 있습니다. (출 21-23)

넷째, 말씀은 결단을 요구하기에, 화목제와 번제를 드리면서 피를 뿌림이 있습니다. (출 24:3-8)

다섯째, 언약 갱신 후 하나님 앞에서 떡을 떼는 피로연이 있습니다. (출 24:9-11)

제사는 어디에 속하는가요?

두 가지 차원이 있습니다. 먼저는 둘째의 죄의 고백과 용서가 있어야 합니다. 다음은 넷째의 번제와 화목제를 통한 믿음의 결단이 있어야 합니다. 오늘날 우리도 예배자로서 죄의 고백과 용서가 있어야 하고, 주님을 따르는 결단이 있어야 합니다.

그런데 이 제사가 행해지는 곳은 어디입니까?

성막입니다. 출애굽기 25-31장에서 시작되어 35-40장에서 봉헌된 것이 성막, 회막, 증거막입니다. 성막은 하나님이 거하는 장소라면, 회막은 이스라엘 백성이 함께 하나님을 만나는 장소이고, 증거막은 하나님과 이스라엘의 연합된 삶을 드러내는 곳입니다.

이 중 증거막이란 용어가 성막의 의미를 가장 잘 이해할 수 있도록 도움을 주는 이름입니다. 이는 마치 결혼한 부부가 신방을 꾸미고 거기서 부부의 삶을 증거하듯이, 하나님과 결혼한 우리가 신앙의 삶을 증거하는 곳이 증거막입니다. 이 말은 증거막을 살펴보면 하나님과의 삶이 어떤지를 바로 알 수 있다는 것입니다. 하나님과 어떻게 삶을 잘 살아갈 수 있는가를 가르쳐 주는 것이 레위기입니다.

3) 레위기 구조

레위기는 전체적으로는 두 구분으로 나누어집니다. 전반부는 1-17장까지로 '하나님께 어떻게 나갈 수 있는가?' 즉 예배에 대한 규례를 서술하고 있습니다. 후반부는 18-27장까지인데 '하나님과 어떻게 동행할 수 있는가?' 즉 신앙인의 삶에 대한 규례를 서술하고 있습니다.

그 방법으로 전반부는 첫째 제사(1-7장), 둘째 제사장(8-10장), 셋째 정결법(11-15장)이 있습니다. 그리고 후반부는 첫째 거룩한 백성(18-20), 둘째 거룩한 제사장(21-22), 셋째 거룩한 절기(23-25)가 있습니다. 마지막은 부록으로, 레위기 26장은 축복과 저주를 언급합니다. 인간의 완악함을 경고하는 동시에 하나님 앞에 언약 백성으로서의 축복의 삶을 제시하고 있습니다. 27장은 십일조와 서원을 강조하고 있습니다.

이것은 또다시 레위기를 레위기의 클라이맥스인 16장의 대속죄일을 중심으로 나눌 수 있습니다. 앞부분인 11-15장까지는 하나님과의 수직관계를 회복하는 정결법을 4가지 측면, 즉 부정과 정한 짐승, 사람(질병), 환경, 성생활을 통해 가르쳐 주고 있습니다. 그리고 16장 다음 부분인 18-22장까지는 사람과의 수평적인 관계에서 성결을 가르쳐 주고 있습니다.

레위기 11-15장은 제사법(1-7), 성결법(17-26)과 함께 레위기의 중심 역할을 합니다. 레 11-15장은 애굽의 죄악에서 벗어난 이스라엘(출 1-18장)이 시내산에서 하나님의 백성으로 살겠다는 언약을 맺고(출 19-40장) 언약 백성으로 하나님을 예배하며(레 1-10장) 하나님을 따라 정결하게 사는(레 11-15) 거룩한 백성이 되는 과정(레 17-26)이 기록되어 있습니다.

레위기의 가르침을 출애굽기에 이어서 해석하면 시내산 위에서 말씀하시는 하나님(출애굽기)이, 시내산 아래 이스라엘 진영 속에 마련된 회막에서 말씀하시는 하나님(레위기)으로 이동하셔서 가르침을 계속 이어 가고 계십니다. 회막을 건축하기 전에 하나님은 시내산 위에서 모세를 부르십니다. (출 19:1) 회막을 세우고 난 후에는 모세를 회막에서 부르십니다. (레위기) 회막은 무엇을 하는 곳입니까? 하나님이 이스라엘의 공동체 속에 임마누엘 하시는 곳입니다.

그러면 임마누엘 하신 하나님과 어떻게 살아야 하는가요?

레위기 11-15장은 이 하나님과 이스라엘이 어떻게 살아가야 하는가를 보여 줍니다. 이스라엘이 하나님께 예배하므로 끝난 게 아닙니다. (레 1-10) 그들은 정결한 백성이 되어야 합니다. 이런 맥락에서 레위기

11-15장은 정결을 따르는 생활이 바로 언약 백성이 할 일임을 가르치고 있습니다. 부정이란 깨끗하지 않은 것을 의미하는 것이 아니라, 하나님에게서 벗어난 모든 것을 의미합니다.

이것을 가르치기 위하여 음식(11), 출산(12), 환경(13-14), 성생활(15)에 걸쳐 다루고 있습니다. 레위기 11-15장에서 정결은 가정생활을 중심으로 설명합니다. 가정에서 일어나는 먹고 마시고 눕고 입고 자는 밀접한 생활을 중심으로 부정이 무엇인가를 설명합니다. 이렇게 설명하는 이유는 부정을 멀리하고 정결을 실천해야 하는 자리가 바로 가정이기 때문입니다. 가정은 신앙생활을 배우는 교육의 현장입니다.

신명기의 쉐마(이스라엘 교육 헌장 : 신 6:4-9)는 이 비결을 구체적으로 가르칩니다.

4) 절기(레위기 23-25)

출애굽기 23장에도 절기가 나오나 레위기에 서술된 절기는 모두 추수와 관계가 있습니다. 모든 추수를 드릴 때는 모두 번제, 속죄제, 화목제를 같이 드립니다.

유월절(무교절) : 예수 그리스도의 십자가의 죽음을 상징하고, 속죄사역의 완성을 의미합니다. 예수가 죽은 성금요일이 정확하게 유월절과 같은 날입니다. (유대력 1월 14일) 그리스도의 부활은 구속의 첫 열매로서 그 결과 새 생명을 나누어 줍니다. 그래서 이스라엘은 1월 15일부터 7일간 누룩 없는 떡을 먹는 무교절을 지킵니다.

오순절(칠칠절, 맥추절) : 첫 절기 후 50일째입니다. 신약의 성령강림 때 완성됩니다. 신약의 성령강림이 구약의 오순절과 날짜가 우연히 맞는 것이 아니고 정확히 일치합니다.

7월 절기 : 1일은 나팔절로서 절기의 시작을 나팔을 불면서 알립니다. 이것은 예수의 재림 심판의 시기와 일치할 것으로 예상됩니다. 그렇다고 재림 날짜를 안다고 확신하며 계산하는 것은 잘못입니다. 예수 재림의 때는 하나님만 아십니다. 10일은 대속죄일이며 15일부터 21일까지는 초막절(수장절, 장막절)이고 22일은 대회로 모입니다.

5) 안식년과 희년(레위기 25)

안식년은 7년마다 땅에 안식을 주는 절기요, 희년은 50년마다 사람에게 자유를 주는 절기입니다. 이 절기의 특징은 땅과 사람을 본래의 상태 즉 원래의 상태로 회복시키는 데에 그 의미가 있습니다. 이 두 요소는 결국 장차 완성될 하나님 나라의 하나의 측면인 땅의 완성에 관계됩니다. 언약으로 완성된 씨가 그 땅에 들어가서 안식과 자유라는 하나님 나라를 만끽하는 게 '안식년과 희년'의 지향점입니다.

6) 복과 저주(레위기 26)

레위기 26장은 축복과 저주에 대해 언급되고 있습니다. 축복은 3-13절까지이고, 저주는 그보다 3배나 길은 14-45절까지입니다. 이것은 시내산 언약과는 어울리지 않는 것처럼 보입니다. 그렇지만 시내산 언약은 마치 첫 결혼을 한 것과 같아서 저주를 언급할 필요가 없었습니다. 결혼할 때 누가 불길한 것을 말하고 싶겠습니까?

그러나 이스라엘이 출애굽기 32-34장에서 언약을 파괴함으로써 인간의 악함을 드러냈습니다. 하나님은 이런 인간의 모습을 아시기에 인간을 위해 경고를 내리셔서 하나님의 언약 백성으로서의 자세를 확고하게 할 필요가 있었습니다. 언약의 체결을 마친 이스라엘 백성에게 축복과 저주를 대조적으로 보여 줌으로써 축복의 길로 들어설 것을 강력하게 역설적으로 촉구하시는 것입니다. 인간은 내버려 두면 자연적으로 저주의 길로 향할 수밖에 없는 존재입니다. 그 위험성을 저주가 축복보다 3배 많은 분량으로 열거함으로써 알려 주고 계시는 것입니다. 하나님이 인간을 저주하고 싶어서가 아닙니다. 제발 저주에서 돌이켜 축복을 누리는 삶을 살라는 상한 심령의 호소라고 볼 수 있습니다.

2. 레위기 전반부(레위기 1-17)

레위기 전반부는 '어떻게 하면 하나님 앞에 나갈 수 있을까?'(1-17)에 대하여 말하고 있습니다. 죄인이 하나님께 나가기 위해서는 네 가지가 필요한데, 첫째는 제사입니다. (1-7) 둘째는 제사를 인도하는 제사장입니다. (8-10) 셋째는 공동체인 백성들의 정결 예법입니다. (12-15) 넷째는 궁극적으론 제사 제도를 완성하는 예수의 예표인 아사셀 염소의 죽음입니다. (16-17)

1) 5대 제사(레위기 1-7)

하나님과 이스라엘 백성은 시내산에서 언약을 맺어 언약 백성이 되었습니다. 언약 백성이 되었다는 것은 쉽게 말하면 결혼한 부부가 되었다는 것입니다. 이제 어떻게 하면 이 부부생활을 잘하는가가 관건이고 이스라엘 백성의 삶의 존재 의미입니다. 그런데 출애굽기에서 확인한 것처럼 신랑이신 하나님은 문제가 없는데, 신부인 이스라엘 백성이 항상 문제입니다. 기회만 되면 하나님을 떠나 죄 가운데 빠진다는 것입니다. 이 죄가 하나님과 이스라엘 사이를 가로막고 있어 하나님과의 관계가 껄끄러워졌습니다. 이스라엘 백성은 하나님과 이런 관계를 극복하고, 아름다운 관계를 회복하기 위해 먼저 죄 문제를 풀어야 합니다.

그런데 하나님이 그 방법을 제시해 주십니다. 하나님이 준비하신 방법이 제사 제도입니다. 그래서 레위기 앞부분에는 제사 제도(1-7)가 나오고, 그다음은 제사를 주관하는 제사장 제도(8-10)가 자연스럽게 나옵니다. 제사 제도에는 번제, 소제, 화목제, 속죄제, 속건제 등 5대 제사가 있습니다. 이를 레위기 1장에서 5장까지 1장씩 순서대로 1장은 번제, 2장은 소제, 3장은 화목제, 4장은 속죄제, 5장은 속건제에 대해 기록하고, 6, 7장에서는 5대 제사에 대해 보충 설명을 합니다. 그런데 제사의 종류가 한 가지가 아니고, 5종류가 되는 것은 죄의 총체적인 모습을 보여 주고 있는 것입니다.

5대 제사의 가장 중요한 근본과 뿌리는 속죄입니다. 물론 다섯 제사 중 직접 죄와 관계있는 제사는 속죄제와 속건제입니다. 나머지 셋은 관계있기도 하고 그렇지 않기도 합니다. 그렇지만 다섯 제사 모두가 죄와 관계있다고 볼 수 있습니다. 이것은 하나님과 이스라엘의 관계 중 가장 중요한 요소는 죄를 처리하는 것임을 보여 줍니다. 하나님과 우리 사이도 죄 처리가 중요합니다.

그런데 죄를 처리해야 하는데 다섯 제사는 다섯 가지 관점에서 죄를 처리해야 함을 보여 줍니다. 즉 죄가 총체적으로 처리되어 완전한 회복을 이루어야 합니다. 번제와 소제는 죄와 관련한 하나님의 진노를 돌이키고 감사와 새로운 헌신을 하는 것입니다. 화목제는 죄로 인해 막힌 하나님과 인간 그리고 인간과 인간 사이의 담을 헐어서 진정한 샬롬의 상태를 이루는 것입니다. 속죄제는 죄의 오염을 깨끗이 씻어 내는 것입니다. 속건제는 죄로 인해 생긴 피해를 넘치도록 20% 이상 덧붙여서 보상하도록 함으로써 온전한 원상복구에 이르게 하는 것입니다.

이미 앞에서 언급했지만 여기서 우리가 꼭 기억해야 할 것이 있습니다. 제사 제도는 오늘날 예수그리스도로 말미암아 성취가 되었는데, 오늘날 왜 우리가 제사 제도가 나오는 레위기를 살펴보아야 하는가 하는 의문을 가질 수도 있을 것입니다. 레위기에 나오는 제사 제도, 제사장 위임식, 동식물의 정과 부정의 성결법 등이 '오늘날 예수를 믿는 우리와 무슨 상관이 있나? 아니면 전혀 상관이 없는 문서가 아닌가?'라는 질문이지요. 사실, 예수 그리스도 안에서 제사 제도가 성취되었기에, 레위기에 나오는 제사 제도는 문자적으로는 우리와 상관이 없습니다. 그러나 그 제사 제도가 가지고 있는 정신은 그대로 오늘날 예배에 적용되는 것입니다. 그러기 때문에 오늘날 제사 제도가 기록된 성경을 공부하는 것입니다.

제사 제도를 이야기하기 전에 레위기 1장에서 서론을 말하는데 무엇을 배울 수 있는지 한번 살펴봅시다. 제사 드리는 장소를 회막, 장막, 증거막이라 하는데, 그중 제사의 본래의 의미를 가장 잘 나타내 주는 용어는 증거막입니다. 증거막은 하나님과 이스라엘의 관계 즉 신혼살림을 그대로 보여 주는 곳입니다.

신약에서는 교회가 바로 증거막인 셈입니다.

여기서 죄인이 제물을 드리는데, 그 제물에 먼저 손을 얹어 안수합니다. 이는 '죄의 전가'라기보다는 '제물이 사람을 대신하여' 드려진다는 뜻입니다. 안수하는 경우 번제, 화목제, 속죄제인데, 번제와 속죄제는 죄가 있는 경우와 그렇지 않은 경우가 있기에, 안수를 죄의 전가로 보기보다는 동물이 사람을 대신함으로 보는 것이 적절합니다.

제사에서 제사장도 중요하나 사실은 제사 드리는 사람이 더 중요하고 훨씬 더 활동적입니다. 제물을 준비하는 것도 제사장이 하는 것이 아니라, 제사 드리는 당사자가 제물을 끌고 와서 회막문에서 직접 잡아야 합니다. 제사장은 흘리는 피를 받아 단 사면에 뿌릴 뿐입니다. 가죽을 벗기고 각을 뜨는 것도 제사 드리는 사람의 할 일입니다. 제사장은 단지 번제단에 불을 사를 뿐입니다. 내장과 정강이를 물로 씻는 것도 제사 드리는 자의 몫이고, 제사장은 단에서 사르기만 합니다. 이런 사실은 예배에 있어서 예배드리는 자가 어떠한 자세를 취해야 하는지를 보여 줍니다. 예배자는 적극적인 참여자의 자세를 취해야 합니다.

이것이 오늘날 예배에 어떻게 적용됩니까?

물론 오늘날 우리가 예배드릴 때 제물을 잡지는 않습니다. 그러나 제물을 드릴 때 행하던 그 정신과 자세는 오늘날 예배에 그대로 적용됩니다. 제물을 잡을 때 칼로 쳐 피를 흘리고 내장을 끄집어냅니다. 감당할 수 없는 냄새도 참아야 합니다. 이는 자신을 죽이는 심령으로 죄의 더러움을 토하는 심령으로 하나님 앞에 예배를 드려야 한다는 것을 보여 줍니다.

레위기에서 바로 이런 교훈을 가르쳐 줍니다. 이 교훈의 풍성함을 발견하고 적용할 때 예배의 풍성함을 누릴 수 있습니다. 이런 점에서 레위기는 예배의 지침서요, 오늘날 예배의 회복을 주장하는 한국교회가 돌아갈 원천(ad fontes)입니다. 그런 기대감을 품고 레위기를 읽기 시작하면 레위기가 졸리는 문서가 아니라, 우리 영혼을 견딜 수 없도록 흥분시키는 하나님의 문서라는 것을 발견하게 됩니다.

* 번제(레위기 1:1-17, 6:8-13)

5대 제사 중 맨 먼저 언급되는 게 번제인데, 번제는 제물 전체를 불태워 하나님 앞에 드리는 제사입니다. 번제를 드리는 목적은 속죄를 위해 드리는 경우(1:4)가 있고 그렇지 않은 경우가 있습니다. 속죄를 위해 드릴 때는 대개 속죄제와 속건제가 같이 드려집니다. 그러나 번제는 이것보다 더욱 큰 의미가 내포되어 있습니다. 그것은 번제가 "여호와께 향기로운 냄새가 된다"(1:9)라는 것입니다. 이것은 번제가 인간의 범죄로 하나님의 진노를 돌이키는 역할을 합니다. 그래서 하나님이 작정한 심판을 면제시킵니다.

이는 신약에서는 지옥 형벌을 받을 죄인의 고통을 십자가의 예수를 통해 면제받는 것을 의미합니다.

번제는 또한 죄와 관련 없이 드리는 경우가 있습니다. 이에 대한 구체적인 예는 아브라함이 모리아산에서 이삭을 드리는 장면입니다. 이는 헌신이지 죄 때문에 드리는 것이 아닙니다. 여기서 번제는 완전함의 개념이 가장 중요한 특징으로 강조되는데, 죄와 관련하여서는 하나님의 완전한 진노를 돌이키기 위해 완전히 태우는 것을 의미하고, 죄와 관련 없는 경우는 하나님께 전적으로 자신을 온전히 내어드리는 헌신의 의미가 있습니다.

* 소제(레위기 2:1-16, 6:14-23)

소제는 5대 제사 중 유일하게 동물의 희생인 피 없이 드리는 제사입니다. 가장 중요한 특징은 피와 관계가 없다는 것과 다른 제사에 동반된다는 것입니다. 소제는 보통 하나님의 은혜에 감사하는 것입니다.

소제가 번제와 같이 드려질 때 번제는 죄에 대한 하나님의 진노를 풀고 용서함을 받는 것입니다. 즉 다른 제사는 하나님의 시여 즉 용서와 회복인데, 소제는 그에 대한 인간의 반응으로 인간 편에서의 감사를 말합니다. 신약의 표현으로는 이는 용서함을 받은 자가 하나님의 은혜를 어떻게 감당해야 하는가를 말해 줍니다.

소제를 드리는 방법을 구체적으로 살펴보면 그 안에 담긴 깊은 의미를, 은혜의 내용을 다 깊이 이해할 수 있습니다. 소제물을 만드는 방법은 먼저 곡식을 빻아 고운 가루를 만들어 기름을 부어 만듭니다. 알갱이가 고운 가루가 되듯이 하나님 앞에 우리의 모든 자아는 다 가루처럼 부서져야 합니다. 그것을 오븐에 굽거나(2:3-4), 팬에 굽거나(2:5), 솥에 삶아서 드릴 때(2:7) 하나님이 기뻐 받으십니다. 이러한 방법의 다양성은 인간이 하나님께 받은 다양한 은혜를 다양한 방면으로 감사해야 한다는 의미입니다.

그리고 소제물에 반드시 들어가야 할 것은 '소금'이요, (2:13) 들어가면 안 되는 것이 있는데 그것이 '누룩과 꿀'입니다. (2:11) '소금'은 언약의 상징으로서 이스라엘이 하나님과 맺은 존귀한 언약 관계는 영원한 언약임을 재천명하는 것입니다. (민 18:19, 대하 13:5) 즉 소금을 뿌리는 행위 가운데에는 하나님은 이스라엘을 가장 존귀한 보배로 삼겠다 하신 그 언약을 지킬 것이며, 이스라엘은 여호와만을 하나님으로 섬기겠다는 의미가 들어 있습니다.

'누룩과 꿀'은 '소금'과는 정반대의 개념으로서 언약 관계를 부패시키는 것은 들어가서는 절대로 안 된다는 의미입니다. '누룩'은 사건을 부풀리고, '꿀'은 당의정을 발라서 달콤하게 하는 위선적인 특성을 지니고 있습니다. 별것도 아닌 것을 과대 포장하고 세속적인 것을 그럴듯하게 하나님의 이름으로 포장하는 행위들입니다.

* 화목제(레위기 3:1-17, 7:11-21)

화목제의 뜻은 아주 분명한데 하나님과 이스라엘이 맺은 언약의 관계가 죄로 말미암아 파괴되었고, 그 결과로 사람과의 관계가 파괴되어 이것을 회복할 수 있는 방법을 마련해 주신 제사입니다. 하나님과 사람과의 관계회복의 역할을 감당하는 것이 화목제의 정신입니다. 5대 제사 중 나머지 네 제사는 '단수'이고 이 화목제만 '복수'인데, 이는 화목은 쌍방 간의 화목이 이루어져야 함을 가르칩니다. 화목제를 드리는 것은 하나님이 만드신 화목의 길을 따르겠다는 신앙고백입니다.

레위기 7장은 죄와 관계없이 드려지는 화목제로서 감사제(7:12), 서원제(7:14), 자원제(7:16)가 있습니다. 감사제는 하나님의 구원의 은혜에 대한 감사함으로 드리며 하나님의 구원이 전제됩니다. 서원제는 미래의 어떤 것을 서원하고 드리는 것이고, 자원제는 추수를 할 때 하나님의 선하심을 깨닫고 드리는 것입니다. 그러므로 죄 없이 드리는 이 세 가지의 화목제는 이스라엘과 하나님 쌍방 간의 밀접한 관계를 높은 차원으로 이끄는 것입니다.

* 가이드의 단상 11
화목제의 중요한 특징인 공동식사

제물의 처리방법을 보면 번제의 경우는 모든 것이 태워지므로 아무것도 남지 않습니다. 소제나 속죄제는 일부분만 태워지고 나머지는 제사장이나 아론의 자손들이 먹습니다. 화목제는 일부분만 태우고 가슴과 뒷다리는 제사장에게 드리고(7:30-33), 나머지는 백성이 먹을 수 있습니다. 실제로 화목제에서 태워지는 부분은 내장이므로 백성이 먹을 수 있는 것은 고기 부분입니다.

이 공동식사는 하나님과의 관계뿐만 아니라 이스라엘 서로의 관계가 샬롬의 상태를 유지하거나 발전하는 것을 진정으로 기뻐하고 즐거워하는 것입니다. 특히 이 서원제나 자원제는 그날에 먹든지 아니면 다음 날까지 다 먹어야 합니다. 만일 삼 일까지 남겨 두면 그 제사는 하나님께 열납되지 않습니다.

이것은 무엇을 말하는 걸까요?

이스라엘이 제물을 드리면 제사장에 드릴 것은 제사장에게 드리고, 나머지는 제사 드린 자들이 모여 다 먹어야 합니다. 그래야 예배가 하나님께 열납됩니다. 그렇지않으면 그 예배는 열납되지 않습니다. 지정된 가정이나 사람이 500kg의 소를 화목제물로 드린다고 할 때, 제사장 것을 떼어 내고 한 마리를 하루나 이틀에 다 먹는다는 것은 불가능합니다. 그것을 다 먹기 위해서는 이웃을 강제로라도 초청하든지, 아니면 내가 싫어하는 사람이라도 억지로 끌고 와서라도 나누어 먹어야 합니다. 그렇지 않으면 다 먹을 수 없습니다. 다 먹지 못하면 예배가 열납되지 않는 것입니다.

하나님이 왜 이런 화목제물을 드리게 하시는 걸까요?

인간의 이기적인 마음을 아시는 주님께서 그것을 극복하도록 하기 위한 제도입니다. 하나님은 강제로라도 이것을 이루기 원하십니다. 이것이 이루어졌을 때 참다운 천국의 화목이 우리 안에 안착합니다. 하나님은 이것을 우리 가운데 이루시기 원하십니다. 이 화목제의 중요성을 신약에서 예수님은 늘 강조하셨습니다. 예배드리기 전에 관계가 깨져 있으면 먼저 용서를 구하고 와서 예배드리라고 하십니다. 그 과정 없는 예배는 우리 영혼을 더 질식시키고 완고하게 할 뿐입니다. 하나님은 이 안타까움을 아시고 화목제물을 통해 하나님의 샬롬을 누리도록 초청하시는 것이며, 이것은 예배의 자세는 오늘날 우리에게 심각한 도전을 줍니다. 예배 앞에 우리 자신의 모습을 돌아봅시다.

* 속죄제(레위기 4:1-5, 6:24-30)

속죄제는 레위기의 핵심적인 제사로, 근본적으로 죄 자체를 처리함으로써 이스라엘에서 죄를 정결케 하는 역할을 합니다. 속죄제의 의미는 다른 제사와 비교해 보면 잘 나타나 있습니다. 번제는 인간의 죄에 대하여 인간이 받아야 할 하나님의 진노로부터 인간을 보호하는 역할을 합니다. 화목제는 죄로 인해 갈라진 관계를 회복시킵니다. 속건제는 죄의 결과로 남아 있는 부채가 해결되는 것이 목적입니다.

그러나 속죄제는 죄 자체가 처리되어 오염과 부패와 타락을 적극적으로 막는 역할을 합니다. 속죄제가 번제와 함께 드려질 때 속죄제의 의미가 분명하게 드러납니다. 이 경우 속죄제는 성소가 죄로 오염된 것을 정결케 합니다. 즉 속죄제에서 나오는 제물의 피는 번제단 뿔(레 4:25)과 속죄소 덮개(레 16:14)에 바름으로 죄의 오염을 방지하게 합니다. 이 경우 피는 적극적인 속죄의 역할을 합니다. 이것은 예수의 십자가에서 잘 나타나 있습니다.

그러면 의도적인 죄도 사해질 수 있는가요? 죄를 직접 속하는 제사인 속죄제와 속건제에 대하여 가장 근본적으로 가질 수 있는 질문은 '의도적으로 범한 죄는 사해질 수 있는가?'인데 여기에 대하여 레위기는 단호하게 거부합니다. 속죄제와 속건제를 드릴 수 있는 죄는 '비의도적으로 범한'(그릇 범죄, 부지중에 범죄) 것만 해당합니다. 만약 의도적으로 범한 죄가 있다면 그것은 직접 언급하고 있지 않지만, 백성에게 끊어지게 될 것입니다. 그것은 구체적인 법의 발원지이시며 언약의 주체이신 여호와의 권위 자체에 도전하는 것이므로, 언약 백성으로서 자격을, 상실한 것으로 보아야 할 것입니다.

* 속건제(레위기 5:14-6:7, 7:1-10)

속건제는 흔히 죄책제로 잘못 이해되어서 사실상 속죄제와 명확한 구분을 할 수 없습니다. 속건제는 죄 때문에 생긴 손해를 처리하는 즉 보상하는 제사의 의미로 제물을 드립니다. 어떤 물건에 손해를 끼쳤으면 본래의 물건값의 20%를 덧붙여 보상합니다. 그것이 하나님께 속한 것이든 인간끼리의 관계에서 생긴 것이든 똑같습니다. 이것은 죄의 빚은 완전히 처리되는 것이 중요함을 보여 줍니다. 그리스도가 당하신 고난의 의미가 속건제에 해당합니다. 잘 알려진 이사야 53장은 속건제의 의미를 가장 적극적으로 그리고 있습니다. 속죄제와 속건제의 정의는 쉽지 않지만, 보상할 수 있는 것이냐 할 수 없는 것이냐로 구별할 수도 있을 것입니다. 생명을 앗아 간 살인은 어떤 것으로도 보상할 수 없습니다. 그러나 소 한 마리 훔친 것은, 기분은 나쁠지언정 보상할 수는 있습니다.

2) 제사장 제도(레위기 8-10)

레위기는 출애굽기를 이어서 기록된 것이므로 출애굽기의 내용과 연결하여 읽어야 합니다. 출애굽기는 하나님이 시내산에서 이스라엘과 언약을 맺은 후, 언약을 맺은 백성이 제일 먼저 할 일이 무엇인가를 밝혀 줍니다. 그것은 예배인데, 그 예배의 중심처는 성막입니다. 그래서 성막의 중요성(출 26-31장)을 다시 한번 강조하고 있고, 비록 이스라엘이 범죄하였을지라도 하나님이 거하실 성막의 중요성을 새롭게 인식시키고 있습니다. (출 35-40)

레위기는 이제 성막에서 무엇을 해야 하는가를 가르치는데, 그것이

제사(레 1-7장)입니다. 그런데 이 제사드리는 데는 제사장이 무엇보다 중요합니다. 제사장은 친교에 의해서, 추천으로 세워지는 것이 아니고, 오직 하나님에 의해 선택됩니다. 기독교의 독특성은 오직 하나님의 명령에 따라 하나님이 보여 주신 것을 따라가는 것입니다. 그래서 레위기 8-9장에는 "여호와께서 모세에게 명한 대로"가 반복 강조되어 나타납니다. 레위기 8-10장은 이스라엘이 하나님께 어떻게 예배드리는가를 밝혀 주는데, 이 지시를 따라 아론이 처음으로 드리는 제사의 장면이 나옵니다. 이어서 아론의 아들들로부터 생긴 제사장의 문제와 그에 대한 엄격한 징계 그리고 백성들의 제사를 섬기는 제사장들이 지킬 규례를 기록하고 있습니다.

* 제사장의 위임식(레위기 8)

레위기 8장에서 10장까지는 제사장의 위임식과 위임받은 제사장이 첫 제사 드리는 장면, 그리고 첫 제사를 불살라 버리는 하나님의 모습이 나옵니다. 8장에서 제사장의 위임식은 모세가 주관하나, 이제 9, 10장에서는 아론이 예배를 주관하게 됩니다. 모세는 하나님의 명령대로 제사장의 위임식을 주관합니다.

백성을 회막에 모으고 하나님의 말씀을 선포합니다. 이는 제사장은 하나님이 친히 선택해 세우셨음을 백성 앞에 공개적으로 선포하고 백성을 위한 존재임을 부각하기 위함입니다. 그리고 여호와의 명령대로 아론을 물로 씻기고 옷을 입히며 관을 씌웁니다. (레 8-9장)

그러나 여기서 다른 점은 아론은 속옷을 입히고 띠를 띄운 다음, 겉옷 그 위에 에봇을 입히고, 우림과 둠밈을 넣는 판결 흉배를 붙이고 관을 씌웁니다. 그 후에 관유를 머리에 붓고 몸에 발라 거룩하게 하는 절차를 밟습니다. 그러나 아론의 아들들은 속옷과 띠와 관을 쓰는 것이 전부였습니다. 아론은 아들들과는 다른 특별한 제사장 곧 대제사장으로 위임을 받았고, 그의 아들들은 보통의 제사장으로 세워졌음을 알 수 있습니다. 여러 제사장 가운데 한 사람만 오를 수 있는 대제사장 자리는, 오늘 우리 모두가 제사장으로 불리나 여전히 필요한 한 분의 대제사장은 히브리서가 그처럼 강조하는 예수 그리스도를 연상하기에 충분합니다.

제사장의 제복에 관하여는 출애굽기 28장과 39장에 언급된 것처럼 대단히 화려합니다. 금실과 청색 자색 홍색실과 가늘게 꼰 베실로 에봇을 짓고, 호마노 보석에 이스라엘의 아들들의 이름을 새기고 금테에 물리도록 했습니다. 순금으로 노끈처럼 두 사슬을 땋아 테에 달도록 하는 등 화려하기 그지없습니다. 판결 흉배는 아예 열두 보석을 전부 금테에 물린 것으로 장식하도록 하였습니다. 이 화려한 옷은 직분의 영광스러움을 상징합니다.

이것은 자연스럽게 예수 그리스도에게 눈을 향하게 합니다. 히브리서 기자는 구약과 신약을 비교하면서 불완전한 제도였으나 겉보기에 화려했던 아론 제사장과 완전한 제사장이었으나 "고운 모양도 없고 풍채도 없는"(사 53:2) 더 큰 대제사장 예수 그리스도의 대조적인 모습을 통해 오늘 우리에게 새로운 의미를 깨닫게 합니다.

＊ 아론의 첫 제사(레위기 9)

레위기 8장에서는 모세의 주도하에 위임식 제사 드렸으나, 이제는 대제사장 아론이 제사 드리므로 공적인 사역을 시작한 것으로 볼 수 있습니다. 이 제사를 드렸을 때 4, 6절 그리고 23절은 예배의 목적이 무엇인가를 잘 보여 주고 있습니다.

"오늘 여호와께서 너희에게 나타나리라"

"여호와의 영광이 너희에게 나타나리라"

"여호와의 영광이 온 백성에게 나타나며"란 말은 예배에 하나님의 영광이 임재해야 됨을 말합니다.

"불이 여호와 앞에서 나와 단 위에 번제물과 기름을 사른지라
온 백성이 이를 보고 소리 지르며 엎드렸더라"
(레 9:24)

예배엔 소리 지르며 엎드리는 역사가 일어나야 합니다. 오늘의 그리스도인은 하나님의 영광을 체험하는 일이 없으니, 기쁨의 '소리를 지르며' 하나님 앞에 겸손히 '엎드리는 일'도 없어지는 게 아닌가 생각됩니다. 그리고 아론이 축도로 예배의 마무리를 짓습니다. 축도는 예배의 화룡점정이라는 사실을 명심해야 합니다. 축도가 빠진 예배는 용을 그리고 눈동자를 찍지 못한 맥 빠진 그림에 지나지 않습니다.

* 다른 불의 예배(레위기 10:1-7)

아론의 첫 제사의 큰 축복이 있었던 후, 나답과 아비후가 드린 제사는 큰 충격을 주었습니다. 예배 중 나답과 아비후가 불에 삼킴을 당한 것입니다. 그 이유는 여호와가 명령하지 않은 다른 불로 예배를 드렸기 때문입니다. 그러면 다른 불이라는 것이 무엇이며 왜 그렇게도 그게 중요합

니까? 레위기 8, 9장에서 모세가 그렇게도 열심히 강조한 것이 "여호와의 명하신 대로"라는 것을 생각하면 충분히 이해할 수 있습니다. 모세는 하나님의 명령 없으면 어떤 것도 하지 않았습니다. 그러나 제사가 아론의 제사장으로 넘어오자 '자기식'의 예배가 시작되었습니다. 여기에 대해 하나님은 즉각적인 반응을 나타내 진노하셨습니다.

이것은 마치 신약시대에 사도행전 5장의 '아나니아와 삽비라 사건'과 유사합니다. 아나니아와 삽비라가 거짓말한 게 죽을 만큼 심각한 죄입니까? 만일 그렇다면 오늘날 하나님 앞에 살아남을 사람이 누가 있겠습니까? 우리는 아주 쉽게 우리의 수준에서 하나님을 이해하고 판단하려고 합니다. 단순히 거짓말 때문에 죽은 게 아닙니다. 그들이 죽은 것은 하나님을 하나님으로 인정하지 않고 고의적으로 부인한 죄입니다.

하나님은 '하나님의 말씀대로'를 벗어나서 '자기식대로'하려는 태도를 가장 싫어하십니다. 이것은 거짓의 문제라기보다는 근본적으로 하나님을 주인으로 인정하지 않고 거부한 것이기 때문입니다. 그러므로 이런 모습이 있을 때 시작부터 다스려야 하고 사소한 것부터 제거해야 합니다. 그래서 하나님을 업신여기는 나답과 아비후는 죽은 것입니다.

아론은 순식간에 아들 둘을 잃었습니다. 하나님은 슬픔 가운데 있는 아론이 시체에 접근하는 것조차도 금지했고, (10:4) 슬픔도 표현하지 못하게 하셨습니다. (10:6) 다만 "여호와께서 치신 불로 인하여서만" 슬퍼하라고 하셨습니다. 레위기 10장 8-11절에는 아론의 반응이 나오는데 아론은 제사 드리면서 제사장이 응당 먹어야 할 부분을 먹지 않았습니다. 결과적으론 하나님 말씀에 불순종한 것입니다. 그리고 아론의 다른 아들들은 이것을 불살랐습니다.

하나님은 아론을 책망하면서 그 이유를 물었습니다. 아론은 두려움 때문이라고 대답하였습니다. '제물을 드렸어도 아들 둘이 죽었는데 만약 그것을 먹으면 어떻게 되겠습니까? 그것을 하나님이 좋아하시겠습니까?'라고 아론이 말했습니다. 모세는 아론의 말을 들었을 때, 그의 마음을 이해하면서 좋게 보았습니다.

하나님은 아론의 경우 제물의 먹고 먹지 않음을 문제 삼기보다는, 제사장이 어떻게 하나님께 나가느냐의 자세를 본 것입니다. 아론은 신중하지 못한 자기 방법으로 하나님의 뜻을 이루려 하기보다는, 하나님을 두려워하여 자기 몫일지라도 포기하는 것이, 오히려 하나님이 기뻐하시는 일이 된다고 생각했습니다.

하나님은 명령하시면서도 명령에 매이지 않는 인격적인 분이십니다.

이스라엘 백성은 죄에서 벗어날 수 있는 제사 제도와 제사를 인도하는 제사장의 역할로 죄에서 벗어나 하나님과 함께 성결의 생활을 하게 되었습니다. 이제는 하나님과의 관계를 회복하여 그 삶의 결과를 삶의 현장에서, 특히 가장 가까운 삶의 자리인 가정에서 날마다 증거가 되게 해야 했습니다. 그것이 이제부터 살펴볼 레위기 11-15장에 나오는 정·부정의 이야기입니다.

3) 정결함과 부정함(레위기 11-15)

* 정한 짐승과 부정한 짐승(레위기 11)

처음은 땅 - 하늘 - 물이라는 삼중 구조 속에서 정한 것과 부정한 것을 분류하고, (1-23) 나중에는 생활환경 속에서 그것을 확인합니다. (24-47) 레위기 11장 1-23절에서는 정결한 짐승은 굽이 갈라지고 되새김질을 하는 가축들입니다. 이런 조건에서 벗어난 짐승들은 모두 부정한 것들입니다. 물고기는 지느러미와 비늘이 없는 것, 새 중에는 육식하는 것이 부정합니다. 이스라엘은 부정한 짐승으로 분류된 것들을 먹어서는 안 됩니다. 그러나 가축 중에도 새김질을 하나 굽이 갈라져 있지 않은 것, 또는 굽이 갈라져 있으나 새김질을 하지 못하는 것(낙타, 사반, 토끼, 돼지)은 먹는 것이 금지되었습니다.

레위기 11장 24-47절은 이스라엘의 생활을 부정케 하는 것들을 규정합니다. 짐승의 주검(24-40)과 파충류가 일으키는 부정을 다룹니다. (41-42) 또 정결한 짐승이라도 예배용으로 도살되지 않고 그냥 죽은 경우라면 부정한 짐승으로 여깁니다. (39-40) 본문에 소개된 부정한 짐승은 모두 여덟 종류입니다. 두더지, 쥐, 큰 도마뱀 종류, 도마뱀붙이, 육지 악어, 도마뱀, 사막 도마뱀, 카멜레온입니다.

이것은 모두 이스라엘 생활환경에서 접촉할 수 있었던 파충류입니다. 이것에 접촉되면 부정하기 때문에, 모두 깨트리든지 정결하게 해야 합니다. 이스라엘은 생활 속에서 정결한 것과 부정한 것을 세심하게 판별해야 합니다.

왜 이런 분류를 하는 걸까요?

건강식품을 가르치기 위함인가요? 아닙니다. 그것을 훨씬 뛰어넘습니다. 그것은 이스라엘 백성이 구별된 백성인데 어떻게 하면 그렇게 될 수 있는가를 교훈하기 위해서입니다. 하나님은 삶의 현장에서 벌어지는 의식주를, 생각을, 몸을, 행동을 통해 구별하고, 거룩하신 하나님을 닮아 가는 훈련을 합니다. 이것이 11장에서 동물을 정과 부정으로 분류한 가장 근본적인 목적입니다. 이것을 놓치게 되면 11장의 이야기는 껍데기만 남아 우리 신앙생활에 도리어 짐이 되어 버립니다.

유대인은 레위기 11장과 같은 정·부정을 자기 의를 내세우는 수단으로 남용하였습니다. 문제는 바로 여기에 있습니다. 레위기 11장이 그 정신을 잃어버리고 겉껍데기만 남게 되었을 때, 이스라엘의 참된 신앙이 상실되었습니다. 하나님이 이스라엘에 요구하시는 것은 '깨끗한 손과 정결한 마음'이지 어떤 형식이나 외적인 절차가 아닙니다. 새 음식이 중요한 것이 아니라 새사람이 중요합니다. 율법적인 의식이 사람을 깨끗게 하는 것이 아니라 예수 그리스도의 피가 사람을 정결케 합니다. (딛 2:14, 히 9:14, 요일 1:7)

하나님의 백성은 날마다 대하는 식탁을 정결하게 관리해야 합니다. 사람이 하나님의 식탁(제단)에 올리는 음식(예물)이 정결하고 온전해야 하듯이, 사람이 날마다 대하는 식탁에서 먹는 음식도 정결하고 온전해야 합니다. 하나님의 백성 이스라엘은 먹는 생활에서도 하나님을 닮아가야 합니다. 먹는 것이 몸보신을 위해서가 아니라 하나님의 영광을 위해서 먹어야 합니다. 그러니 이 이야기를 보면서 돼지고기를 오늘날 그리스도인이 먹을 수 있는지 없는지 하는 언쟁은 참으로 말씀에 대한 무지에서 기인하는 것을 알아야 합니다.

* 여성의 출산의 부정함(레위기 12)

동물의 정·부정을 언급한 후 이야기는 출산으로 확대되어 갑니다. 엄마가 아들을 낳았을 때는 7일간 부정하고 33일간 격리하며 총 40일을 성물도 만지지 못하게 하고 성소도 들어가지 못하게 합니다. 반면 딸을 낳았을 때는 14일간 부정하고 66일간 격리하며, 총 80일을 성물을 만지는 것도 금지하고 성소에도 들어가지 못하게 합니다.

이는 남녀를 차별하기 위함이 아닙니다. 자식을 낳는 일이 하나님의 축복인데 왜 산후에는 부정한가? 그것은 산혈 즉 흘리는 피 때문입니다. 그리고 산혈이 깨끗하게 되면 번제와 속죄제를 드리는데, 번제는 죄의 용서함을 받고 자녀를 주신 하나님께 감사하며 자신은, 새롭게 하나님께 헌신을 결단하는 것입니다. 속죄제는 산혈 기간 동안 성소를 오염시킨 것을 용서받고 공동체의 회복됨을 의미합니다. 이것은 또한 산모의 산후 권리를 보장해 주기 위한 제도이기도 합니다.

여기서 중요한 것은 정결을 이루는 장소가 우리와 밀착된 삶의 현장이라는 것입니다. 하나님의 백성은 예배하는 자리만이 아니라 '먹고, 마시고, 자고'로 대표되는 일상생활의 현장이 하나님의 정결을 이루는 훈련의 장소임을 명심해야 합니다. 임신에서, 출산, 부부생활의 현장에서 하나님의 백성다운 정결과 순결이 이루어지도록 해야 합니다. 그래야 하나님의 거룩한 성품을 닮아 가는 자녀가 됩니다.

* 문둥병의 정결 예식(레위기 13-14)

동식물의 정·부정 그리고 출생 시 정결 예식을 통해 거룩한 삶을 가르치신 하나님은 거기서 멈추지 않으십니다. 이번에는 피부에 발생되는 문둥병을 통해서 계속 정결을 가르치십니다. 문둥병은 사람의 피부에 난 질병으로 입고 있는 옷, 가죽, 거주하고 있는 건물의 벽을 상하게 하는 전염병입니다. 이것은 악성으로 사람과 환경을 파괴할 뿐 아니라 신앙공동체를 파괴합니다. 하나님은 온전한 것을 원하는데 사람의 몸뿐 아니라, 사람이 걸친 옷도 온전하기 원하십니다. 정결한 삶은 몸의 정결, 환경(옷)의 정결로 나타나야 합니다.

그래서 문둥병이 발생하면 제사장이 이것을 진단하고 치료해야 합니다. 제사장은 오늘날 의사의 역할을 감당합니다. 제사장의 치료법은 어떻습니까? 먼저 사람의 피부에 난 질병을 진단하고 확인합니다. 피부에 의심스러운 질환이 생기면 일정 기간 격리합니다. 이 기간 제사장이 질병으로 판단하고 확인하면 진영에서 추방합니다. 진영 밖에서 옷을 찢고 머리를 풀고 입술을 가리며 '부정하다'라고 소리쳐 사람이 그에게 접근하는 것을 막습니다.

그런 후 회복되면 회복의 절차를 진행합니다. 이것은 축제이며 신고식입니다. 그리고 감사의 잔치입니다. 정결 예식은 세 단계로 이루어집니다. 첫째 진영 밖에서 제사장이 맞이하는 예식으로 새 두 마리로 치러집니다. 둘째 깨끗하게 된 사람이 자신의 천막 앞에서 옷을 빨고 털을 밀고 몸을 씻습니다. 셋째 회막문 앞에서 희생 제물을 드립니다.

이 세 가지는 자못 상징적입니다.

첫째는 진 밖에서 진 안으로 들어오는 '통과 의례'입니다. 새 한 마리는 죽여 피를 사용하고, 다른 한 마리는 피를 바른 후 들로 날려 보냅니다. 이렇게 해서 죄가 씻기어지고 병에서 자유를 얻었음을 상징적으로 보여 줍니다. 둘째는 자기 몸을 스스로 정결하게 구별하는 의식입니다. 이 의식은 자기가 거할 장막 밖에서 갖습니다. 셋째는 하나님 앞에 드리는 제물입니다. 하나님 앞에서 정결한 신앙공동체로 복귀하였음을 감사하는 의례와도 같습니다. 이 세 단계를 거쳐서 죄에 대해 자유하고, 자신에 대하여 정결하고, 하나님께 대하여 헌신한다는 다짐이 이루어집니다.

이때 제물은 속건제, 속죄제, 번제, 소제를 드립니다. 속건 제물을 드릴 때 제사장은 제물의 피와 기름을 취하여 차례대로 정결함을 받을 자의 우편 귓부리, 우편 엄지가락, 우편 발 엄지가락에 바릅니다. 듣고, 일하고, 걸어야 할 신체 부위를 하나님께 헌신하는 것입니다. 피로 정결하게 된 사람은 하나님이 주시는 힘(성령)으로 살아가게 되는 것입니다.

이상을 살펴보면 병과 집이 묘하게 얽혀 있음을 볼 수 있습니다. 얼핏 보아 사람의 피부나, 의복, 건물의 벽은 서로 상관이 없는 것 같으나 '껍데기'라는 점에서 공통점이 있습니다. 여기의 문둥병은 바로 이 껍데기에, 피부에, 껍질에, 벽에 생기는 질병입니다. 사람의 경우는 피부병이라 표현되나 건물의 경우는 나쁜 곰팡이류라고 지칭하게 됩니다.

집은 하나님의 신앙을 실천하는 현장입니다. 식구끼리 더불어 사는 공동생활의 현장입니다. 집은 정결하게 보존해야 하며 경건 생활에 지장이 되거나 공동생활을 부정하게 만드는 환경, 세상살이를 어둡게 만드는 환경은 과감하게 척결해야 합니다.

* 유출병에 대한 정결 예식(레위기 15)

유출병은 남자와 여자의 성기에서 흐르는 분비물을 말합니다. 남자의 경우는 비정상적인 분비물이고, 여자의 경우는 정상적인 생리 외에 계속되는 여성의 하혈을 부정으로 봅니다. 이러한 유출은 사람만을 부정하게 만드는 데 그치지 않고, 그와 접촉하는 모든 사람을 부정하게 합니다. 이스라엘 신앙은 문란한 성생활을 단호히 배격합니다. 그것은 이스라엘 신앙이 성관계를 개인의 사사로운 문제가 아닌 공동체의 문제로 파악하고 있다는 뜻입니다. 성생활은 개인 윤리의 문제가 아니라 이스라엘과 하나님과의 관계에서 파악하고 있다는 말입니다.

부정한 성생활로 병을 얻었을 때, 이스라엘의 신앙은 그 질병을 의학의 문제가 아닌 신앙의 문제로 봅니다. 성생활은 가정에서 자연스럽게 이루어지는 하나님이 주신 선물입니다. 이것이 오염이 되면 하나님의 거룩도 침범이 됩니다. 레위기 15장이 강조하는 단어는 '흐르는 것'이라는 말이 수없이 반복됩니다. 유출병은 히브리어로 그냥 '흐르는 것'입니다. '흐르다'라는 말은 우리 귀에 익숙합니다. 예컨대 가나안 땅은 '젖과 꿀이 흐르는 땅'입니다. 여기에서의 '흐르다'는 '몸에서 흘러나오는 것'의 '흐르다'와 같습니다.

본문은 젖과 꿀이 흐르는 땅이어야 할 가나안이, 젖과 꿀이 아닌 피와 고름이 흐르는 땅이 될 수 있다는 소리 없는 고발입니다. 문란한 성생활, 잘못된 성생활이 하나님의 축복을 저주로 바뀌게 한다는 것입니다. 하나님이 기대하시는 정결한 삶은 사람의 가장 은밀한 부분, 가장 은밀한 생활에서도 나타나야 합니다. 본문은 몸의 순결, 성적인 순결을 신앙의 차원에서 파악하고 있습니다.

4) 대속죄일(성막 오염 정화)(레위기 16-17)

* 대속죄일(레위기 16)

이스라엘 절기에 대속죄일이 있습니다. 대속죄일은 1년에 한 번 7월 10일 날입니다. 이날은 대제사장이 제물의 피를 가지고 지성소에 들어가 이스라엘의 죄를 용서받는 날입니다. 본 장은 레위기 10장의 사건으로 돌아가서 시작되고 있습니다. 레위기 10장과 16장 사이에 있는 장들(11-15장)은 정·부정의 동물을 설명하는 데 관심을 쏟고 있습니다. 제사장들은 이런 차이점을 백성에게 가르쳐 백성을 성결케 할 임무가 있기에 강조하는 것입니다.

대속죄일을 다루고 있는 이 새 단락(16장)의 신학적 출발점도 11-15장과 마찬가지로 10장에서 발견할 수 있습니다. 10장에서는 자신의 준비 없이 하나님께 나아간 제사장들은 하나님 심판의 불에 갑자기 죽을 수도 있다는 사실을 보여 주었습니다.

그러므로 16장은 그와 유사한 불행을 당하지 않기 위해 대제사장이 수행해야 할 바른 의식을 진술하고 있습니다. 대속죄일의 목적은 부정한 예배자들이 오염시킨 성소를 정화하는 데 있었습니다. 이와 같은 목적이 없었더라면 대제사장이 목숨을 걸고 지성소에 들어가는 일은 별 의미가 없었을 것입니다. 이 절기의 목적은 하나님이 자기 백성 중에 계속 임재하실 수 있도록 하는 데 있습니다.

하나님은 지금까지 죄인들이 하나님께 나아가 죄를 용서받고 거룩하신 하나님과 함께할 수 있는 길을 제사 제도, 제사장 제도, 정·부정한 짐승을 통한 성결, 환경을 통해 제시하셨습니다. 그러나 이런 것 자체가 죄를 속할 수 있는 것은 아닙니다.

그것은 단지 장차 오셔서 죄를 사하실 분은 오직 예수그리스도뿐인데, 이에 대한 그림자를 먼저 제시함으로써 실체를 사모하도록 하기 위함입니다. 그 실체를 다시 한번 인식시키기 위해 레위기 16-17장에는 대속죄일 예식을 소개해 줍니다. 대속죄일의 핵심은 죄를 사하실 분은 의식도, 제사도 아닌 예수 그리스도임을 분명히 하는 것입니다.

그것을 위해 대속죄일에 제물로 아사셀 염소를 드립니다. 대속죄일이 되면 대제사장은 지성소에 들어가 염소 두 마리를 제물로 드려야 하는데, 두 마리 염소를 대제사장 앞에 데려와 하나는 우편에 하나는 좌편에 세웁니다. 그리고 제비 두 개를 만들어 하나에는 "여호와를 위하여" 다른 하나에는 "아사셀을 위하여"라고 기록한 다음, 이를 단지 안에 넣습니다. 대제사장은 제비를 뽑아 염소의 머리 위에 놓습니다.

이렇게 하면 누구나 다 어느 염소가 정화(속죄) 제물로 사용되고, 어느 염소가 광야로 보내어질 것인지를 알 수 있습니다. 광야로 보내지는 염소를 '아사셀 염소'라 합니다.

예수 그리스도가 모든 죄를 짊어지고 영문 밖으로 나가 골고다 언덕에서 죽었듯이, 아사셀 염소도 이스라엘의 모든 죄를 짊어지고 광야로 사라졌습니다. 아사셀을 무슨 뜻으로 해석하든지 간에, 이 의식의 전체적인 의미는 의심의 여지 없이 똑같은 기본 사상에 도달하게 됩니다. 즉 죄를 이스라엘로부터 멸절시킨다는 것입니다.

그러므로 지금부터는 백성이 대속죄일에 해야 할 일이 나오고 있습니다. "너희는 영원히 이 규례를 지킬지니라" 7월은(지금의 9-10월) 절기의 달인데 그달 10일을 대속죄일로 지켜야 했습니다. 죄를 속하기 위해 대제사장이 집행하는 의식들이 제아무리 인상적이었다 하더라도 그것만으로는 불충분합니다. 이 의식들이 효력을 발휘하기 위해서는 온 이스라엘 백성들이 진정한 회개를 보이지 않으면 안 된다고 대속죄일의 율법은 강조하고 있습니다. 이런 과정을 통해 참된 예수그리스도를 더욱 사모해 갑니다.

레위기 전반부는 '어떻게 하면 죄를 범한 이스라엘 백성들이 하나님 앞에 나갈 수 있을까?'에 대한 답으로 주어진 것입니다. 그것은 5대 제사제도, 제자장 제도, 정·부정한 짐승과 환경을 통한 성별훈련, 아사셀 염소인데, 이것들 자체는 죄를 사할 힘이 없습니다. 아무리 근사한 제사를 드려도, 화려한 제사장을 세워도, 철저한 성별훈련을 시켜도 그것은 그림자에 불과합니다.

그림자는 실체를 가리킵니다. 또 실체가 오면 그림자는 사라집니다. 그 실체가 아사셀 염소로 상징된 예수 그리스도입니다. 예수 그리스도만이 우리 죄를 사하고 하나님 앞에 나갈 수 있게 합니다. 때가 되어 예수그리스도가 오셔서 십자가에서 죽으시고, 부활하사 모든 그림자는 사라지고 실체가 나타났습니다.

이제는 실체이신 예수그리스도를 믿는 우리에게 구약의 그림자는 무슨 의미가 있습니까?

의식 자체로는 아무 의미가 없습니다. 의식은 사라졌습니다. 그러나 의식과 제도가 말하는 정신은 그대로 살아남아 있습니다. 오늘날 예수 믿는 우리에게 '어떤 자세로 어떤 마음으로 예수를 섬겨야 하는가?'를 가르쳐 줍니다. 그래서 레위기는 예배의 지침서가 됩니다.

3. 레위기 후반부(레위기 17-27)

레위기 전체의 구조는 1-16장과 17-27장까지 2구분으로 구성됩니다. 1-16장은 제사 규례를 집중적으로 다루고 있으며, 17-25장은 이스라엘 백성들의 성결의 문제를 집중적으로 다루고 있습니다. 27장은 사람들이 범하기 쉬운 서원의 문제를 부록으로 기록하고 있습니다. 그중 17-26장은 성결을 특히 집중적으로 다루고 있다는 점에서 '성결법'(Heiligkeitsgesetz)이라고 합니다.

이 성결법은 17장과 26장을 각각 전체 구조의 서론부와 결론부로 구분됩니다. 이 양자 사이에서 18-25장은 제1단원(18-20장), 제2단원(21-22), 제3단원(23-25)으로 구분되는 삼단 양식 구조체를 갖고 있습니다. 동시에 이 단원들은 각각 'A - B - A''의 삼단 양식을 가지며 주제 및 구조 면에서 상호 연결되어 있습니다. 1단원은 거룩한 백성, 2단원은 거룩한 제사장, 3단원은 거룩한 절기를 다룹니다.

전반부에서는 '어떻게 하면 하나님 앞에 나갈 수 있는가?'를 다루었습니다. 죄인이 하나님 앞에 나갈 수 있는 길을 발견했습니다. 이제 더 중요한 것은 하나님 앞에 나간 백성이 '어떻게 하면 하나님과 동행할 수 있는가?'라는 문제입니다. 하나님과 동행이 신앙생활의 전부요 총체적 내용입니다. 그것에 대한 명쾌한 답을 주는 게 레위기 후반부(17-27)입니다. 레위기 후반부는 3개의 키워드를 제시하는데, 그것은 거룩한 백성(17-20), 거룩한 제사장(21-22), 거룩한 절기(23-25)입니다.

1) 거룩한 백성(레위기 17-20)

레위기 18장에는 "이방인의 부정한 풍속을 따르지 말라"라는 명령이 7번에 걸쳐서 나옵니다. (3절 2번, 24, 26, 27, 29, 30) 그리고 "나는 여호와 너희의 하나님이다"라는 표현이 6번 반복됩니다. (2, 4, 5, 6, 21, 30) 이를 통해 이스라엘은 그들을 인도하시고 보호하시는 여호와 하나님의 명령에 순종하여 결코, 이방인들의 부정한 풍습을 따라서는 안 된다는 사실을 강조합니다. 17장에는 이스라엘이 이방신을 섬기지 않고 피를 먹지 않음으로 다른 민족과의 구별을 강조합니다.

그에 비해 18장에서는 성도덕의 준수가(하체를 범치 말라) 선민으로서의 이스라엘의 특성을 나타내는 것으로 강조됩니다. 성 윤리는 인간사회를 지탱하는 가장 중요한 결혼제도를 건전하게 유지시켜 줍니다. 이것의 파괴는 인간사회 질서의 파괴를 의미합니다. 따라서 죄에 대한 징벌은 하나님의 거룩하심과 의로우심을 드러내는 표징이며, 이를 통해 성도들이 성 윤리를 바로 지켜, 건전한 부부관계와 건강하고 화목한 가정을 이뤄야 함을 강조하고 있습니다.

레위기 19장은 구약의 산상수훈으로서 두 부분으로 나뉘는데, 전반부(1-18)는 후반부(19-37)와 상호 연결되어 하나님의 성결 명령과 그 의미를 선포합니다. 전반부는 먼저 성결한 삶에 대한 명령과 원칙이 선포됩니다.

"너희는 거룩하라 나 여호와 너희 하나님이 거룩함이니라"

이 거룩성을 지키기 위해 후반부인 19-22절까지는 서로 다른 것끼리의 섞이는 것을 금지합니다.

"네 육축을 다른 종류와 교합시키지 말며
네 밭에 두 종자를 섞어 뿌리지 말며,
두 재료로 직조한 옷을 입지 말라"

거룩은 하나님 한 분에 모든 초점을 맞추는 것입니다. 초점의 대상이 하나님 한 분뿐이라는 것입니다. 이 하나님을 온 마음을 다하여 사랑하라는 것입니다.

그러나 이 말을 오해하면 안 됩니다. 하나님을 온 마음을 다하여 사랑하는 것, 하나님의 거룩한 성품을 닮아 가는 것은 반드시 이웃사랑으로 나타나야 한다는 것입니다. 그래서 17-18절은 우선 일차적으로 선포된 성결한 삶의 면모를 '이웃사랑'이란 말로 함축적으로 요약 강조하고 있습니다.

"네 형제를 마음으로 미워하지 말며 (…)
원수를 갚지 말며 (…)
이웃 사랑하기를 네 몸과 같이 하라"

레위기 20장은 성결한 백성들이 지켜야 하는 삶의 의무를 다루고 있습니다. 자식을 몰렉(가나안의 이방신)에게 바치는 자, 신접한 자, 부모를 저주한 자, 간음한 자, 근친상간자 등은 죽이라고 합니다. 만일 그것을 보고도 못 본 체하고 죽이지 않는다면, 그가 대신 죽임을 당해야 합니다.

2) 거룩한 제사장(레위기 21-22)

이 부분은 예배 의식의 중심에 있는 제사장의 성결을 서술하고 있습니다. 희생 제사를 거룩하게 드리려면 제사장 자신이 거룩해야 합니다. 대제사장은 일체의 세속적 관습이나 슬픔에 사로잡혀서는 안 되고 처녀와 결혼해야만 합니다. 이는 하나님의 일에 전념하도록 부름을 받은 자들이, 사사로운 일이나 감정에 얽매여서는 안 되는 것을 시사합니다.

레위기 21장은 하나님께 제물을 바치도록 거룩하게 구별된 제사장들이 지켜야 할 규례를 다루고 있습니다. 1-9절은 3개의 성결 규례를 중심으로 전개됩니다. 1-5절은 장례 즉 주검 만지는 것을 금지합니다. 그리고 제사장의 딸이 창녀가 되면 아비를 욕되게 했으므로 처벌을 받게 됩니다. 이를 통해 제사장은 욕의 통로가 아니라, 존경의 통로가 되어야 함을 보여 줍니다. 제사장은 먼저 수신제가를 해야 하며, 이때 비로소 백성 앞에서 제사장으로의 참다운 권위를 가질 수 있고 합당한 존경과 대접을 받게 됩니다.

10-15절은 대제사장이 지켜야 할 규례를 다루고 있는데, 여기서 강조되는 것은 제사장은 성결해야 한다는 것입니다. 그래서 대제사장은 숫처녀만 아내로 맞을 수 있습니다. 또 그는 부모의 장례에 가지 않습니다. 이것은 제사장이 성소에만 산다는 것을 의미하지 않습니다. 다만 제사장의 성결한 직무와 역할과 의무가 가족에 대한 것보다 우선하며, 그의 직무가 막중한 것만큼 완전한 헌신이 요구된다는 뜻입니다.

16-24절은 제사장직을 수행하는 사람의 육체적 완전성에 관한 규정이 선포됩니다. 몸에 흠이 있는 사람도 제물을 먹을 수 있으나, (22절) 하지만 그는 몸에 흠이 있는 사람이기에 휘장 안이나 제단 앞으로 나가

하나님의 성소를 더럽혀서는 안 됩니다. (23) 하나님은 거룩한 분이시고 제사장들 또한 하나님이 거룩하게 하신 사람들이기에, 거룩함의 원칙에 따라 그들도 온전성과 순수성을 갖추지 않으면 안 됩니다.

레위기 22장은 "여호와께 바치기에 합당한 제물에 관한 규정"을 다루고 있습니다. 17-25절은 제물로 바치는 동물에 흠이 없어야 한다는 규정이고, 26-30절은 제물로 바치는 동물을 무분별하게 잡아서는 안 된다는 규정입니다. 3-33절은 하나님의 명령 준행의 당위성을 선포합니다. 17-25절은 선포되는 흠 없는 제물 규정은 하나님에 대한 경외와 정성을 강조하는 것입니다.

특히 24-25절에서 "짐승 가운데서 고환이 터졌거나 으스러졌거나 잘린 것은 하나님께 바칠 수 없다"라는 규정은 하나님은 생육과 번성의 하나님이란 사실이 전제되어 있습니다. 하나님은 모든 피조물은 생육하고 번성하기를 원하십니다. 따라서 고환이 상한 것, 거세한 것은 하나님의 뜻에 어긋나며 제물로 바치지 못합니다. 그러나 이사야 56장 4-8절은 새로운 구원의 시대에 고자들과 외국인들도 하나님의 은총을 받게 될 것이라고 선포됩니다. 이 약속은 예수 그리스도의 오심을 통해서 성취됩니다.

26-30절은 제물로 바쳐지는 소나 양을 무분별하게 잡는 것을, 금지하는 규정이 나옵니다. 소나 양은 태어난 지 칠 일간 제 어미 품에 두어야 합니다. 팔 일째 되는 날부터 그것을 제물로 바칠 수 있으나, 소나 양을 그 새끼와 함께 같은 날 죽이지는 못합니다. 이 명령은 하나님이 피조물에 대한 긍휼과 생육과 번성을 원하시는 하나님의 뜻을 반영합니다. "새끼를 잡지 말라"는 규정도 이 같은 맥락에서 이해될 수 있습니다.

31-34절은 이 모든 규례가 출애굽을 통해 보여 주신 하나님의 구원

의지의 표현으로 나온 것입니다. 그러므로 이 규례를 반드시 준행하여 하나님의 거룩한 이름이 욕되지 않게 해야 한다는 하나님 명령 준행의 당위성이 선포된 것입니다.

3) 거룩한 절기(레위기 23-25)

이 단원은 절기가 하나님의 백성의 거룩한 생활에 얼마나 큰 영향을 끼치는가를 기록하고 있습니다. 우리 시대의 절기에 대한 개념이 잊혀 가는데, 절기의 중요성을 다시 한번 살려 내어 신앙 성숙의 계기로 삼아야 합니다. 부부관계도 기념일을 잘 기억하는 가정이 그렇지 않은 가정보다는 훨씬 행복한 삶을 살아갑니다. 신앙생활도 똑같습니다. 절기가 그만큼 중요하다는 의식을 회복하면 할수록 행복한 신앙생활을 할 수 있습니다. 모세도 하나님과의 행복한 관계회복을 위해 절기의 중요성을 언급하고 있습니다.

이 장은 이스라엘 절기에 관한 규례를 다루고 있으며 다음 세 단락으로 구분됩니다.

1-3절 : 안식일
4-22절 : 봄 절기들
23-44절 : 가을 절기들

1-3절의 안식일 규정은 이장의 맨 앞에 기록하여 안식일이 모든 절기의 기본 개념 역할을 하고 있음을 보여 줍니다. 1년에 7번의 중요 절기가 있는데, 이는 유월절, 무교절, 초실절, 맥추절, 신년제(나팔절), 속죄

일, 초막절입니다. 이 절기 동안에는 7일의 안식일이 있고(무교절의 첫째 날과 이렛날, 맥추절, 신년제, 속죄일, 초막절 첫날과 초막절 이후 첫날), 매 일곱 번째 해는 안식년이며, 49년(7×7)에는 최고의 안식년인 희년이 옵니다. 안식일을 지키는 것은 하나님이 창조를 통해 보여 주신 하나님 역사의 본을 따라 사는 것을 의미합니다.

4-22절인 봄 절기는 유월절과 무교절, 초실절, 맥추절에 관한 세부 규정들을 언급합니다. 특징적인 것은 9-14절인 초실절의 규례는 출애굽기 23장 1절과 출애굽기 34장 18-20절의 내용을 확대 전개한 것입니다. 이스라엘은 하나님이 주신 땅에서 얻은 첫 곡식을 하나님께 바치고 나서 그들이 추수한 것을 먹어야 했습니다. 보리 추수의 시작을 알리는 이 절기가 지난 지 7주 후에 곡식 추수의 끝을 알리는 축제가 행해지는데 이것이 바로 맥추절입니다. 이 절기에도 첫 곡식은 하나님께 바쳐집니다.

23-44절인 가을 절기들은 신년제(나팔절), 속죄일, 초막절을 다룹니다. 일곱 번째 달(9-10월)에 신년제를 지내고, 기쁨의 초막절을 지내는 절기 한가운데 경건한 마음으로 고행(금식)을 합니다. 또 속죄와 정결함을 받아야 하는 날을 두어, 죄 된 인간의 삶 속에서 이 규례를 통해 우리를 구원하시려는 하나님의 구원 의지를 나타냅니다. 이러한 하나님 사랑의 역사에 대한 감사의 마음과 회개 기도의 필요성을 강조합니다.

* 가이드의 단상 12
초실절(부활의 영광과 농사의 비유)

예수 그리스도의 죽음과 부활은 복음의 핵심(엑기스)입니다. 신앙은 부활을 통하여 완성됩니다. 그러므로 온전한 신앙이란 부활의 신앙을 말합니다. 막달라 마리아가 예수님의 무덤을 찾았습니다. 그러나 무덤 속에는 아무도 없었습니다. 예수님이 무덤을 박차고 살아나셨기 때문입니다. 그녀는 이것을 이해하지 못했고 그래서 사랑하는 예수님의 시신이 없어졌다는 사실 때문에 울고 있었습니다.

그녀가 영광스러운 부활 사건 앞에 울 수밖에 없었던 이유가 무엇입니까?

그녀는 예수님을 하늘에서 찾지 않고 무덤에서 찾았기 때문입니다. 이 마리아의 모습이 믿음으로 산다고 하는 우리의 자화상이 아닐까요? 우리도 살아나신 주님을 무덤 속에서 찾고 있는 것은 아닐까요? 그렇다면 하늘을 우러러 부활하신 주님을 바라봅시다.

부활을 설명할 때 많은 사람은 번데기와 나방의 비유를 들어 이야기합니다. 그러나 사도 바울은 부활을 말할 때는 항상 농사의 비유를 들어 이야기합니다. 부활절의 구약의 근거는 레위기 23장에 나오는 초실절에 기인합니다. 초실절은 처음 익은 열매를 안식일 이튿날 제사장이 공중에서 흔드는 절기입니다. 여기서 안식일 이튿날은 오늘의 주일이고 처음 익은 열매는 부활의 첫 열매 예수 그리스도를 상징합니다. 사도 바울은 농사의 파종과 추수를 바로 부활의 영광에 적용합니다.

“누가 묻기를 죽은 자들이 어떻게 다시 살아나며
어떠한 몸으로 오느냐 하리니 어리석은 자여
너의 뿌리는 씨가 죽지 않으면 살아나지 못하겠고
또 네가 뿌리는 것은 장래 형체를 뿌리는 것이 아니요
다만 밀이나 다른 것의 알맹이 뿐이로되 하나님이 그 뜻대로
그에게 형체를 주시되 각 종자에게 그 형체를 주시느니라”
(고전 15:35-38)

지금 여기에 배추가 있습니다. 그러나 씨를 뿌릴 때 배추를 뿌린 것이 아닙니다. 배추 모양을 뿌린 것이 아니라 조그마한 보일 듯 말 듯 한, 배추씨를 땅에 뿌렸는데 지금 이렇게 탐스럽고 싱그러운 모습으로 나타났다는 것입니다. 이것으로부터 부활의 영광을 설명한 것입니다.

비유컨대 우리의 이 세상에서의 삶은 마치 배추씨와 같이 연약하고 보잘것없다는 것입니다. 그러나 부활 때에는 배추의 영광스러운 모습과 같이 회복된다는 것이지요. 그러므로 우리의 삶은 부활의 영광스러운 모습을 바라보며 현실을 사는 것이 부활의 신앙입니다. 배추씨를 바라볼 때는 연약하고 낙담합니다. 그러나 싱그러운 배추의 모습을 생각하면 소망이 용솟음쳐 올라옵니다.

예수님은 우리의 죄 때문에 죽었습니다. 그러나 무덤에 머물러 있을 수가 없었습니다. 그는 살아 계신 주이시기 때문입니다. 그는 무덤을 박차고 살아나셨습니다. 부활의 첫 열매가 되셨습니다. 부활의 영광의 소망을 보여 주고 계십니다. 우리가 무엇을 바라보아야 합니까? 무덤 속의 죽은 자 즉 배추씨만을 바라보면 울 수밖에 없습니다. 하늘의 산자 즉 싱싱한 배추를 믿음으로 바라보면 부활의 영광에 동참하는 소망을 갖게 됩니다.

* 안식년과 희년(레위기 25)

이 장은 크게 두 단락으로 나누는데, 1-7절은 안식년에 관한 법을, 그리고 8-55절은 희년법에 관한 법을 취급하고 있습니다. 1-7절의 안식년에 관한 법을 살펴보면, 이스라엘 백성은 하나님이 주신 땅에 들어가 안식년이 되거든 땅을 묵혀야 합니다. 이것은 이스라엘 백성뿐만 아니라 이스라엘 백성의 집에 머무르는 남종과 여종과 품꾼과 식객까지 먹여 살리기 위한 제도로 선포된 것입니다. 이처럼 약자에 대한 배려는 하나님의 사랑의 모습입니다. 안식년은 인간에 대한 하나님의 사랑을 드러내는 "안식일"의 의미를 더욱 확대하여 자연(토지)에 적용한 것입니다.

8-24절은 희년이 나오는데 이것은 동족 사이에 생존권 보호를 위한 규례입니다. 희년은 가난으로 인해 남의 종살이를 하게 된 사람이 가족에게로 돌아가는 해입니다, (10) 동시에 빚으로 잃었던 땅을 다시 되돌려 받게 되는 해입니다. 희년은 일곱 번째 안식년 곧 매 49년째 되는 해입니다. 10-11절에서 희년을 "50년이 되는 해"라고 표시한 것은 단지 횟수를 셈하는 방법이 다를 뿐입니다. 즉 50년은 시작하는 해와 마감하는 해를 동시에 함께 셈하여 50이 됩니다.

23-24절에서는 해방의 해인 희년의 신학적 배경을 선포합니다.

"땅을 영원히 팔지는 못한다. 땅은 나의 것이다. 너희는 다만 나그네이며 나에게 와서 사는 임시 거주자일 뿐이다. 너희는 유산으로 받은 땅 어디에서나 땅 무르는 것을 허락해야 한다."

이것이 바로 해방선포의 신학적 배경입니다.

오경 전체를 통해 이스라엘 백성에게 땅을 주신 분은 바로 하나님이심이 강조됩니다. 이 땅이 가까이는 가나안땅이요, 본질적으론 하나님 나라를 지칭합니다. 이게 안식년이 영적으로 의미하는 것입니다. 또 희년은 완전한 해방을, 자유를 의미합니다. 이 두 가지 개념이 오늘날 신자에게 부여된 것이며, 장차 온전히 이루어질 것입니다. 그것은 이스라엘의 씨(희년)와 땅(안식년)으로 상징되어 완성되어 가는 것입니다.

오늘 이스라엘 백성은 하나님의 은혜와 자비의 덕에 그 땅에 살고 있을 뿐임을 고백합니다. 이 땅은 영원한 하늘 기업을 상징하며, 모든 종이 해방되고 빚이 값없이 탕감되듯이, 값없이 주어지는 하나님 나라의 영광스러운 모습을 상징합니다.

* 성결법의 결론(레위기 26)

이 장은 성결법(레위기 17-26장) 전체의 결론입니다. 율법에 대한 순종과 불순종의 결과를 대조시키므로 순종을 권면합니다. 순종은 3-13절까지 총 11절, 불순종은 14-46절까지 총 43절입니다. 불순종의 양이 순종보다 3배나 깁니다. 이는 인간의 죄성(순종보다는 불순종에 기우는 마음)을 꿰뚫어 본 하나님이 순종하기 위해서는 상당한 영적 투쟁이 요구된다는 것을 각성시키기 위함입니다. 이것이 거룩한 삶의 비결입니다.

1절의 "우상을 섬기지 말라"는 말씀은 하나님만이 우리 삶의 절대적인 분이며, 이외에 어떤 것도 절대적인 가치를 두어서도 안 된다는 뜻입니다. 2절의 안식일의 준수는 하나님 앞에 합당한 삶을 살려면 절대적으로 필요한 것이 쉼과 기도와 말씀을 통해 하나님의 생명력을 재충전하는 것입니다. 2절의 성소를 공경하라는 말씀은 우리의 삶의 구심점이 성전이어야 하며 하나님이셔야 한다는 것을 강조합니다.

3-13절은 하나님의 율법에 순종했을 때 주어지는 상급에 관해 언급합니다. 상급의 내용은 특히 에스겔서와 밀접한 관계가 있습니다. 비와 땅의 소출, 땅의 평화와 적에 대한 승리 그리고 하나님이 이스라엘에 거한다는 것입니다. 14-46절은 하나님께 불순종했을 때, 받게 되는 징벌에 관해 언급하고 있습니다. 이것은 위와 정반대입니다.

신명기 28장도 1-14절은 순종에 대한 축복을, 15-68절은 불순종에 대한 저주를 대조하면서, 불순종의 경향성을 가진 인간이기에 더욱 힘써 순종하여 축복을 누릴 것을 호소하고 있습니다. 이것이 하나님이 인간을 교육하는 데 사용하는 방법이고 사도들도 즐겨 사용했습니다.

밝은 은혜를 강조하기 위해 배경색을 짙은 어두움을 칠해서 은혜를 드러나게 합니다. 하나님이 저주를 말하는 것은 우리를 위협하고 겁주기 위함이 아닙니다. 도리어 저주가 그만큼 참혹한 것이니 불행에 빠지지 말고, 제발 축복을 누리며 살라는 하나님의 상한 심령의 호소입니다.

* 레위기 부록(27)

레위기 17-26장의 마지막 장인 26장은 하나님의 상과 벌에 관한 내용으로, 이스라엘 백성에 대한 하나님 자신의 서원이라고 할 수 있습니다. 이에 반해 27장은 하나님에 대한 인간의 서원을 다루고 있습니다. 특히 이 책을 마감하는 27장에서의 하나님에 대한 인간의 서원은 주로 고통 가운데 있을 때 행하게 됩니다. 이것은 인간의 삶에 있어 아주 심각하고 중요한 현실적인 문제이며, 신앙을 가늠하는 잣대가 되기 때문에 특별히 결론부에서 다루고 있습니다.

오래전에 약속한 서원을 지키는 것은, 그리 쉽지 않습니다. 그러나 서원의 이행 여부는 신앙의 척도가 되므로 주의 은혜를 입은 자는 반드시 감사하며 주께 대한 충성심을 보여 주어야 합니다. 이를 어기는 것은 불경이요, 불순종입니다. 이 장에서는 서원을 이행하지 않는 사람들에게, 이에 상응한 대가를 치르게 하므로 경솔한 서원을 하지 못하게 하며, 일단 서원한 것은 반드시 지켜야 한다는 사실을 강조합니다.

만일 어떤 사람이 자기가 서원했던 짐승이 아닌 다른 짐승을 바치려고 하면, 그는 이 두 마리의 짐승 모두를 잃게 되는 것입니다. (10, 33) 또한 만일 약속한 재물을 다시 찾기 원하면 그 값의 오분지 일을 더 내야 한다고 규정합니다. 이 규례의 목적은 서원의 이행을 통해 하나님께 감사하고 충성하는 삶을 살고, 이러한 삶을 통해 주님과 바른 관계 속에서 더욱 큰 기쁨과 평강과 은혜의 복을 누리며 살게 하려는 것입니다. 성경의 다른 본문에서도 서원에 대한 불성실한 이행을 경계하는 내용이 나옵니다.

레위기를 마무리하면서 이런 생각이 듭니다. 우리는 하나님 앞에 나가는 법도 배웠고, 그 하나님과 함께하는 법도 배웠습니다. 비유적으로 표현하면 우리는 이제 막 깨끗한 세마포를 입은 신부와 같습니다. 결혼은 앞두고 세마포 옷을 입은 신부의 기분이 어떨까요? '마냥 행복만이 기다리고 있을 거야'라고 생각합니다. 정말 그럴까요? 그렇지만은 않을 것입니다. 그래서 민수기가 기다려집니다. 이제 우리 얼른 민수기 여행을 떠나 봅시다.

민수기(36) : 안식의 땅을 향한 여행

① 인구조사 ②장막배치 ③④레위족 계수	유출·문둥정결	나실인	족장예물(소·수레)	레위인 성결	유월절(2)	구름·나팔	⑪IS 불평 ⑫지도자 불평 ⑬⑭ 가데스 바네아 보고·반응	가나안에서 지킬 절기	고라 반역	아론의 싹 난 지팡이	제사장 직분	물로 정결예식	모세 반석(2번)	놋뱀(모압진잡)	모압왕 발락 ㉓발람 축복 24:17 발람 예언 ㉕바알브올 비느하스	인구조사감소	슬로브핫의 딸·새 지도자	절기	7월 절기	서원제	㉛ 미디안 정복 ㉜ 두지파반 요구 ㉝ 광야여정표(3) ㉞가나안 정복 ㉟레위인 ㊱슬로브핫의 딸 요구 정당성
1 2 3 4	5	6	7	8	9	10	11 12 13 14	15	16	17	18	19	20	21	22 23 24 25	26	27	28	29	30	31~36
인구조사 임무	성결·봉헌·마지막 교훈						시내에서 가데스로	광야에서 방황					가데스에서 모압		새로운 문제들	마지막 준비					마지막 작업
여행을 위한 준비							이행								약속한 땅을 향한 관문에서						
시내산에서							모압으로								모압에서						
수주간							39년								수 개월간						
시내산							호르산								노보산(비스가산)						

민수기(36) : 훈련

1. 민수기 스케치

민수기란 말은 두 번의 인구조사(1장, 26장)에서 유래된 것으로 영어의 '수'(numbers)에서 나왔습니다. 다시 말하면 하나님의 수에 드는 것 즉 하나님의 군사가 되는 것이 민수기의 주요 목적이기도 합니다. 민수기의 히브리 성경의 첫 구절 첫 단어는 '광야에서'입니다. 이 '광야'라는 단어가 민수기의 내용을 더 잘 이해하도록 도움을 줍니다. 민수기의 삶의 터전은 광야입니다. 광야에서 싸움을 싸워 갈 수 있는 백성으로 훈련을 시켜서, 하나님의 전신갑주를 덧입은 군사로 만들어 내는 것이 민수기의 주목적입니다.

1) 민수기의 일반적인 구조

민수기는 지역적으로 셋으로 구분할 수 있는데, 시내산에서 여행의 준비, 가데스를 향한 여행, 그리고 모압 지역에서 일어난 사건을 다루고 있습니다. 민수기 33장에서 출애굽 여정을 셋으로 구분하는데 첫째는 애굽에서 시내산까지(1-15절), 둘째는 시내산에서 가데스까지(16-36절), 셋째는 가데스에서 모압까지(37-49절)입니다. 요약하면 민수기의 핵심지역은 시내산 - 가데스 - 모압입니다.

구조적으로 보면 1장 1절부터 10장 10절까지 시내산에서 광야 여행을 준비하는 과정을 보여 줍니다. 먼저는 인구를 조사하고, 진을 배치한 다음, 진행 질서를 만듭니다. 그런 후 레위인을 계수하여 지도자를 준비시키며, 백성의 성결을 통해 여행 준비를 완료합니다. 여행에 앞서 철저히 준비하는 과정이 중요합니다.

여행 준비를 끝낸 후 출애굽기 10장 11절에 보면 이스라엘이 나팔과 구름과 불기둥의 인도 속에 여행을 출발합니다. 이 여행 기간은 시간적으론 39년인데, 그 내용이 10장에서 21장까지 압축되어 기록되어 있습니다. 이 과정에서 이스라엘이 훈련을 받게 되는데, 먼저는 가데스 바네아 사건(민 13-14)에서 이스라엘의 불순종을 통한 광야의 방황이 시작됩니다. 이 광야에서 이스라엘의 모든 인간적인 모습이 노출되어 하나님의 간섭을 받게 됩니다. 마지막으로 모압에서 있었던 일과 가나안 입성준비의 모습이 22장부터 36장까지 기록되어 있습니다.

2) 모세오경 속에서 민수기의 신학적 의미

민수기는 레위기, 레위기는 출애굽기, 출애굽기는 창세기와 관련되어 있음을 살펴보았습니다. 적어도 창세기에서 민수기까지의 4경은 시간의 진행과 내용에 있어서 밀접하게 연관되어 있습니다. 이런 구조를 갖추고 있는 민수기는 모세오경 속에서 어떤 의미를 지니고 있을까요? 모세오경은 하나님 나라의 최초의 형성 역사를 그려 주고 있습니다. 하나님 나라는 하나님 나라 백성인 씨와 하나님 나라 백성이 거주하는 삶의 자리인 땅으로 구성됩니다.

창세기는 이 하나님 나라의 형성 예언과 준비에 대하여 말하고 있습니다. 출애굽기에서 민수기까지는 하나님 백성인 씨의 약속이 어떻게 성취되었는가를 보여 줍니다. 반면에 신명기는 하나님 나라인 땅의 약속이 어떻게 성취되는가를 보여 주고 있습니다. 출애굽기는 그 나라의 못자리판인 70명의 조상이 어떻게 200만이나 되었는가를 보여 줍니다. 그리고 언약의 관계를 맺는 장면을 보여 줍니다. 레위기는 그 이후 언약 백성으로 살아갈 수 있는 여러 가지 규례를 가르쳐 줍니다. 이제 민수기는 하나님 나라 백성인 씨가 어떻게 완전하게 여물어 가는지를 보여 주고 있습니다.

이것이 일반적 의미에서 인구조사인데, 이 인구조사는 한 번만 있었던 것이 아니라 두 번 있었습니다. (1-4, 26장) 여기에 아주 중요한 신학적 의미가 있습니다. 민수기는 두 번의 인구조사가 있을 수밖에 없었던 이유를 명확히 설명합니다. 그것은 이스라엘 백성이 가나안 정복을 향한 하나님의 명령을 순종치 않고 불순종했기 때문입니다. (13-14장) 이에 대한 하나님의 조치는 출애굽 1세대를 진멸시키는 것이었습니다. 하나님의 진노로 20세 이상의 사람이 모두 진멸되었을 때 비로소 하나님은 다시 인구조사를 하게 하셨습니다. (26장) 이들이 하나님의 자녀로서 약속의 땅 가나안에 들어갈 수 있는 사람들입니다.

이 사실은 '하나님은 혈통의 숫자에 좌우되지 않는다'라는 사실을 가르쳐 줍니다. 아무리 숫자가 많아도 하나님의 뜻을 따르지 않으면, 하나님은 그들을 버리십니다. 아무리 숫자가 적어도 하나님을 순종하면 하나님은 그들을 사용하십니다. 즉 하나님의 씨인 하나님의 백성은 혈통에 있지 않고 하나님의 뜻에 달려 있다는 것입니다. (요 1:12-13)

이제 이스라엘은 하나님의 씨로 선택되어 감옥에서 탈출하였고(출애굽), 결혼을 했으며(시내산 언약), 그 삶의 법규를 받고 언약 당사자로서 하나님의 임재를(증거막) 늘 경험하게 되었습니다. (레위기) 그러나 그들이 언약적 삶을 살지 않을 때 하나님의 심판은 그들 위에 임해서 멸망했다는 사실을 보여 주는 것이 민수기의 내용입니다.

하나님 나라 씨가 1차 인구조사로 완료되었으나, (1장) 불순종으로 하나님의 저주가 임해서 2차 인구조사가 필요했던 것입니다. (26장) 하나님의 저주가 임한 후, 부정적인 역사를 보여 주는 것이 민수기인데, 이런 점에서 신명기와도 상통됩니다. 신명기는 하나님 나라의 또 다른 요소인 땅의 완성인데, 거기서도 이스라엘 백성에게 땅이 주어질 때 실존적인 의미가 있습니다. 즉 이스라엘이 그 땅에서 하나님의 언약에 순종하는 삶을 살지 않으면 하나님의 저주를 받을 것이란 점과 유사한 신학적 의미를 가집니다.

그 땅에서도 하나님 언약에 순종할 때만 그 땅에 머무를 수 있다는 것을 말합니다.

2. 민수기 첫 단계 : 여행 준비(1-10:10)

지금까지 창세기, 출애굽기, 레위기를 살펴봤습니다. 우리가 목표로 하는 모세오경의 반을 지났습니다.

이제는 민수기 여행을 떠나고자 합니다. 여기서 먼저 지금 이스라엘 백성은 어디에 있는가 그 위치를 확인해 봅시다. 이스라엘은 시내산에서 내려와 회막에서 하나님으로부터 말씀을 계속 받고 있습니다. 그러니까 이스라엘 백성은 출애굽기 19장에서 지금까지 한 걸음도 내딛지 않고, 시내산 아래 회막에서 하나님 말씀만 듣고 있는 것입니다.

출애굽기에서 이스라엘은 언약 백성으로 어떻게 하면 잘 살 수 있을까에 대한 말씀을 들었습니다. 레위기를 통해서 하나님께 나가는 법과 동행하는 법을 배웠습니다. 이제는 하나님의 백성이 험악한 세상인 광야에서 여행하는 법을 배워야 합니다. 그게 민수기입니다.

그런데 여행은 준비 없이 떠나는 게 아닙니다. 반드시 준비가 선행되어야 합니다. 하나님은 먼저 1장에서 10장 10절까지 여행을 준비시킵니다. 준비가 철저히 끝난 다음에 드디어 이스라엘은 광야 여행의 첫발을 뗍니다. 그게 바로 민 10장 11절입니다. 그러니까 10장 11절에서 25장까지는 39년간의 이스라엘의 광야 이야기가 압축되어 기록되어 있습니다. 이스라엘이 통과해야 할 지역은 광야입니다. 그런데 광야인 이곳에서 레위기 말씀을 통해 무장한 거룩한 세마포를 입은 신부인 이스라엘 백성들의 속살들이 만천하에 드러납니다.

동시에 그런 과정을 통해 그들은 거친 세상과 싸워 이길 수 있는 군사의 모습을 갖추어 갑니다. 민수기를 통해 하나님 나라의 씨인 하나님 백성이 어떻게 형성돼 가는지를 보여 주고 있습니다. 하나님 나라의 씨인 백성들은 거룩한 신부의 모습과 전신갑주로 무장한 군사의 모습을 지닌 양면성을 소유한 모습으로 완성되어 가야 합니다. 이런 모습을 기대하며 이제 민수기 광야 여행을 떠나 봅시다.

1) 인구조사(1)

먼저 여행을 앞두고 무엇을 준비해야 할까요?

민수기 1장에서 10장 10절까지 그 준비물이 나와 있습니다.

첫째는 백성과 레위인을 계수해야 합니다.

둘째는 백성과 레위인을 성결하게 해야 합니다.

셋째는 구름 기둥과 나팔을 준비해야 합니다.

먼저 이스라엘의 인구 준비를 살펴봅시다. 이스라엘이 출애굽 후 2년 2월 1일 시내 광야 회막에서 인구를 조사하니 603,550명이었습니다.

"너희는 이스라엘 자손의 모든 회중 각 남자의 수를
그들의 가족과 종족을 따라 그 명수대로
계수할지니 이스라엘 중 이십 세 이상으로 싸움에 나갈만한 모든 자를
너와 아론은 그 군대대로 계수 하되"
(민 1:1-3)

인구조사에서 하나님의 의도를 볼 수 있습니다. 하나님은 이스라엘 중 싸움에 나가 싸울 수 있는 백성을 계수하는 데 관심이 있습니다. 사단의 권세에 대항하여 싸울 수 있는 하나님의 수에 들 수 있는 조건은 무엇인가요? 다시 말하면 영적 전쟁을 치를 수 있는 군사의 자격 요건은 무엇인가요?

첫째는 20세 이상이어야 합니다.

영적인 성숙자라야 합니다. 즉 어린아이는 싸울 수 없으니 안 된다는 것입니다.

둘째는 가족에 따라 태어난 자야 합니다.

가족에 따라 난 자는 복음으로 거듭난 자를 말합니다. 즉 아비에게 태어난 자가 되어 가족적인 혈통이 있어야지, 혈통이 없을 때는 싸울 수 없습니다. 이 원리를 파악한 사도 바울은 "선생은 많으나 영적인 아비는 없다"라고 고린도 교회를 보면서 한탄했습니다. 선생이 아니라 영적인 아비에 의해 태어나는 것이 싸움의 원동력입니다. 선생과 학생은 가르치고 배우는 관계입니다. 이런 관계는 평상시에는 괜찮지만 위급한 상황에서는 큰 도움이 되지 못합니다. 서로에 유익이 없으면 이런 관계는 파괴됩니다.

그러나 아버지와 자녀의 관계는 나의 유익과 상관이 없습니다. 아버지는 자녀를 위해서라면 생명이라도 던집니다. 위험이 오면 올수록 더욱 아버지는 자녀를 위해 자기 목숨을 다합니다. 어떤 것도 이 관계를 끊을 수 없습니다. 하나님과 우리의 관계가 이런 관계라는 것입니다. 그러니 아버지로부터 거듭나야 합니다. 그렇지 않으면 싸우다 생명의 위협이나 손해가 느껴지면 다 도망갑니다.

셋째는 종족에 따라 난 자야 합니다.

종족은 두령을 중심으로 뚜렷한 질서를 갖추고 있습니다. 두령의 명령에 절대복종할 때만이 질서가 유지되고 능력 있는 군대가 될 수 있습니다. 두령의 지휘체계에 따라 일사불란해야 합니다. 그렇지 않으면 오합지졸이 됩니다.

1차 인구조사는 광야 행군을 하기 위해 조사한 것입니다. 26장에 나오는 2차 인구조사는 가나안 진입을 앞두고, 가나안 전쟁을 준비하며 동시에 가나안 땅을 정복하고 분배에 대비하는 모습입니다. 1차와 2차를 비교해 보면 총인구는 603,550명에서 601,730명으로 1,820명 감소했습니다. 감소했다는 사실은 죄의 영향력을 보여 주는 장면입니다. 최대 지파는 유다 지파인데 유다 지파는 74,000명에서 76,500명으로 증가했습니다. 선두 지파이기에 그 사명 감당하려면 더 감소할 수밖에 없는데 도리어 증가했습니다.

이는 선두 지파의 중요성을 다시 한번 강조하고 있습니다. 반면에 최대 감소 지파는 시므온 지파입니다. 59,000명에서 22,000명으로 반토막 났습니다. 할 일 없이 빈둥대는 시므온 지파는 더 늘어나야 할 것 같은데 더 폭삭 줄었습니다. 레위 지파는 군대조직인 병역의 의무가 면제되었습니다. 이는 하나님 나라의 특성을 보여 주고 있습니다.

하나님 나라의 인구조사는 하나님 나라의 성취가 어떻게 이루어졌는가를 확인하는 작업입니다. 하나님 나라는 인구의 과다가 중요한 게 아니라(신 7:7) 오직 하나님의 뜻을 따르고 순종하는 데 있습니다. 민수기의 인구조사와 대조를 이루고 있는 것이, 다윗의 인구조사인데, (삼하 24장) 이는 하나님의 뜻을 좇지 않은 것으로 우상숭배보다 더 무섭게 하나님은 취급하셨습니다.

인구조사에서 20세 이상의 남자만이 언급된 것은, 하나님의 교회가 '전투적인 교회'의 모습을 띠어야 함을 보여 줍니다. 이들의 진 배치와 행군은 '증거막'을 중심으로 이루어지는데 증거궤가 뜰 때는 "여호와여 일어나소서!", 멈출 때는 "여호와여 돌아오소서!"라고 외칩니다. 이는 거룩한 전쟁의 모티브로 서 하나님이 일어나셔서 전쟁을 완수하여야 하며 이스라엘 회복을 위하여 하나님이 돌아오셔야 한다는 뜻입니다.

2) 진 배치도(2)

인구조사가 끝나고 본 장에는 12지파의 진 배치상황이 제시되어 있습니다. 진 배치는 성막을 중심으로 했는데 동편으로는 유다, 잇사갈, 스블론 지파, 서편으로는 에브라임, 므낫세, 베냐민 지파, 남편으로는 갓, 시므온, 르우벤 지파, 북편으로는 납달리, 아셀, 단 지파가 배치되었습니다. 이러한 배치는 머무를 때뿐 아니라 행진할 때도 유지됩니다. 그리고 레위 자손들은 동편에 모세 및 아론의 아들들, 서편으로는 게르손 자손, 남편으로는 고핫 자손, 북편으로는 므라리 자손이 배치되었습니다.

그리고 진행순서는 최선두에 법궤, 다음은 1진(유다, 잇사갈, 스블론), 그다음은 게르손, 므라리(성막) 그리고 2진(르우벤, 시므온, 갓), 다음은 성물을 운반하는 고핫 자손, 그리고 3진(에브라임, 므낫세, 베 냐민), 맨 마지막으로 4진(단, 아셀, 납달리)이 배치되었습니다.

* 가이드의 단상 13
배치도의 교훈

첫째 선두 지파는 항상 유다 지파입니다. 그런데도 인구가 증가했습니다. 항상 선봉에 서는 지파는 위험한 것 같으나 하나님이 지키시고 축복하심을 볼 수 있습니다. 그런 유다 지파에서 메시야의 출현은 당연합니다. 하나님의 역사의 선봉에 서는 게 축복임을 명심합시다.

둘째 성막이 정지와 이동 시에 중앙 한가운데 위치하는데, 이는 하나님 중심의 삶을 가르쳐 주고 있습니다. 하나님을 중심으로 할 때 거기에 축복이 임합니다. 그러므로 우리의 삶의 중심에 하나님이 계시는가를 늘 점검해야 합니다.

셋째 하나님은 질서의 하나님이지 혼란의 하나님이 아니십니다. 질서 시에 역사하시는 하나님을 기억합시다.

3) 레위인의 계수(3-4)

민수기 3장에서는 레위인의 특별한 선택과 그들의 계수에 대하여 언급하고 있습니다. 제사장 직분은 아론과 그의 자손들 나답, 아비후, 엘르아살, 이다말이 감당하게 됩니다. 그리고 레위인을 초태생을 대리하여 아론에 주어 봉사케 합니다. 레위인의 계수는 1개월 이상 22,000명으로 계수되었습니다. 레위의 자손인 게르손, 고핫, 므라리인데 엘르아살이 관장합니다.

이스라엘의 12지파에게 그 구조의 변경이 왔습니다. 요셉 지파가 에브라임과 므낫세 지파로 형성되어 12지파에 가입했고, 레위 지파는 12지파에서 빠져 독립적인 역할을 감당하게 되었습니다. 레위 지파는 다른 지파와 다르게 계산되었습니다. 다른 지파는 군대에 나갈 20세 이상이 계수되었으나, 레위 지파는 1개월 이상의 나이부터 모든 남자(3장)가 계수되었습니다.

그중 직무 감당 자는 30세 이상 50세까지의 남자가(4장) 계수되었습니다. 이는 성막을 섬기는 육체적 정신적 나이를 고려한 것입니다. 다른 지파와 이런 차이는 다른 지파는 싸움에 나갈 전투에 목적이 있었고, 레위 지파는 성전의 봉사에 목적이 있었기 때문입니다.

레위인은 22,000명이 계수되었고, 이스라엘의 모든 장남은 22,273명이었습니다. 출애굽 시 이스라엘의 장남은 어린양의 피로 구원받았기에, 장남은 다 하나님께 드려졌고, 이제는 이 장남을 대신하여 레위인이 하나님께 드려졌습니다. 나머지 장남인 273명은 한 사람당 속전이 5세겔씩 계산하여 총 1,365 세겔이 제사장에게 드려져야 했습니다.

* 레위인의 직무(4)

민수기 4장에서는 레위인 중에서도 힘 있게 섬길 수 있는 30-50세의 남자만을 계수하라는 명령이 하달됩니다. 후일에 이 나이는 25세로 낮추어졌고(민 8:24), 가나안 정착 후에는 20세로 더 낮아졌습니다. (대상 23:27) 이는 그만큼 광야 행군이 힘든 반면, 상대적으로 가나안에서 섬김은 수월했음을 반영하는 것입니다.

비록 광야라 할지라도 성구와 성막은 흠 없이 거룩하게 다루어져야 했던 성물이므로, 하나님은 30세 이상의 건장한 레위인에게 이 일을 맡기셨습니다. 그리고 그 하는 일도 철저히 분담해서 하도록 명령하셨습니다. 본 장은 레위인이 맡은 일이 군사로 봉사하는 이스라엘 백성들 못지않게 힘든 직무였음을 보여 줍니다.

레위 자손들의 직무는 다음과 같습니다.

고핫 자손 : 성소안의 모든 기구를 어깨로 운반 - 감독자는 엘르아살
게르손 자손 : 모든 휘장, 천막, 줄 등을 수레 2마리, 소 4마리로 운반
- 감독자 이다말
므라리 자손 : 성막의 기둥과 받침들을 수레 4마리, 소 8마리로 운반
- 감독자 이다말

4) 백성들의 성결(5-10:10)

군대를 조직한 후에 이스라엘 백성을 성결케 합니다. 군대의 힘은 성결에서 나오기 때문입니다. 하나님의 백성인 군대는 성결할 때 하나님의 능력이 나타납니다. 홍해 앞에서 하나님은 이스라엘 백성에게도 성결을 요구하셨고, 요단강 앞에서도 이스라엘 백성에게 성결을 요구하셨습니다.

"네가 선 땅은 거룩하니 네 발에서 신을 벗어라"
(출 3:5)

하나님은 모세에게 신을 벗으라고 명령하셨습니다. 거룩이 바로 힘의 원천이기 때문입니다. 주님이 이 땅에 오신 것도 깨끗하게 하러 오신 것이고, 주님이 가는 곳에는 생각이, 사상이, 행동이 깨끗하게 되는 역사가 일어났습니다.

* 거룩한 진영(5)

인구조사를 실시한 후, 하나님은 그들이 처한 공동체인 진영을 정결케 하기를 원하셨습니다. 문둥병, 유출병이 있는 사람은 진 밖으로 쫓아

내도록 하셨는데, 공동체를 더럽히는 죄를 처리해야 했기 때문입니다. 그리고 죄의 값을 갚을 수 있는 것은, 20%를 더하여 갚아야 했습니다. 그것을 받을 친족이 없으면 제사장이나 성전에 귀속되었습니다.

이것은 죄의 공정한 처리가 있어야 함과 동시에 죄의 처리는 궁극적으로 하나님이 하신다는 것을 보여 줍니다. 이런 진영의 거룩함은 '의심받은 아내가 할 서약'(5:11-31) '나실인의 서약'(6:1-21) '대제사장의 축복'(6:22-27)이란 방식을 통해 유지가 됩니다.

왜 이스라엘은 깨끗해야 합니까?

성막을 중심으로 인도받는 이스라엘 민족진영은 하나님께서 임재하는 곳으로, 죄나 부정한 것을 용납해서는 안 됩니다. 문둥병이나 유출병은 죄를 상징했으므로 그러한 병을 앓고 있는 사람이나 시체를 만진 사람은 부정한 자로서 진영 밖으로 내보냈습니다. 죄를 지은 자는 반드시 그 대가를 상대방에 치러야, 성결이 가능했습니다. 우리의 육체의 질병이나 정신적 고통은 하나님의 뜻을 깨닫는 도구이기도 합니다.

또 11-31절까지는 간음으로 인해 아내가 남편에게 의심받을 때 문제를 해결하는 방법을 제시합니다.

왜 간음의 문제 해결까지 제시하실까요? 이 간음 문제는 모든 문제의 핵심이므로, 인간 내면의 가장 깊은 심층부까지 정결을 원하시는 하나님을 볼 수 있습니다. 하나님은 공동체의 정결을 원하십니다. 공동체의 정결은 가정의 정결에 달려 있기 때문에, 간음 문제는 꼭 해결되어야 합니다. 그래야 거룩한 공동체가 될 뿐 아니라, 항상 정결을 유지할 수 있습니다. 거룩한 공동체가 항상 유지될 수 있도록 하나님은 더 강력한 시스템을 만들었습니다. 그게 나실인 제도입니다.

* 나실인 제도(6)

나실인의 서원제도는 서원이란 수단을 통해 여호와께 특별히 봉사하도록 했으며, 이는 하나님의 거룩을 깨닫도록 하기 위한 제도입니다. 이 제도를 통하여 하나님은 이스라엘이 거룩한 백성 되기를 원하셨습니다.

나실인은 세 가지 금기 사항이 있습니다.

첫째는 포도주나 독주를 마셔서는 안 됩니다. 포도주는 세상을 상징하므로 이는 곧 나실인은 세상과 구별되어야 한다는 뜻입니다. 포도주를 마시는 자체가 죄냐 아니냐의 문제가 아니라, 포도주를 마시지 않으므로 나는 하나님께 소속된 자임을 확인하는 것입니다. 그런 훈련을 통해 거룩함을 연습하는 것입니다.

둘째는 삭도를 머리에 대서는 안 됩니다. 긴 머리는 하나님께 속했다는 뜻입니다. 그러므로 삭도로 머리를 자르는 것은 하나님께 속한 것을 거부하는 행위입니다. 삼손이 머리가 길었을 때는 힘이 있었고, 들릴라의 유혹으로 머리가 잘렸을 때는 힘이 사라졌습니다.

셋째는 시체를 만져서는 안 됩니다. 하나님은 산자의 하나님이시며 살아 계신 주님이십니다. 그러므로 주검은 하나님과 반대가 됩니다.

나실인은 이 세 가지 금기 사항을 지킴으로 거룩의 훈련을 해 나갔습니다. 포도주를 먹지 않고, 머리를 자르지 않고, 시체를 멀리하는 자체가 힘이 있고 거룩해지는 게 아닙니다. 포도주를 보면서 마시지 않으므로 나는 하나님께 속하고 구별된 자라는 자기 확인과 하나님을 의지함이 능력의 원천임을 고백하는 것입니다.

그러면 나실인 제도가 오늘날 우리와 무슨 관계가 있습니까?

나실인의 본래 의미에서는 평생을 하나님께 드린 나실인으로, 삼손

같은 나실인이 있습니다. 그러나 넓은 의미로 오늘날 하나님의 백성은 다 나실인이라 할 수 있습니다. 오늘날 우리는 머리를 기르지는 않지만, 하나님께 구별되었다는 신앙의 훈련은 매일매일 해야 합니다. 나실인 제도를 통해 성결의 훈련을 가르치신 하나님은 또 다른 비결을 가르쳐 주십니다.

그게 축복기도를 통한 성결의 훈련법입니다. 민수기 6장 22-26절에서 하나님은 공동체적으로 아론의 축복기도를 통해서 성결의 훈련을 가르쳐 주고 있습니다. 아론의 축도는 오늘날 예배의 맨 마지막 목사님의 축도와 같습니다. 축도는 예배의 화룡점정입니다. 축도가 빠진 예배는 눈동자가 빠진 용과 같습니다.

그러니 이 축도를 외면하고 시간이 없다고 예배를 마치기 전 일찍 나가면 안 됩니다. 이것은 하나님의 거룩의 훈련을 거부하는 것이나 마찬가지입니다. 그러므로 개인적으로나 공동체적으로 다시 한번 축도의 중요성을 회복하고, 축복하는 습관을 회복하는 게 거룩의 삶에 굉장히 중요합니다.

아론은 믿음의 조상들에게 이렇게 축복하라고 했습니다.

"여호와는 네게 복을 주시고 너를 지키시기를 원하며
여호와는 그의 얼굴을 네게 비추사 은혜 베푸시기를 원하며
여호와는 그 얼굴을 네게로 향하여 드사 평강주시기를 원하노라"
(민 6:24-26)

* 봉헌 예물(7)

민수기 7장은 이스라엘 족장들이 예물을 봉헌하여 레위인이 봉사하도록 주었는데, 특히 고핫 자손에게는 예물을 주지 않았습니다. 고핫 자손은 성소 안의 모든 기구를 어깨로 운반해야 했기 때문에 수레를 끄는 소와 같은 예물이 필요하지 않았기 때문입니다. 이렇게 하여 이스라엘 백성과 제사장 그리고 레위인이 다 정결케 되어, 광야 여행을 떠날 내적인 준비는 다 마쳤습니다. 지금까지 이스라엘의 조직과 성결은 여행에 중요한 선결 요건임을 살펴보았습니다. 조직은 규율에 대한 것이고 성결은 도덕적인 헌신에 대한 것입니다. 이 두 가지가 갖추어지지 않을 때 여행은 좌절되든지 지연될 것이고, 갖추었을 때만 승리할 수 있습니다.

* 유월절 지킴(9)

이스라엘 백성이 정결 예식 후 시내산 근처에서 모여 첫 번째 유월절을 지켰습니다. 그러나 이 유월절은 이스라엘 백성의 불순종으로 광야 여정 중 처음이자 마지막으로 지켜진 것이 되고 말았습니다. 유월절 예식 후 성막 위에 하나님이 임재하셨습니다. 이제는 구름 기둥과 불기둥이 이스라엘을 인도하겠다는 하나님의 사인입니다.

5) 나팔 규례(10)

민수기 10장에서는 전열을 정비한 이스라엘 백성들이 대오를 갖추어 시내 광야를 출발하는 내용이 담겨 있습니다. 이스라엘 백성들은 이미 배치된 진의 순서에 따라서 출발하였습니다. 진의 선두에는 유다 지파가 섰고, 그 앞에는 여호와의 언약궤가 앞길을 인도하였습니다.

본 장 서두에는 백성 전체의 회집, 족장들의 회집, 진의 진행, 대적과의 전쟁, 절기와 식을 알리기 위한 나팔 소리가 매우 효율적이었으며, 모든 움직임의 명령은 하나님이 직접 내리셨으므로 제사장만이 이 나팔을 불 수 있었습니다. 나팔 소리가 그들을 인도했습니다. 그래서 우리는 나팔 소리를 잘 듣고 구분할 줄 알아야 합니다.

나팔 소리의 규례를 살펴봅시다.

첫째 회집할 때 울리는 나팔 소리는 두 개의 나팔을 불 때가 있고, 한 개의 나팔을 불 때가 있습니다. 두 개의 나팔을 불 때는 백성 전체를 회집할 때입니다. 하나님 앞에 나아가는 자의 마음 자세가 경건해야 한다는 뜻입니다. 한 개의 나팔을 불 때는 천부장(족장)을 회집할 때입니다. 백성의 대표자로서 하나님 앞에 나아간다는 뜻입니다.

둘째 진행할 때 울리는 나팔 소리는 1차 크게 불기와 2차 크게 불기가 있습니다. 1차 크게 불면 동편 진이 진행합니다. 2차로 크게 불면 남쪽 진이 진행합니다. 이는 질서 유지를 위함입니다.

셋째 대적을 치러 나갈 때 울리는 나팔 소리는 크게 붑니다. 나팔을 크게 부는 것은 사기를 북돋우기 위함입니다.

넷째 거룩한 절기 때 울리는 나팔 소리는 번제물을 드리시면서 기쁨과 소원을 나타내는 것입니다. '구름 기둥과 불기둥' 그리고 '나팔 소리'가 준비된 다음 이스라엘 백성은 출애굽 2년 2월 20일에 드디어 가나안을 향해 광야 행군의 첫걸음을 뗍니다. (10:11)

* 가이드의 단상 14
구름 기둥과 나팔 소리

이스라엘이 광야를 행군할 때 인도했던 두 가지는 '구름 기둥과 불기둥' 그리고 '나팔 소리'였습니다. '구름 기둥과 불기둥'은 성령을, '나팔 소리'는 말씀을 상징한다고 볼 수 있습니다. 그러므로 광야를 행군하는 우리에게도 성령의 인도와 말씀의 소리를 듣는 것이 무엇보다도 중요합니다.

당신은 말씀의 소리를 얼마나 잘 구분하여 듣고 있습니까? 대적이 쳐들어와 전쟁하려고 회집할 때 나팔 소리가 울려 퍼지는데, 그것을 쉬라는 소리로 이해하면 그 결과가 어떠하겠습니까? 이제 광야의 행군은 하나님의 소리를 얼마나 잘 듣느냐에 달려 있는데, 이스라엘은 이 소리를 가데스 바네아에서 잘못 들어 큰 낭패를 당하게 됩니다.

3. 민수기 두 번째 단계 : 광야 여행(10:11-21)

민수기 10장 11절 말씀에서 드디어 이스라엘 백성이 여행을 출발합니다.

"둘째 해 둘째 달 스무날에 구름이 증거막에서 떠오르매"

그들의 희망찬 출발이 시작되었습니다. 그동안 이스라엘이 얼마나 철저하게 여행을 준비했습니까? 출애굽기 19장 시내산에 도착해서 산 위에서 십계명과 성막의 말씀을 들었고, 회막이 생긴 후 거기서 레위기의 성결에 대한 말씀과 민수기 10장까지 여행 준비의 말씀을 들었습니다. 그야말로 철저한 준비를 했습니다. 그러니 여행에 대한 희망이 얼마나 컸겠습니까?

그런데 현실은 그들의 기대와는 전혀 달랐습니다. 그들이 광야에 발을 들이자마자 불평과 원망이 심령 깊숙한 곳에서 흘러나왔습니다. 그렇게도 훈련된 이스라엘 백성이 현실에 부딪혔을 때 그대로 무너졌습니다. 그들은 하나님께 순종치 못했고 광야에서 쓰러지는 역사가 되풀이되었습니다. 이 처절한 실패의 원인이 무엇인가를 보여 주면서, 그것을 극복하는 훈련을 기록한 게 민수기의 핵심인 광야 여행입니다.

이 광야 여행의 근본 문제점을 먼저 살펴보고 이야기를 이어 나가겠습니다. 이스라엘이 영광스러운 출발을 하고 결혼을 했어도 현재 순종의 삶을 살지 않으면 하나님의 백성으로 살아남기가 힘들다는 것입니다. 이런 점에서 이스라엘이 얼마나 철저히 실패하는가를 보여 줍니다. 이스라엘이 언약의 백성이 된 후(출 19-24장)에도 예외는 없습니다.

이스라엘 백성들은 고기가 그들의 이빨 사이에 있을 때도 하나님께 도전했습니다. 하나님을 가장 가까이 섬기는 고라일당과(16장) 심지어는 모세의 가장 중요한 조력자인 미리암과 아론까지도(12장) 모세의 권위에 도전했습니다.

이러한 이스라엘을 하나님은 철저히 다루십니다. 하나님은 거기에 엄중하고 단호한 징계를 하십니다. 하나님은 언약 백성의 성숙한 길은 실제적인 엄청난 난관 속에서 이루어지는 것입니다. 그런데 심지어는 모세조차도 하나님께 죄를 범하여 약속의 땅에 들어가지 못했습니다. (20장) 무엇보다 중요한 범죄는 가나안 땅에 들어가라는 명령에 대한 불순종입니다. (13-14장) 광야 여행의 마지막 무렵에 이스라엘 백성이 모압 여인과 성적인 불륜관계에 대하여 하나님은 진노하셨습니다. (25장) 하나님은 이들의 죄에 대해 진노하셨지만, 더 근본적인 이유는 언약의 백성으로서의 거룩함을 지키지 못하는 것이 문제였습니다.

하지만 이런 흐름 속에서도 구원의 역사는 계속됩니다. 하나님은 모세가 짐에 눌려 버거울 때 지도권의 부담을 덜어 주셨습니다. (11장) 이스라엘의 결정적인 죄에 대해서도 모세의 중보로 용서하셨습니다. (14장) 불평할 때도 뱀을 보냈지만, 다시 놋뱀을 만들어 구원의 길을 제시하셨습니다. (21장)

이 광야 여행에는 철저하게 실패하는 이스라엘과 완벽하게 구원하시는 하나님의 모습이 잘 나타나 있습니다. 외부의 적은 하나님이 친히 막으시고 저주를 축복으로 바꿔 주셨습니다. (22-24장) 그러나 이스라엘은 내부의 적으로 시달렸습니다. 바로 불신앙과 불순종의 문제였습니다. 그러면 이스라엘의 불순종을 하나하나씩 구체적으로 살펴봅시다.

1) 백성의 불평(11) : 구약의 오순절

이스라엘 백성이 말씀으로 무장을 하고 광야라는 현실에 첫발을 들여놓았습니다. 그때 이스라엘의 반응은 어떠했습니까? 먹을 것이 없다는 불평이 나왔습니다. 이게 이스라엘 백성들의 첫 반응입니다. 아니 이스라엘 백성은 평신도니 그렇다고 칩시다. 그러나 12장에 가면 이스라엘의 지도자들도 모세의 권위에 불평합니다. 이스라엘의 불평은 지도자냐 평신도냐의 문제가 아니었습니다. 총체적으로 불평 덩어리였습니다.

신앙의 척도는 '감사냐 불평이냐'에 달려 있습니다. 믿음이 사라지면서 나오는 첫 반응은 불평입니다. 우리 입에서 짜증이 나오면 '신앙에서 벗어나고 있구나'라고 진단하면 정확합니다. 오랜 준비과정을 거친 언약 백성인 이스라엘의 첫마디가 무엇이었습니까? 바로 불평이었다는 사실은 우리에게 큰 교훈을 줍니다.

본 장에는 이스라엘의 불평과 그것에 전염되어 불평하는 지도자의 모습이 나옵니다. 민수기 11장의 구조는 탐욕에서(4절) 시작하여, 탐욕으로(34절) 끝나는 수미상관법(inclusio)을 가지고 있습니다. 이 사건은 이스라엘이 시내산을 출발하여 가데스 바네아 사이의 "기브롯 핫다아와"(탐욕의 무덤)에서 생긴 사건입니다.

발단은 4절에 잘 나와 있습니다.

"그들 중에 섞여 사는 인종들이 탐욕을 품으매 이스라엘 자손도 다시 울며 이르되 누가 우리에게 고기를 주어 먹게 하랴"

(민 11:4)

섞여 사는 무리의 영향으로 이스라엘이 감염되어 대성통곡을 하며 하나님께 불평하자 하나님이 불을 보내, 진을 불살라 버렸습니다. 그곳 이름을 "다베라"(불에 탐)라 합니다. 이어 모세의 중보기도로 이스라엘이 구원받습니다.

그들의 불평은 계속되었고, 이번에는 먹을 것이(고기) 마땅치 않자 불평을 시작합니다. 그들은 '만나보다 애굽의 생선과 오이와 수박과 부추와 파와 마늘이 맛있다'라고 불평합니다. 그들은 만나보다도 자극적이고 감각적인 것을 좋아했습니다. 사실 만나는 오래 씹고 오래 삼켜야 맛이 나는 데 비해 애굽의 것은 입에 들어가기만 해도 맛을 돋우었습니다. 하나님의 것과 세상의 것의 차이를 보여 주고 있습니다.

그러나 많은 사람이 이스라엘처럼 만나보다 애굽의 음식을 더 좋아합니다. 이스라엘의 두 번째 큰 불평이 마지막 부분에서 다시 나타납니다. 하나님은 탐욕에 빠진 이스라엘이 메추라기를 실컷 먹였습니다. 그리고 진노하사 그들을 죽이며 그곳 이름을 "기브롯 핫다아와"(탐욕의 무덤)라 했습니다.

이 두 사건(탐욕) 사이에 있는 중심 주제는 모세의 지도력입니다. 모세는 중보자로 시내산에 올라가고 내려가면서 사명을 감당했습니다. 그러나 민수기 11장에서는 중보자로서의 모세의 실패가 나타납니다.

하나님은 70 장로에게 영을 부어 주어 중심 주제를 드러내시는데, 하나님이 모세의 짐을 덜기 위해 70 장로에게 예언을 나누어 주십니다. 70은 완전수로서 총체성과 전체성을 가지고 있는 상징적인 수이므로 이 사건은 상징적인 사건입니다. 70은 미래를 위한 가능성이며, 70명 속에는 오고 오는 모든 사람의 은혜가 예견되어 있습니다.

“내가 강림하여 거기서 너와 말하고 네게 임한 영을
그들에게도 임하게 하리니
그들이 너와 함께 백성의 짐을 담당하고 너 혼자 담당하지 아니하리라”
(민 11:17)

언약의 중보자로서 모세는 성령을 그들에게 줍니다. 모세의 지도력은 그에게 임한 주의 영에 달려 있었는데, 이 영을 취하여 너희에게도 주리라고 말합니다. 모세에 임한 영은 모세 자신의 영이 아니라 하나님의 영입니다. 모세는 단지 중보자의 역할을 통해 성령을 나누어 줍니다. 그렇다고 모세가 약해지는 것이 아닙니다. 하나의 불꽃에서 수천 개를 만들 때 처음 것이 약화되지 않은 것처럼, 영을 모세가 나누어 주었다고 모세가 약화되는 것이 아닙니다.

70명이 성령을 받을 때 주님이 구름 가운데 나타나 모세를 부르시어 자신의 영을 모세를 통해서 주셨습니다. 70인 장로가 성령을 받았을 때 그들의 반응은 예언으로서 나타났습니다. 여기서 예언은 아모스나 호세아 선지자처럼 말씀 전하는 것보다, 황홀경에 빠지는 것을 말합니다. 이때 영의 충만한 지배를 받게 됩니다. 이 체험으로 하나님에 대한 확실한 지식과 이스라엘을 주의 뜻대로 인도할 수 있다는 확신을 하게 됩니다.

25절에는 “영이 임하니 예언을 하다가 다시는 아니하였다”라고 합니다. 여기서 70명 중 엘닷과 메닷은 진에 머물고 회막에 나오지 않았으나 성령이 그들에게도 임했습니다. 그들이 예언을 하고 황홀경에 빠지자 다 놀랐습니다. 여호수아는 이를 보면서 모세에게 금할 것을 요구했습니다. 성령의 민주화 시대가 오면 모세의 권위가 약화될 것을 염려했기 때문입니다.

그러나 모세는 "네가 나를 위하여 시기하느냐? 여호와께서 그 영을 모든 백성에게 주사 다 선지자 되게 하시기를 원하노라"라고 말했습니다. 여호수아는 제한되기를 바랐으나 모세는 회막에 있든 밖에 있든 장로든 장로가 아니 든 모든 자에게 성령이 임하여 하나님께 영광 돌리는 봉사를 하기 원했습니다.

민수기 11장은 구약의 첫 오순절로서 구속사에 매우 중요합니다. 그동안 집단적으로는 임한 적이 없는데 이것은 성령의 폭발이라 할 수 있을 정도입니다. 이 성령이 있어야 영적인 지도자의 사명을 감당할 수 있으며, 아울러 탐욕이라는 쇠사슬의 족쇄를 끊을 수 있습니다. 탐욕에서 주는 질병을 온전히 치유할 수 있습니다.

2) 지도자의 불평(12)

민수기 12장은 이스라엘 백성을 넘어 지도자들의 불평이 등장합니다. 그래도 '지도자는 좀 달라야 하지 않겠습니까?'라는 기대를 하게 되는데, 성경은 전혀 그렇지 않다고 합니다. 죄성에는 예외가 없습니다. 문제의 발단은 이스라엘의 지도자인 모세가 구스 여인 즉 이방 여인을 취했다는 것입니다.

평소에는 아무 문제도 제기하지 않았던 미리암과 아론이었습니다. 그들이 '기회는 이때다'라고 하면서 모세의 결혼을 문제 삼아 비난했습니다. 그러나 이들의 비난은 모세가 구스 여인인 이방 여인을 취했다는 데 초점이 있는 것이 아닙니다.

그들의 숨겨진 의도는 모세의 제사장권에 대한 도전입니다. 미리암과 아론의 마음에는 모세의 권위를 찬탈하려는 생각이 뿌리 깊게 박혀 있었습니다. 이것이 모세의 실수를 통해서 그들의 하나님에 대한 불신앙이 드러났을 뿐입니다.

대부분의 비난 뒤에는 이런 사단의 교묘한 의도가 숨어 있습니다. 하나님은 그것을 보시고 미리암과 아론을 엄격히 다루어 미리암을 문둥병에 걸리게 하였습니다. 문둥병에 걸린 미리암은 모세의 중보기도로 7일간 진 밖에 머문 다음에 회복되었습니다. 외부의 적보다 항상 내부의 적이 무섭습니다.

민수기 11-12장을 통해 하나님의 백성이 광야의 현실에 부딪힐 때, 제일 먼저 튀어나오는 것은 불평과 원망이란 사실을 깨닫게 합니다. 죄의 속성이 원망인데 여기에 자유로운 인간은 아무도 없습니다. 그가 지도자든 평신도든 여기서 벗어날 수 없습니다. 우리가 어떻게 이 원망을 극복하며 광야 생활을 할 수 있을까? 그것은 바로 성령의 충만한 삶입니다.

3) 가데스 바네아 사건(13-14)

민수기 13-14장은 이스라엘이 결정적으로 실패하는 불순종의 모습이 나옵니다. 하나님 나라의 구성 요소는 하나님 백성인 씨와 하나님 백성의 삶의 자리인 땅으로 구성되었습니다. 이 씨와 땅의 완성점이 가나안 땅입니다. 하나님 백성의 씨인 이스라엘을 부르셔서 민수기의 인구조사로 완성시킨 것이 창세기에서 민수기까지의 이야기입니다.

그런 후 하나님 백성의 씨들이 완성되어 들어가서 사는 삶의 자리인 땅의 완성이 신명기 이야기입니다. 지금 가데스 바네아에서는 하나님은 하나님 나라 씨를 완성하신 다음에, 하나님 나라 땅인 가나안을 주려고 가나안에 들어가도록 명령하셨습니다.

그러나 이스라엘은 이를 불순종하여 결정적으로 하나님께 버림을 받게 됩니다. 이 이야기는 단순히 하나님 말씀을 불순종했다는 정도가 아닙니다. 단순히 불순종했으니 벌을 받았다는 이야기가 아닙니다. 근본적으로 하나님이 그토록 주기를 원했던 하나님 나라를 들어가기를 거부하는 것이 이스라엘 백성의 문제점입니다.

그래서 하나님은 신명기에서 가나안땅에 들어가면 '이렇게 사는 게 행복한 삶이다'라는 지침을 주실 때, 먼저 이스라엘 백성에게 옛날의 조상들이 겪었던 '가데스 바네아' 사건을 꼭 기억하며 살 것을 권면하십니다. 그러기에 우리에게도 '가데스 바네아' 사건은 참으로 중요합니다.

그러면 가데스 바네아에서 어떤 일이 벌어졌습니까?

하나님은 하나님 백성인 이스라엘이 앞으로 살 가나안 땅을 지파별 대표자를 뽑아 40일 정탐을 하도록 하셨습니다. 12 정탐꾼들이 40일간 가나안을 탐지하고 돌아와 보고하는데, 그 보고가 두 편으로 갈라집니다. 먼저 갈렙과 여호수아를 제외한 10지파의 보고입니다. (13:25-29) 그들은 "가나안 땅은 들은 대로 과연 젖과 꿀이 흐르는 땅입니다. 그러나 거민은 강하고 성읍은 견고하고 거인족속인 아낙 자손이 있고, 산지 남방 해변에도 원주민이 거합니다."라고 보고하면서 스스로 결론을 내립니다.

"그 땅은 거민을 삼키는 땅이요
거기에 비하면 우리는 메뚜기에 지나지 않습니다
그러니 우리는 그 땅을 취할 수 없습니다"

(31-33)

반면 두 지파(갈렙과 여호수아)의 보고는 달랐습니다.

"그 땅을 정복하기에 어려움이 있다는 것은 사실입니다. 그러나 하나님이 주셨으므로 우리가 정복할 수 있습니다. 그들은 우리의 밥이다."(14:1-10)라고 외쳤습니다.

이 이야기를 듣고 있던 이스라엘 반응은 어떠했을까요?

이스라엘 백성은 놀랍게도 10지파의 불신앙의 보고를 선택했습니다. 그리고 바르게 보고한 갈렙과 여호수아를 돌로 쳐 죽이려고 돌을 집어 들었습니다. 갈렙과 여호수아는 죽음의 위기에 처하게 되었습니다. 이 때 하나님이 하나님의 영광을 나타내셔서 백성들의 분노를 압도해 버리자, 비로소 갈렙과 여호수아를 죽이려 손에 든 돌을 힘없이 내려놓게 되었습니다.

이 현상을 본 두 지도자인 여호수아와 갈렙은 놀라운 하나님의 능력에 사로잡히게 되었습니다. 한편 하나님은 불신앙을 택한 이스라엘을, 그들의 입의 말을 근거로 광야에서 40년간 방황하다가 전부 죽게 하십니다. (14-27절) 하나님은 "이스라엘 자손이 나를 향하여 원망하는바 그 원망하는 말을 내가 들었노라"라고 하시면서 이스라엘 백성의 말을 근거로 심판을 선포하셨습니다. 말에는 죽이고 살리는 권세가 있습니다. 잠언은 말의 주제가 대부분입니다. 잠언을 많이 읽고 묵상하여 말의 권세를 회복합시다.

그러면 이 두 부류의 차이점은 무엇일까요?

첫째는 두 부류의 보고에서 잘 나타납니다.

10지파의 보고인 민수기 13:25-33에는 하나님이란 단어가 한 번도 나오지 않습니다. 그러나 두 지파의 보고인 민수기 14:6-10에는 여호와가 네 번이나 반복되어 나타납니다.

둘째는 하나님의 판단을 보면 "내 종 갈렙은 그들과 마음이 달라서"(민 14:24)란 말씀이 지적하는 것처럼 마음에 있었습니다. 마음은 히브리어로 '루아흐'인데 하나님의 영이 거하는 처소를 말합니다. 즉 마음속에 하나님이 뿌리박혀 있느냐 아니냐 하는 것이 이 지도자들을 신앙과 불신앙으로 갈라놓았습니다. 다윗은 그 몸 어디를 눌러도 그의 입속에서 하나님의 '하' 자가 튀어나올 정도로 하나님을 신뢰했습니다.

하나님에 대한 신앙을 마음에 깊이 각인시키는 것이 중요합니다.

4) 광야에서의 방황(15-21)

* 제물, 안식일, 옷술에 관한 여러 가지 규례(15)

본문은 희생과 제사에 관한 규례들(15:1-31)과 안식일을 범한 사람들에 관한 처벌 규정(31절) 그리고 새로운 율법(37-41)을 다시 한번 정리해 줌으로 하나님의 백성들은 거룩해야 한다는 사실을 이스라엘 백성들에게 상기시키고 있습니다.

그러면 여기서 민수기(15:1-31)의 제사 규례는 왜 등장하고 있습니까?

제사에 관한 제의 부분을 다루고 있는 이 부분은 다음 장들에 대한 주석으로서의 역할을 합니다. 하나님의 백성이 믿기를 거부하고 불순종하였습니다. 이 율법들은 하나님께서 그들을 거룩한 백성으로 부르셨던 그 원래의 부르심을 떠올리게 해 주는 내용입니다. 민수기 15:32-36절 말씀입니다. "안식일에 나무하는 자는 회중에 돌 맞아 죽을 것이다. 공동체를 파괴하는 자와 부패케 하는 죄는 단호하게 다스릴 것이다."

"청색 끈을 그 귀의 술에 더하라"
(민 15:38)

청색은 왕권과 신성을 대표하는 색입니다. 대제사장의 의복도 주로 청색으로 되어 있으며 언약궤를 둘러싸는 천도 청색입니다. 히브리인들의 평상복에 청색 실로 술을 만들어 달라는 것은 신앙인 각자는 거룩한 존재이며, 이스라엘 공동체는 왕 같은 제사장으로 부르심을 받았다는 사실을 떠올리게 하는 조치였습니다.

* 고라의 반역(16)

민수기 16장에서는 레위 지파의 후손인 고라와 르우벤 자손 다단, 아비람 그리고 온 일당이 250명의 족장과 함께 모세와 아론의 영적인 지도력에 도전하는 이야기가 기록되어 있습니다. 그들은 청색 술이 강조하는 진리인 온 공동체가 거룩한 존재라는 진리를 근거로 하여 도전을 감행했습니다. 모세나 우리나 다 똑같다. 다를 게 뭐가 있나? 왜 모세는 앞에 서고 우리는 뒷전에 서야 하는가? 그들은 모세의 지도권을 거절했던 것입니다.

하나님은 이들을 엄벌해 땅이 입을 벌려 삼키도록 하셨습니다. 무시무시한 징계를 내리셨습니다. 그러나 이를 본 이스라엘 백성은 어떻게 반응했나요? 하나님의 징계 앞에 두렵고 떨림으로 나오는 게 아니었습니다. 도리어 모세가 고라 일당을 죽였다고 화를 냅니다. 이 이스라엘 백성의 완악함을 본 하나님은 그들에게 다시 진노하셨고 14,700명이 전염병으로 죽습니다.

* 아론의 싹 난 지팡이(17)

제사장권이 도전을 받을 때 하나님은 중요한 테스트를 하셨습니다. 이스라엘 지파에게 각 지파의 지팡이를 가져오게 하여, 거기에 자기 족장의 이름을 쓰게 하고 회막에 두게 했습니다. 그리고 그중 하나님께 속한 지팡이는 싹이 날 거라 말했습니다. 하루가 지난 다음에 싹이 난 지팡이는 아론의 지팡이였습니다.

하나님은 아론의 선택받은 권위를 지팡이에서 싹이 나게 함으로써 확인시켜 주셨습니다. 하나님이 아론의 편임을 만방에 선포하신 것입니다. 아론도 자기가 하나님의 편에 있음을 확인받았습니다. 능력의 원천은 '하나님은 나의 편, 나는 하나님의 편'에 있다는 확인에서입니다.

그리고 18장에는 이어서 제사장의 직분을 소개합니다. 이 사건은 고라 일당의 반역이 마무리된 후에 대제사장의 권위를 못 박아 두려는 의도에서 기록되었습니다. 지성소에 들어간 13개의 지팡이 가운데 아론의 지팡이만이 싹을 내고 열매까지 맺었다는 사실은, 그만이 하나님이 인정하는 대제사장이요, 지성소에 들어가서도 살 수 있는 자임을 증거하기에 충분했습니다.

* 가이드의 단상 15
고라 자손과 아론의 싹 난 지팡이

이스라엘 백성이 광야 여행을 하면서 부딪히는 두 번째 사건은 영적인 지도자에 대한 시기 질투였습니다. 민수기 광야 여행 기간은 일반적으로 40년이라 말하지만 대략 39년간입니다. 이 39년간의 사건 기록이 10:10-25장에 압축하여 기록되었습니다. 39년의 사건이라면 얼마나 많았겠습니까?

그런데 왜 두 가지 사건(불평과 불순종)만 기록되었을까요? 이것이 광야 여행에서 영적으로 우리가 부딪히는 가장 중요한 문제이기 때문이요, 연약한 인간이 지닌 죄성 때문입니다. 그중 하나는 불평의 문제요, 다른 하나는 영적인 지도자에 대한 비난입니다. 이것은 자연스럽게 인간의 본성에서 흘러나오는 죄의 속성입니다. 이것을 잘 극복하는 게 광야 같은 현실에서 승리하는 길입니다.

고라 자손을 한번 보시기 바랍니다. 이들도 하나님을 섬기는 축복을 받은 지파들입니다. 기쁜 마음으로 직분을 감당했습니다. 그러나 어느 순간에 모세를 보면서 모세나 우리나 다를 게 뭐지 똑같은 인간인데? 그러다 모세를 시기 질투하게 되었고 하나님이 세우신 권위를 인정하지 않았습니다. 그래서 모세에 도전한 것입니다.

이것이 왜 문제가 될까요?

이것은 모세 개인에 대한 도전이 아니라 하나님이 세우신 권위에 대한 도전이기 때문에 문제입니다. 하나님은 모세를 통해 하나님 나라를 선포하십니다. 그런데 모세를 싫어하고 비난하면 자연스럽게 그를 통해 전해지는 하나님 나라가 가려지게 됩니다. 그것이 지옥이요, 가장 무서운 징계입니다. 그래서 하나님은 고라 일당을 땅을 갈라지게 하여 묻어 버리는 전무후무한 징계를 내리신 것입니다. 그러나 하나님은 징계가 목적이 아닙니다. 회개하고 돌아오기를 원하십니다.

고라 후손을 보세요!

이런 정도로 징계를 받았으면 후손이 부끄러워 사라질 수밖에 없습니다. 그러나 200년 후 고라 후손들의 삶을 보면 참 아름다운 신앙인으로 쓰임받은 것을 볼 수 있습니다. 시편 중에 아름다운 시편은 고라 자손이 쓴 시편이 많습니다. 시 84편에서 "주의 궁정에서 한 날이 다른 곳에서 천 날 보다 나은즉 악인의 장막에 사는 것보다 내 하나님의 성전 문지기로 있는 것이 좋사오니"(시 84:10)라고 고백합니다.

얼마나 아름다운가 시입니까?

모세에 대적했던 교만한 자들이었으나 지금은 "하나님의 문지기로 쓰임받는 것만으로도 좋다"라고 고백합니다. 이는 고라 자손이 조상들을 보면서 진심으로 회개했다는 것을 확인해 주는 것입니다. 하나님은 이런 삶을 원하십니다.

또한, 아론의 싹 난 지팡이를 좀 보세요!

하나님이 세우신 지도자를 통해 생명의 역사를 이루시는 하나님을 볼 수 있습니다. 신앙생활하는 데에 있어 가장 큰 방해가 지도자와의 갈등입니다. 지도자와는 관계를 잘 맺어야 합니다. 이 관계가 파괴되면 신앙생활은 너무 힘들기 때문입니다.

이렇게 이야기하면 꼭 종교개혁자 마르틴 루터의 '만인 제사장'을 들어 '왜 그게 문제인가?'라고 반문합니다. '평신도나 교역자나 하나님 앞에 다 똑같은 거 아닌가? 지도자는 필요 없어!' 하시는 분들이 많이 있습니다.

그러나 그들은 '만인 제사장직'을 오해하는 분들입니다. 만인 제사장이란 하나님 앞에 우리는 다 평등하다는 것입니다. 그러나 우리가 '만인 제시장직'을 이야기할 때 꼭 기억해야 할 것이 있습니다. '만인은 하나님 앞에 신분상으로는 동등하지만, 직무상으로는 동등한 것이 아니다.'라는 사실입니다.

하나님 앞에 가는 데 있어서는 어떤 제도나 사람을 통해 가는 게 아니고 직접 나갈 수 있습니다. 그것은 맞습니다. 그러나 공동체와 신앙의 유익을 위해 섬기도록 하나님은 지도자를 세우셨습니다. 하나님은 그를 통해 하나님 나라의 역사를 이루어 가기 원하십니다. 그래서 지도자와의 관계를 잘 맺어야 하고, 이게 공동체를 섬기는 영적 지도자의 필요성과 중요성입니다.

요약하면 우리는 각자 하나님 앞에 평등한 자입니다. 그러나 공동체를 잘 이루기 위해 영적 지도자가 절대로 필요합니다. 이 점을 분명히 해야 신앙생활이 혼돈되지 않습니다. 그게 우리의 축복이기 때문입니다.

5) 모압 사건(20-25)

* 반석을 내리치는 모세(20)

이스라엘 백성이 신광야 가데스에 이르렀을 때 물이 없자 또 불평했습니다. 하나님은 모세에게 "지팡이를 가지고 네 형 아론과 함께 회중을 모으고 그들의 목전에서 너희는 반석에게 명령하여 물을 내라 하라 네가 그 반석이 물을 내게 하여 회중과 그들의 짐승에게 마시게 할지니라"(민 20:8)라고 하셨습니다.

그때 모세가 반석을 두 번 쳐서 물을 내게 했는데 하나님은 이를 모세의 교만으로 보셨습니다.

모세가 죄를 범했을 때 하나님은 진노하셨습니다. 교만은 하나님을 온전히 신뢰하지 못하는 것입니다. 하나님이 가장 싫어하시는 것은 교만입니다. 교만은 가나안 길을 차단하는 것입니다. 그래서 하나님은 교만한 자를 대적하시고, 겸손한 자에게 은혜를 베푸십니다.

* 불뱀과 놋뱀 사건(21)

이스라엘이 하나님의 은혜로 아랏을 물리친 후 이번에는 길 때문에 불평합니다. 아마 길이 꼬불꼬불 좀 험악했던 것 같습니다. 하나님은 불뱀을 보내서 불평하는 이스라엘을 물게 하셨습니다. 죽음에 직면한 백성들이 살려 달라고 구원을 요청했을 때, 하나님은 그들에게 구원의 길을 제시하십니다. 그 구원의 길이 장대에 달린 놋뱀을 바라보는 자는 산다는 것입니다. 참으로 이성적으로는 믿기 어려운 방법입니다.

그러나 이것은 그들에게 믿음을 요구하신 테스트인 것입니다. 믿음은 이성에 근거하는 게 아니라 하나님의 약속의 말씀에 근거함을 선명하게 보여 줍니다. 믿음은 불신앙의 독을 제거해 줍니다. 이렇게 하여 '장대에 높이 매달린 놋뱀'의 예표인 '십자가에 매달리신 예수'를 바라볼 때 눈이 열리게 됩니다.

* 발락과 발람(22-24)

발락은 모압의 왕이었고, 발람은 거짓 선지자였습니다. 가나안을 향해 진군해 가는 이스라엘이 모압에 이르렀습니다. 이스라엘의 위세 앞에 모압과 미디안은 두려움을 갖게 되었습니다. 모압왕 발람은 이방 나라의 왕이었지만, 나름대로는 상당히 지혜로운 자였습니다. 그는 하나님이 함께하는 이스라엘을 이길 수 없음을 일찍부터 깨닫고 있었습니다. 그래서 그 방법을 이교도 선지자인 발람을 통해 얻으려 하였습니다.

발락은 물질로 거짓 선지자 발람을 유혹했습니다. 발람은 이 유혹의 덫에 완벽하게 걸려들었고, 발락의 요구대로 이스라엘을 저주하기로 했습니다. 그러나 발람은 하나님의 간섭하심으로 이스라엘을 저주할 수가 없었습니다. 그는 도리어 축복을 하게 되었습니다.

이런 체험에도 불구하고 발람은 물질의 탐욕에서 빠져나올 수 없었습니다. 물질의 유혹이 발람을 완전히 사로잡고 있었기 때문입니다. 하지만 발람은 다시 한번 이스라엘을 저주하기로 했습니다. 그런 발람을 하나님의 사자가 나타나서 길을 막았습니다. 나귀는 이를 보고 앞으로 나가지 않았습니다. 그러나 발람은 머뭇거리는 나귀를 내리쳤습니다. 그 앞에 막고 있는 사자를 보지 못했기 때문입니다. 그때 나귀가 입을 열어 주인인 발람에게 말합니다.

'지금까지 내가 이런 일이 있었느냐? 그렇다면 이게 무슨 일인가를 빨리 깨달아야지, 왜 깨닫지 못하느냐?'

그제야 발람의 눈이 열려 앞을 막고 있는 천사를 보았습니다. 나귀만도 못한 발람의 모습을 봅니다. 발람은 이스라엘을 저주하려다 또다시 실패했습니다. 이번에는 이스라엘을 축복할 뿐 아니라 메시야 예언까지 하게 됩니다.

"한 별이 야곱에게서 나오며 한 규가 이스라엘에게서 일어나서 모압을 이쪽에서 저쪽까지 쳐서 무찌르고 또 셋의 자식들을 다 멸하리로다"

(민 24:17)

사단이 아무리 발버둥을 쳐도, 하나님의 구원의 시계는 현재도 미래도 영원히 째깍째깍 돌아가고 있습니다.

* 바알브올 사건(25)

발람은 하나님의 간섭하심을 수없이 받았습니다. 그래서 본인이 직접 이스라엘을 저주할 수는 없었습니다. 그러나 그는 물질의 달콤한 유혹의 덫에서 벗어날 수 없었습니다. 그래서 자기는 실패했지만, 발락 왕이 이스라엘을 저주할 수 있는 비결을 가르쳐 줍니다. 그것은 아주 간단합니다. 이스라엘이 하나님이 가장 싫어하는 것을 하도록 유도하는 것입니다. 그건 바로 다름 아닌 이스라엘 백성이 간음하는 것입니다. 이것이 바로 신약에서 그렇게 주의하도록 경고한 '발람의 예언' 또는 '발람의 꾀'입니다.

발락 왕은 쾌재를 불렀습니다. 그는 모압 사람들에게 축제를 열게 하고, 모압에서 가장 아름다운 여인을 뽑아 준비시켰습니다. 그리고 이스라엘 사람들을 초청하게 했습니다. 축제에 초청된 이스라엘은 분위기상 자연스럽게 하나님이 싫어하는 간음에 빠졌습니다.

간음하는 이스라엘 백성을 본 하나님은 크게 분노하셨고, 하나님은 당장 염병을 내려 이스라엘 백성 24,000명을 죽여 버리십니다. 이때 하나님의 거룩한 분노를 간파한 사람이 제사장 아론의 손자 엘르아살의 아들 비느하스였습니다. 그는 창을 들고 하나님의 거룩한 분노의 심판대열에 참여하여 간음자들을 직접 찔러 죽였습니다.

그 사건 이후 하나님은 레위 지파인 제사장 비느하스와 평화의 조약을 맺고 제사장 직분을 감당하도록 하셨습니다. 여기서 하나님이 가장 싫어하시는 것이 간음이란 사실을 볼 수 있는데, 이는 다시 말하면 무엇이든 섞는 것을 하나님이 가장 싫어하신다고 볼 수 있습니다. 아시아 일곱 교회 중 하나인 버가모 교회에 이 "발람의 예언"을 조심하도록 주님은 특별히 권면하십니다. 우리에게 순수성과 정결함을 요구하시는 주님이십니다.

4. 민수기의 마지막 단계

1) 마지막 준비(26-30)

이 부분에는 순례자를 보호하시는 하나님의 모습이 잘 나타나 있습니다. 군사 목적으로 인구조사를 했다는 것은 이스라엘이 가나안을 공격할 준비가 돼 있다는 것을 의미합니다. (26:1-65) 슬로브핫의 딸들의 주장(27:1-11) 그리고 여호수아를 후계자로 세운 사건(27:12-23) 후 가나안 정복 이후에 영원히 드리게 될 제사에 대한 규례들을 재점검(28:1-29:40)하는 가운데, 이스라엘이 자신들의 유업을 얻게 되리라는 자신감이 나타나 있습니다. 또한, 전쟁을 앞두고 빈번했던 개인적인 서원의 규칙을 명확히 정리하고 있습니다. (30:1-16)

* 마지막으로 주어진 법규들(27-36)

민수기 마지막은 사건보다 주로 지시와 법규들입니다. 26장의 인구조사를 1장의 인구조사와 유사한 차원에서 본다면, 민수기 27-36장의 보고가 모두 슬로보핫의 딸들에 대한 언급으로 시작하고 마칩니다. 그 중간에 있는 것이 또한 여자의 서원에 대한 언급입니다. (30장) 그러므로 구조는 슬로보핫의 딸들(27) - 지시와 법규(28-29) - 여자의 서원(30) - 지시와 법규(31-35) - 슬로브핫의 딸들(36)로 배열되었습니다. 이런 구조 속에서 주목할 만한 것은 여자의 권리에 대한 것인데 미디안과의 전쟁에서 심지어 아이들은 죽이나 남자와 성적인 관계를 가진 여자를 제외하고 모든 여자를 살려야 하는 법규(31:13-20)와 관계 있습니다.

* 인구조사(26)

1차 인구조사는 불순종으로 무효화되고, 2차 인구조사가 가나안 진입을 앞두고 시행되었습니다. 특히 사람의 수대로 장차 들어가서 살 땅을 분배해야 했으므로 새로운 계수가 필요했습니다. 1차와 2차를 비교하면 다음과 같습니다.

조사 대상 : 1, 2차 공히 20세 이상으로 전투 능력이 있는 자
조사 시기 : 1차(출애굽 2년 2월 1일) 2차(출애굽 40년 5월 이후)
조사 장소 : 1차(시내산) 2차(모압 평지)
조사 목적 : 1차(광야 행군 질서 및 군대 조직 편성)
2차(군대 재조직 및 가나안 땅의 기업 분배)
조사 특징 : 1차 조사 시의 갓 지파와
2차 조사 시의 르우벤 지파를 제외하고는 모두 백 단위로 숫자가 끝납니다.

이스라엘 전체 인구수는 별 변동이 없으나 각 지파 간 인구수는 증감 폭이 매우 큽니다. 특히 므낫세 지파의 증가율과 시므온 지파의 감소율은 뚜렷이 대비됩니다. 르우벤 진기에 속한 지파는 모두 감소했지만, 유다 진기에 속한 지파는 모두 증가했습니다.

* 슬로브핫의 딸들(27)

므낫세 지파의 슬로브핫의 딸인 말라, 노아, 호글라, 밀가, 디르사가 토지 상속법의 허점을 모세에게 알려 규정을 수정받습니다. 이들은 아들 즉 상속자가 없이 남편이 죽자 토지를 상속받을 수 없게 되었습니다. 이에 딸들은 토지법은 공의를 위해 있는데, 오히려 이것이 위협을 받게 되니 법 수정을 요구해 상속자가 없으면 딸들이 상속받을 수 있도록 요구했습니다. 하나님은 이를 허락했습니다.

그리고 민수기 36장에서는 이 규정에 대한 가족 지도자들의 또 다른 문제 제기가 받아들여져서 이 슬로보핫의 딸들의 상속받은 땅이 결혼으로 인해 다른 지파로 넘어가지 않도록 재정비됩니다. 이들이 므낫세 지파 안에서만 결혼해야 하는 규정이 첨가되었습니다. 법이 사람을 위해 있는 것이지 사람이 법을 위해 있는 것이 아닌 법 정신을 잘 보여 주고 있습니다.

* 절기(28)

상번제 : 안식일, 월식
년중제 : 유월절, 칠칠절(오순절), 나팔절, 속죄일, 초막절

대표적인 세 절기는 유월절, 오순절, 초막절입니다.

세 절기가 주는 교훈의 초점이 다른데, 공통점은 축제의 기간이 일주일이며 모두 밭에서 나는 추수와 관련되어 있습니다.

유월절 : 출애굽을 기념하며 이에 대한 감사의 표시로서 봄에(4월 말에서 5월 초) 처음 맥추 수확이 시작되는 때에 첫 열매를 하나님께 가져갑니다.

오순절 : 가나안 땅을 차지한 것에 대한 기념이며 곡식을 수확한 지 50일째(칠칠절, 오순절)인 밀(보리) 추수의 끝 무렵에 지냅니다. 수고하여 얻은 열매를 감사하며 하나님께 바칩니다.

초막절 : 광야를 기념하는 것이며 가을에 수확한 과실 열매를 가지고 가서 일주일간 장막 속에서 지내면서 축제를 합니다. 1년 중 마지막에 해당하는 절기로 추수에 대한 감사의 의미도 담고 있으며 추수절, 장막절, 수장절로도 불립니다.

＊ 7월 절기(29)

7.1. 나팔절
7.10. 속죄일
7.15. 수장절(초막절 15-22일, 마지막 22일은 성회로)

7월은 절기의 달입니다. 위 외에도 안식일까지 합하면 7월에 예배드리는 시간이 14일이나 됩니다. 7월 한 달의 절반이나 되는 시간을 예배드립니다. 그런데 7월은 이스라엘에서 가장 바쁜 추수의 계절입니다.

왜 하나님은 가장 바쁜 추수의 계절에 가장 많은 예배의 시간을 요구하나요?

여기서 하나님의 뜻을 발견할 수 있습니다. 그것은 가장 귀한 것을 드리는 것이 예배라는 뜻입니다. 하나님은 가장 귀한 것을 원하십니다. 가장 귀한 시간(골든 타임), 가장 귀한 물질, 가장 귀한 건강을 드리는 것이 예배입니다. 신앙생활에 인생의 중간 토막을 하나님께 드리는 훈련을 쌓는 게 굉장히 중요합니다.

이런 의미에서 오늘날 예배를 임의로 변경하여 드리는 것은 과연 성경적인가를 재고해 보아야 합니다. 농업시대에 가장 귀한 시간이 오전 11시 그리고 오후 7-8시였습니다. 물론 오늘날은 농업시대가 아닙니다. 시대의 변화를 당연히 고려해야 합니다. 그러나 예배의 절기에 담겨 있는 하나님의 의도를 놓치는 우를 범해서는 결코 안 됩니다. 이 시간에 예배드리는 것은 가장 귀한 시간을 하나님께 드리는 훈련으로서 더없이 좋은 것입니다.

* 서원제(30)

서원은 돈이나 값진 것을 자발적으로 바치겠다고 서약하는 것을 뜻합니다. 그 같은 서약을 입 밖에 내면 거기에는 구속력을 가지며 그 서약은 깰 수 없습니다. 서약은 대개 거래의 형식을 가지며 전쟁 직전에 개인이 서원하는 경우가 많았습니다. 이스라엘이 가나안을 침공 직전에 있는 본문은 서원에 대한 율법을 명확히 하고 있습니다. 서원자는 누구든지 그 서원에 구속됩니다.

결혼한 여인이나 결혼하지 않은 여인도 서원할 수 있었으나, 그 남편이나 아버지가 듣고 반대하면 서원을 취소할 수 있습니다. 만약 서원을 듣고도 아버지나 딸이 아무 말도 하지 않으면 그 서원은 구속력을 가집니다. 즉 침묵은 동의로 간주되기 때문입니다. 이것은 오늘날도 마찬가지입니다. 여러분과 내가 잘못된 부분을 보고도 말하지 못하고 침묵한다면, 우리의 침묵에는 이미 동의한다는 뜻이 내포되어 있는 것입니다.

2) 마지막 작업(31-36) : 하나님의 약속

이스라엘은 미디안을 궤멸시켰으며, (31:1-54) 열두 지파 중 두 지파 반이 자신들의 땅을 분배받습니다. (32:1-42) 모세는 이스라엘이 걸어온 길을 회상합니다. (33:1-49) 그는 가나안을 완전히 멸절하라고 백성들에게 명령했으며(50-56) 약속의 땅의 경계를 확정지었고(34:1-29) 레위인들의 성읍을 마련해 줄 것과 도피성을 세울 것을 다시 상기시켜 줍니다. (35:1-3) 모세는 또한 상속받는 여인은 같은 지파 안에서 결혼하라고 명령합니다. (36:1-13)

* 미디안 정복(31)

이스라엘이 미디안과의 전투에서, 미디안 다섯 왕을 죽이고 쉽게 정복했습니다. 그리고 이스라엘은 한 사람도 죽지 않았음을 강조합니다. 미디안은 하나님 진노의 대상입니다. 그들은 이스라엘을 유혹해 음란의 우상숭배를 하게 했기 때문에 하나님이 그들을 완전히 궤멸토록 명령하셨습니다.

반면에 이스라엘은 많은 전리품을 거두었고 한 사람도 죽지 않았습니다. 이때 거짓 선지자 발람도 죽었습니다. 하나님은 이스라엘의 대적을 온전히 사라지게 하십니다. 자기 백성을 지키시고 붙드셔서 약속하신 가나안땅을 얻도록 하겠다는 하나님 약속의 확실성을 보여 주셨습니다.

* 두 지파 반의 요구(32)

가나안 진입을 앞두고 돌발적인 사태가 벌어집니다. 한마음이 되어도 죽느냐 사느냐의 갈림길에 서 있는 이스라엘에 갓 자손과 르우벤 자손과 므낫세 반지파는 모세에게 나와 요단 동편 땅을 요구했습니다.

왜냐하면, 요단 동편 땅이 너무나 기름지고 아름답기 때문입니다. 모세는 이들의 요구에 아주 분개했습니다. 그리고 그들의 요구를 이스라엘 역사상 가장 치욕적인 불신앙의 상징인 '가데스 바네아' 사건에 버금가는 가장 큰 불신앙으로 간주합니다.

모세는 그들이 요단 동편 땅을 포기하지 않을 것을 알았습니다. 이에 모세는 가나안 땅에 '먼저' 들어가서 '선봉'에 서서 '무장'을 하고 땅을 온전히 정복할 때까지, 정복 전쟁에 참여한다는 전제 조건을 달고 그 땅을 허락합니다. 이것은 여호수아 1장에도 다시 기록하여 이스라엘 백성들에게 새롭게 상기시킵니다.

* 출애굽 광야 여정 회상(33)

과거의 기억은 그것이 실패든 성공이든 우리에게 중요한 교훈을 줍니다. 2번의 진을 옮긴 과거의 여정을 돌이켜 보면, 한 가지 확신할 수 있는 것은 하나님이 그들을 신실하게 인도하셨다는 사실입니다. 이는 앞으로 가나안 땅에서도 하나님이 그들을 위해 싸워 주실 것을 확신할 수 있습니다.

애굽에서 시내까지(1-15)
시내산에서 호르산까지(16-36)
호르산에서 모압까지(37-49)

* 가나안 땅의 경계(34)

본 장에서는 하나님 나라의 예표인 가나안 땅에 대한 청사진과 함께 그 땅을 나눌 지파를 언급합니다. 땅의 이름을 하나하나씩 불러 보세요! 그리고 거기에 할당된 지파들의 이름을 불러 보세요! 어떤 생각이 먼저 떠오르는가요? 땅 투기가 생각나나요? 그러면 성경을 모독하는 겁니다.

땅의 주인공 그들은 누구입니까? 그게 바로 오늘날 우리 아닌가요? 우리 이름이 하늘나라에 또렷하게 기록되었다는 확신과 땅이 우리 것이라는 소유의식이 신앙입니다. 우리에게도 이런 청사진이 있는가요? 아브라함이 왜 그토록 막벨라 묘지를 소유하려 했습니까? 부활 신앙에 대한 청사진이 그에겐 있었기 때문입니다. 그게 하나님 나라요, 그것이 신앙입니다.

* 레위인의 48 성 읍과 6개의 도피성(35)

레위인에게는 48 성읍이 주어집니다. 이것은 레위인의 성읍이 다른 지파들에 곳곳에 흩어져 있다는 것은, 레위인은 항상 백성들을 가까이 하여 말씀을 섬길 책임이 있음을 말해 줍니다. 레위인은 항상 백성에게 선한 영향을 끼쳐야 합니다. 그리고 이스라엘 땅에는 6개의 도피성(요단 동편에 3개, 서편에 3개)이 세워져 고의적인 살인죄가 아닌 것은 구제토록 했습니다. 당시에는 "피를 복수할 수 있는 자"는 가장 가까운 피해자의 친족에게 주어졌습니다. 그러나 도피성으로 도주한 자는 이들이 어찌할 수 없었습니다.

이것은 죄의 사함을 받을 수 있는 예수 그리스도의 예표입니다. 우리의 유일한 소망은 예수 그리스도입니다.

* 슬로브핫의 딸의 요구와 하나님의 요구(36)

슬로브핫의 딸의 요구가 상달 되어 딸들도 땅을 상속할 수 있게 되었습니다. 그러나 이들은 다른 지파로 시집갈 수 없었습니다. 시집을 가면 그 땅이 다른 지파의 땅이 되므로, 이것은 각 지파에 영원한 땅으로 부여한 하나님의 뜻과 어긋나기 때문입니다. 하나님은 땅의 경계인 지계표를 옮기지 말라고 하셨습니다. 슬로브핫의 딸은 땅을 상속받았으나 지파의 유업을 보존키 위해 지파 안에서만 시집을 가야 했습니다.

하나님께서 우리에게 주신 것을 가볍게 넘겨서는 안 됩니다. 왜 하나님이 에서의 장자권을 야곱에게 팥죽 한 그릇에 넘긴 것을 "망령되고 미친 짓"이라고 했겠습니까? 그것은 그만큼 하나님의 것이 존귀하기 때문입니다. 하나님의 것을 존귀하게 여겨야 합니다.

민수기를 마무리하면서 하나님이 민수기를 이렇게 쓰실 수밖에 없었겠다는 생각과 하나님의 마음을 읽을 수 있었습니다. 민수기는 하나님 나라의 씨가 되는 이스라엘 백성의 성숙함이 무엇인가를 가르치고 있는데, 여러 가지가 많을 것 같지만 요약하면 하나님은 두 가지를 제시하고 계십니다.

하나는 인간의 죄성인 불평인데, 이 불평을 처리하기 위해 '성령으로 충만하라'라는 것입니다. 또 다른 하나는 하나님의 말씀이 우리 심령에 달음질하게 하라는 것입니다. 이것을 방해하는 것 즉 말씀을 섬기는 자들과의 관계를 불편하게 하는 모습에서 벗어나라는 명령입니다. 그러면 광야 같은 현실에서 하나님 나라 백성들이 승리의 삶을 누릴 수 있다는 확신의 메시지입니다. 그 승리의 모습을 모세는 신명기에서 서술하고 있습니다.

신명기(34) : 언약갱신의 책

① 회상 ① 가데스 바네아 ② 회상 ② 에돔·암몬 모압 차지 말라 ③ 헤스본 왕 시혼 바산 왕 옥	십계명(20)	쉐마	가나안에서 금지사항 언약× 혼인× 신× 은금× (기억하라)		그리심산(축복) 에발산(저주)	우상숭배 경고 (꿈·거짓 선생은 죽이라)	정한 식물	7년 끝 면제년	3대 절기	왕의 금지 사항 (말× 여자× 은금×)	18:15 모세와 같은 선지자 JX	도피성	㉓ 총회에 차석치 못하는 자들 ㉕ 태형 40대	그리심산(축복) 시므온, 레위, 유다, 잇사갈, 요셉, 베냐민 에발산(저주) 르우벤, 갓, 아셀, 스블론, 단, 납달리	㉜모세노래 여수룬: 외롭고 은혜로운 이스라엘 ㉞모세죽음 여호수아
1 2 3 4	5	6	7 8	9 10	11	12 13	14	15	16	17	18	19	20~26	27~30	31~34
장소: 아라바광야	십계명					관계된 계명								모세 죽음 ·모압골짜기 ·하나님만 아심 (유다서) ·120세 ·눈이 흐리지× ·30일 애곡	여호수아 ·지혜신 충만 ·모세에 안수 ·IS존경자 ·여호와께 순종
과거회상	현재를 위한 계명													미래를 좌우할 선택	모세의 고별사

신명기(34) : 축복

1. 신명기 스케치

1) 신명기 선이해

첫째는 신명기의 통일성의 근간은 하나님이 이스라엘과 갱신하는 모압 언약입니다. 둘째는 모압 언약은 이스라엘이 하나님과 맺은 최초의 근본 언약인 시내산 언약과 쌍을 이룹니다. 셋째는 시내산 언약은 하나님 나라의 씨의 완성을 다루고, 모압 언약은 하나님 나라의 땅의 언약을 다룹니다.

본서는 이스라엘 백성이 약속의 땅에 진입하기 직전 모압 광야에서 진을 치고 있을 때, 모세가 그들에게 행한 3편의 설교로 구성되어 있습니다. 즉 출애굽 제2년부터 전해진 하나님의 율법과 규례들이 출애굽 제40년 말경에 모세를 통해서 다시 선포되고 있습니다. 이것은 새로운 신세대에 꼭 필요한 일이었고 모세의 죽음을 앞두고 새롭게 갱신할 필요가 있었습니다.

모세의 설교는 3편인데, 첫 번째 설교(신 1:1-4:43)는 지나간 역사의 중요한 사건을 언급하면서 택한 백성에 대한 하나님의 섭리를 설명합니다. 즉 불신앙에 대한 하나님의 심판과 순종에 따른 하나님의 역사를 회고시키므로 순종은 축복을, 불순종은 저주를 낳는다는 교훈을 줍니다.

두 번째 설교(신 4:44-26:19)는 모압 언약으로서, 그 구조는 십계명(5), 주요법에 의한 설교(6-11), 모압 언약의 세부법(12-28)으로 구성되어 있습니다. 이것은 시내산 언약을 갱신함으로써 언약 백성의 책임을 촉구하고 있습니다.

세 번째 설교(신 29-34)는 죽음을 눈앞에 둔 자신의 생을 마친 후에 전개될 역사를 예언적 어투로 전달합니다. 즉 모세는 이스라엘이 가까운 장래에 경험할 축복과 저주, 그리고 먼 장래에 일어날 포로 사건과 귀환을 예견한 것입니다. 한편 이 부분에는 여호수아의 후계자로의 임명, 모세의 고별사, 모세의 장례의 역사적 사실도 삽입되어 있습니다.

2) 신명기 구조

위와 같은 내용을 전달하는 데 필요한 수단이 히브리 문학에서 특별한 관심을 가진 문학적 구조입니다.

구조는 신학을 말하는데, 이런 점에서 신명기는 전체의 구성에 있어서 과학적이고 논리적인 모습을 가집니다. 신명기는 핵심을 둘러싸고 있는 외부 구조와 핵심 자체의 내부구조로 나누어집니다.

A. 전체적인 윤곽, 외부 구조와 시간의 흐름과의 상관성

신명기의 전체적인 윤곽이자 외부 구조는 다음과 같이 도식화될 수 있고, 시간의 흐름과의 상관성은 다음과 같습니다.

A	X	A’
외곽	핵심	외곽
(1:1-4:44)	(4:45-29:1)	(29:2-34:12)
과거	현재	미래

즉 A는 핵을 둘러싼 외곽으로서 이스라엘의 과거 역사를 말합니다. 반면에 A’는 또 다른 외곽으로서 이스라엘의 미래 역사를 말합니다.

A의 문체는 역사 기술체(1-3장)와 설교체(4장)이며, A'의 문체는 운문체(시)로 되어 있습니다. 이것의 중심인 X에는 신명기의 핵심인 모압 언약이 들어 있습니다.

B. 내부 구조 및 전체의 세부 구조

외곽구조(A, 1:1-4:44) - 내부구조(X, 4:45-29:1) - 외부구조(A', 29:2-34:12)

가까운 과거(a1, 1:1-3:29), 가까운 미래(a1, 31:1-34:12) - 먼 과거(a2, 4:1-44), 먼 미래(a2, 29:1-30:20)

언약의 법적 요소(x1, 4:45-11:25), 언약의 법적 요소(x1', 12:1-26:15) - 언약의 제의적 요소(x2, 11-26-32), 언약의 제의적 요소(x2', 26:16-26:69)

이 구조에서 신명기 신학의 핵심인 모압 언약이 문학적으로 중간에 위치하게 된 것을 알아야 합니다, 시작은 신명기 1장에서 할 수 있어도 핵심은 신명기 5장에서 시작됨을 알 수 있기 때문입니다. 특히 법적인 요소를 설교할 때 제의적인 요소가 앞뒤를 봉투처럼 감싸 안은 구조를 취해 법적인 요소를 더욱 도드라지게 해 줍니다. 예를 들어 주요법(6-11)은 5장과 11장의 '쉐마' 말씀으로 시작과 끝을 맺습니다. 세부법(12-26)은 11장과 27장의 '에발산과 그림심산의 예식'으로 시작과 끝을 감싸고 있습니다.

3) 시내산 언약과 모압 언약

두 언약의 차이점이 나타나는데 시내산 언약에는 저주가 없으나, 모압 언약에는 저주(28장)가 나와 있습니다. 또 신명기에 나와 있는 모압 언약에는 고대 근동의 다른 제도 속에는 없는 요소가 있습니다. 그것은 언약을 파괴한 이스라엘에 베푸시는 용서입니다. 물론 시내산 언약에는 이것이 제사 제도를 마련하므로 제사를 통해서 언약이 갱신되도록 한 것의 연장이라고 할 수 있습니다.

이러한 차이점들은 시내산 언약이라는 데서 기인합니다. 즉 시내산 언약은 결혼의 비유로 들자면 신혼 기간이라 볼 수 있고, 그러기에 신혼은 미래를 기대하는 것이지 나쁜 것을 말하지 않습니다. 그러나 신혼 기간의 실패가 나타나자 하나님은 축복과 저주라는 것을 통해 결혼 생활을 바르게 할 것을 권면합니다.

이게 모압 언약입니다.

	시내산 언약	모압 언약
1. 언약 당사자의 쌍방관계	출 19:5-6	신 26:18-19
2. 언약 당사자끼리의 공적 대면	출 19:9-25	신 5:2-3
3. 언약 관계법의 제사와 수납(십계명)	출 20:1-17 출 20:22-23:33	신 5:7-21 신 6-11 / 12-26
4. 언약 체결 / 비준 제사 및 언약 문서	출 24:3-8	신 27장
5. 언약 체결 후의 피로연	출 24:9-11	신 27:7

4) 두 장소(모압/세겜), 두 시간(현재/미래), 두 지도자(모세/여호수아)

왜 모압에서 언약 갱신이 이루어져야 했을까요?

언약 갱신이 이루어지기 위해서는 언약 당사자가 바뀌든지 상황이 바뀌어야 합니다. 그 바뀐 점이 무엇인가? 그것은 이스라엘이 세대교체가 되었고 그들이 언약의 땅에 들어가야 하며, 모세가 가나안에 들어갈 수 없고 여호수아로 세대교체를 해야 했기에 언약이 갱신되어야 했습니다.

이런 상황 속에서 언약을 갱신하는 길은 다음과 같습니다. 모세는 자기가 지금 여기서 할 수 있는 것을 모압 땅에서 다 준비해 둡니다. 그리고 나머지 언약 체결 제사와 같은 예식은 일정한 순서를 따라 하면 되기 때문에 차세대 지도자인 여호수아에게 맡겨서 그가 미래에 가나안(세겜)에서 행하게 합니다. 그러므로 신명기의 언약은 아주 독특한 형태를 띠게 됩니다.

위에서 언급한 다섯 단계 중 처음 세 단계는 모세가 다 준비해서 모압에서 수행했습니다. (언약 관계의 선언, 언약 당사자의 만남, 언약법의 선포) 그리고 나머지 두 단계는 미래에 세겜에서 행하도록 한 것입니다. (언약 체결/비준 제사와 축복과 저주, 언약의 피로연) 모세가 준비한 것은 모두 법적인 것이며, 여호수아가 나중에 할 일은 모두 제의적인 것입니다.

그러면 이것이 신명기 신학에 미치는 영향은 무엇일까요?

이것은 신명기의 내용뿐 아니라 구약의 다른 책을 해석하고 설교하는 데 아주 중요합니다. 신명기 언약은 모압의 측면에서 보면 이제 완성되었지만, 세겜의 측면에서 보면 미완성입니다. 즉 완성된 것이자 미완성의 것입니다.

이 상태가 씨와 땅의 신학의 실존성과 함께 신명기 신학의 중요한 긴장을 조성합니다. 신명기는 이미 이루어졌으나, 그러나 아직 이루어져야 할(already, but not yet) 언약의 내용을 가지고 마무리됩니다. 그 이후는 다음 세대의 손에 맡겨졌습니다. 이러한 신명기 신학은 지속적인 긴장을 구약의 다음의 책들에 남기고 있습니다.

5) '신명기 언약'의 구조(4:45-28:69)

'신명기 언약'의 구조를 살펴보면 모세가 세심하게 구조를 배치해 놓았음을 알 수 있습니다. 먼저 신명기 언약은 3부분인 십계명(5), 주요법(6-11), 세부법(12-26)으로 구성됩니다. 그런 후 이것을 어떻게 전해야 하는지에 대한 모세의 상한 심령을 보여 줍니다. 그의 상한 심령이 어떻게 나타나고 있습니까?

먼저 언약법의 구조를 살펴보세요. '내용'과 '예식'으로 되어 있는데, 내용을 '언약의 법적 부분'이라 하고, 예식을 '언약의 제의적 부분'이라 합니다. 그런데 가만히 보면 '예식'이 '내용'을 봉투처럼 앞뒤를 감싸고 있음을 발견할 수 있습니다.

A. 언약의 제의적인 부분(4:45-49, 5:1-5, 11:9-32, 27:1-28:69)

언약의 제의적인 부분(4:45-49, 5:1-5, 11:9-32, 27:1-28:69)은 두 가지 예식이 앞뒤로 반복되어 나옵니다. 하나는 이스라엘의 교육 헌장인 '쉐마'입니다. 이 '쉐마'가 주요법(6-11)을 앞뒤에서 감싸고 있습니다. '주요법'이 '쉐마'에 의해 샌드위치화된 것입니다. 이는 하나님에 대한 신앙은 듣는 데서 기인하며, 들어서 마음에 각인시킬 때 생긴다는 것입니다.

또 다른 하나는 '에발산과 그리심산의 예식'입니다. 이 축복 예식이 세부법(12-26)을 앞뒤에서 감싸고 있습니다. 이는 이스라엘이 지칠 때마다 '에발산과 그리심산'을 바라봄으로 축복의 삶을 회복하라는 모세의 외침입니다.

B. 언약의 법적 부분(5, 6-11, 12-26)

신명기의 모압 언약의 핵심은 여전히 신명기 법입니다. 이것은 삼중 구조를 띠고 있는데, 십계명(5장), 주요법에 의한 설교(6-11장), 모압 언약의 세부법(12-26장)입니다. 신명기 6-11장의 주요법에 의한 설교는 결국 십계명 중에서 제1계명에 근거하여 설교한 것입니다. 신명기 12-26장의 세부법은 철저히 십계명(5-10계명)의 순서를 따라 배열되어 있습니다. 그렇다면 십계명을 이해하는 것이 언약법을 이해하는 데 결정적이란 뜻입니다.

이 사실은 시내산 언약 세부법(출 21-23장) 역시 십계명(출 20장)의 순서를 철저히 따를 뿐 아니라, 오경은 십계명에 의존한다는 것을 뜻합니다. 신명기의 십계명(신 5장)이 출애굽기의 십계명과 차이가 나는 점은 제4계명과 제10계명입니다. 제4계명에 있어 안식일을 지키는 이유가 신명기는 출애굽기에서 제시한 창조 주제를 사용하지 않고 구속 주제를 사용합니다. 또 십계명에 관해서 신명기 5장에서는 이웃의 아내가 먼저 독립적으로 소개되고 집을 위시한 다른 것은 뒤에 소개됩니다. 그러므로 신명기는 아내의 위치를 강조한 것입니다.

십계명(5장) 다음엔 유대인의 교육 헌장으로 알려진 '쉐마'(6장)가 나옵니다. 쉐마는 모세가 하나님의 허락을 얻어 백성을 가르칠 권세를 얻었는데, '어떻게 하면 잘 가르칠 수 있을까?'에서 나온 교육론입니다. 쉐마는 모압 언약의 세부법인 신명기 12-16장을 백성들이 실행하도록 권고하고 자극하는 동기부여의 목적으로 주어졌습니다. 그러므로 이 부분은 대단히 설교적입니다.

그리고 신명기 12-26장은 시내산 언약 세부법인 출애굽기 21-23장에 비하여 엄청나게 늘어났습니다.

이것은 모압 언약에서 각 명령과 규례에 대하여 많고 자세한 설명과 함께 동기 절이 붙어 있어서 그 명령을 행하도록 설득하기 때문입니다. 동기 절은 '이러므로' 또는 '그 이유는'이라고 설명을 붙이는 형식으로 되어 있는데, 이 동기 절이 가장 중요한 이유는 이스라엘이 출애굽 하여 하나님의 은혜를 받은 자라는 것입니다.

그러므로 이스라엘이 하나님께 순종하고 이웃을 불쌍히 여겨야 합니다. 구속이 약속의 땅에 들어가서 할 행동의 가장 중요한 이유가 됩니다. 즉 이스라엘이 구속받기 위하여 법적인 행동을 하는 것이 아니라, 그들이 이미 구속의 은총을 누렸으므로 당연히 신명기 12-16장에 나타난 법적인 행동을 해야 한다는 것입니다. 구체적으로 고아와 과부와 객과 같은 사회적으로 아무 지위가 없는 사람들을 추수 때나 축제 기간에 실제로 도와야 합니다. 그리고 특이한 것은, 아무 경제적인 기반이 없는 레위인이 어려워질 것에 미리 대비하여 레위인을 특별히 돌아볼 것을 말하고 있습니다.

2. 모세의 첫 설교 : 가까운 과거(1-3)와 먼 과거(4)

민수기를 통하여 하나님 나라 백성이 갖추어야 할 모습인 군사로서의 모습을 갖추게 되었습니다. 이제는 그들이 하나님 나라의 축복을 누리는 일만 남았습니다. 하나님 나라는 물론 미래에 이루어집니다. 그렇다고 현재 임하지 않은 것은 아닙니다. 하나님 나라는 아직은 완성되지 않았으나(not yet) 이미 우리가 가운데 실현되고 있습니다. (already) 그 모습을 보여 주는 게 신명기입니다. 우리가 어떻게 이 땅에서 하나님 나라를 누리는가가 중요하고 이게 신앙생활의 핵심입니다.

혹자는 신앙생활을 자꾸만 앞으로 이루어질 일들에 대해, 죽으면 가는 미래의 천국에 집중합니다. 아닙니다. 우리는 하늘나라에서 이루어질 축복을 믿고 확신합니다. 그리고 그것을 우리 현실에서도 가능하면 그대로 누리라는 것이 하나님의 뜻임을 놓쳐서는 안 됩니다. 현실에서 어떻게 그런 삶을 누리며 살아갈 수 있을까요? 신명기에서 모세가 몸부림치면서 자기가 지닌 모든 아이디어를 다 동원하여 그 비결을 강조합니다. 그 신명기 속으로 들어가 모세의 절규를 들어 봅시다.

1) 가데스 바네아 사건(1)

때는 이스라엘 백성이 출애굽을 한 지 40년 십일월 초 일입니다. 장소는 요단 저편 숲 맞은편의 아라바 광야입니다. 모세가 설교하기 시작했습니다. 그는 먼저 신명기 1-3장에서 가까운 과거에 있었던 일을 상기시키고, 4장에서는 먼 과거까지 거슬러 올라가 설교합니다. 그는 먼저 최근에 있었던 '가데스 바네아의 스파이 사건'을 상기시킵니다.

그런 이유는 이 책임은 이스라엘 백성이 져야 할 것과 이들의 불순종으로 이스라엘이 광야에서 죽는 것은 하나님의 정당한 심판임을 출애굽 2세대에게 설명하기 위함입니다. 과거를 언급하여 이스라엘의 실패는 하나님의 불신실에 있는 것이 아니라, 전적으로 능력의 하나님께 순종치 못한 이스라엘의 백성에게 있다는 것을 상기시킵니다. 이 사건은 단순히 불순종의 문제를 넘어 본질적으론 하나님 나라를 거부하는 것이라서 문제입니다. 그런 이유에서 하나님은 이스라엘 백성에게 이 가데스 바네아 사건을 종종 상기시키십니다.

2) 요단 동편의 정복(3)

그리고 모세는 이스라엘을 적극적으로 공격하는 헤스본 왕 시혼과 바산 왕 옥과는 싸워 요단 동편을 정복하는 경위를 설명합니다. 이런 설명은 모두 땅의 신학이 중심인 신명기 내용에 상응하는 것입니다. 바산 왕 옥의 침대는 철 침대로서 킹 사이즈 크기로 장이 아홉 규빗 광이 네 규빗입니다. 이 두 민족은 당시에 힘이 있고 잘살고 강한 나라였음을 보여 주는 징표들입니다.

하지만 하나님이 함께하시는 이스라엘 백성들 앞에서 그들은 추풍낙엽처럼 사라졌습니다. 이 사건 기록을 통해 하나님은 이스라엘 백성에게 가나안 전쟁을 두려워할 이유가 하나도 없다는 것을 보여 주십니다. 그리고 모세 대신 여호수아의 선택도 이스라엘을 긴장시키기에 충분했지만, 걱정할 이유가 전혀 없다는 것입니다. 하나님이 그들의 앞길을 인도하시기 때문입니다.

3) 먼 과거(4)

모세는 4장에서는 먼 과거 즉 태초까지 언급하므로, 그 과정에서 언약 백성으로 머물러야 할 교훈을 끄집어냅니다. 먼저 이스라엘이 언약 백성으로서 특별한 위치를 차지한 것을 강조합니다. (4:6-8) 그러나 이런 특권을 가졌기에 나라가 패역할 때 하나님의 진노와 심판이 클 것을 경고합니다. 이것을 호렙산에서 경험한 불 가운데 나타나신 두려운 하나님의 모습과 광야에서 불순종으로 엎드러진 세대의 모습을 역사적인 교훈으로 삼아서 설명합니다. 그래서 우상숭배와 다른 신 숭배를 엄금하고 있습니다.

3. 모세의 두 번째 설교 : 모압 언약(5-28)

모세의 두 번째 설교로서 가장 신명기의 핵심적 부분입니다. 두 번째 설교의 내용은 상당히 깁니다.

그러나 핵심은 모압 언약입니다. 이 언약의 기본은 십계명(5)이고, 그 십계명의 제1계명을 풀어 쓴 것을 '주요법'(6-11)이라 하고, 더 나아가 십계명의 5-10계명을 풀어 쓴 것을 '세부법'(12-26)이라 합니다. 이에 대한 설교가 모세의 두 번째 설교입니다.

1) 십계명(5)

먼저 모세는 시간을 현재화(이스라엘아 오늘날…)시킴으로 십계명을 오늘날 우리에게 주는 말씀으로 설교합니다. 신명기 4:45-5:5절까지는 과거 출애굽과 시내산 언약 사건이 일어난 시간과 현재 모압 땅에서 시간을 일치시킵니다. 이것을 통하여 과거의 출애굽 1세대의 사건은 현재의 출애굽 2세대에게도 의미가 있음을 보여 줍니다. 이어서 현재 모압에서 시작된 언약 갱신은, 미래 세겜(여호수아)에서의 언약 갱신으로 완료될 것이라고 합니다. 그러므로 시간의 세 관점이 나란히 정렬되어서, 이제 약속의 땅 가나안에 들어가는 이스라엘이 역사 앞에 얼마나 겸손해야 할 것인가를 가르칩니다.

십계명은 신명기 5장과 출애굽기 20장에도 나옵니다. 그러나 신명기 십계명이 출애굽의 십계명과 차이가 나는 점은 제4계명과 제10계명입니다. 앞서 설명한 바와 같이 신명기는 4계명에서 출애굽기에서 제시한 창조 주제를 사용하지 않고 구속 주제를 사용합니다. 또 10계명에서는 관하여 신명기 5장에서는 이웃의 아내가 먼저 독립적으로 소개되고 집을 위시한 다른 것들은 뒤이어 소개됨으로 아내의 위치를 강조합니다.

2) 주요법(6-11)

이 부분은 십계명 중에서 제1계명에 근거하여 설교한 것이고, 신명기 12-26장의 세부법은 철저히 십계명의 순서를 따라서 배열되었습니다. 그러므로 십계명 이해가 언약법을 이해하는 데에 결정적입니다. 이것은 시내산 언약의 세부법(출 21-23) 역시 십계명(출 20장)의 순서를 철저히 따르고 있으므로, 오경 전체가 십계명을 의존하고 있음을 보여 줍니다. 그러므로 오경의 설교를 위해서는 십계명을 철저히 연구해야 합니다.

* 쉐마(6)

모세는 이스라엘 백성에게 십계명을 설교해야겠다는 확고한 의지와 계획이 있었습니다. 이스라엘 백성들이 말씀을 어떻게 배워야 하는지, 모세의 설교를 통해 그 자세와 태도를 가르칠 필요가 있었습니다. 그래서 만들어진 것이 6장 이스라엘의 교육 헌장인 '쉐마'입니다. '쉐마'는 '들으라'라는 뜻으로 이스라엘의 교육은 하나님의 말씀을 듣는 것부터 시작합니다.

하나님의 말씀을 듣지 못하면 교육이 이루어지지 않습니다. 우리의 교육도 부모의 말씀을 얼마나 잘 듣느냐부터 교육이 시작됩니다. 이스라엘은 가정에서부터 하나님 말씀을 교육함으로써 영재교육이 형성되었습니다. 그들의 교육 시스템은 오전은 하나님 말씀 교육이고 오후에만 일반교육을 받는다고 합니다. 그런데 노벨상의 다수를 그들이 차지합니다.

이것은 제1계명과 제2계명의 중요성을 다시 한번 설명합니다.

"이스라엘아 들으라 우리 하나님 여호와는 오직 유일한 여호와시니
너는 마음을 다하고 성품을 다하고 힘을 다하여
네 하나님 여호와를 사랑하라"
(신 6:4-5)

* 가나안에서 지킬 일(7-11)

신명기 7-11장에 걸쳐 기록된 다섯 장은 신명기 주요 부분인데, 여기에 흐르는 주제는 하나님 백성의 특징, 특권, 안전, 징계, 사랑입니다. 모세는 똑같은 주제를 반복하는데 반복교육이 하나님의 신앙을 심는 데 중요하기 때문입니다. 이는 또한, 부모가 자녀들에게 가르쳐야 할 교육 방법이기도 합니다. 히브리인들이 가나안 문턱에 왔을 때, 하나님이 누구이며 그들은 누구인지, 하나님은 그들이 어떤 존재가 되기를 원하는지 알아야 했습니다.

7장은 거룩한 백성 그리고 선택된 백성으로서의 특권, 의무, 책임과 위험을 다루며 끝으로 안전한 백성임을 강조합니다. 이러한 사실을 강조하기 위해 그는 "기억하라"라고 합니다. 이 방법을 통해 과거 광야의 역사를 회상케 했습니다.

8장은 이제 전혀 새로운 세계인 가나안에 들어가면, 장밋빛 약속만

있는 것이 아니라 부딪힐 위험이 있음을 미리 보여 주면서 권면하고 있습니다. 가나안에서 불순종(11, 20), 물질주의(12-13), 망각(14-16), 교만(17-18), 우상숭배(19-20)의 유혹에 직면하게 될 것이며, 이때 하나님만이 청종할 교사이며(1-3), 순종해야 할 아버지며(5-6), 감사해야 할 수여자이며(10), 기억해야 할 구원자이며(14-16), 공경해야 할 주권자이심을 기억해야 함을 가르치시고 있습니다.

9장은 이스라엘의 적극적인 죄인 반역의 문제를 주요 의제로 취급합니다. 8장이 이스라엘의 소극적 죄인 망각의 문제였습니다. 지금 백성은 무적의 하나님(1-5), 반역적인 순례자들(6-24), 그리고 하나님께 의지하는 중보자(25-29)에 대해 상기해야 합니다.

10-11장에서 하나님은 호렙산에서 있었던 배교 사건을 기억시키는데, 이는 이스라엘의 아픈 상처를 끄집어내기 위함이 아니라, 가나안에서의 신앙생활에 경각심을 깨우치기 위함입니다. 그러면서도 하나님은 그들을 사랑하시고 용서하시는 모습을 보여 주십니다. 이상이 모세의 주요법(5-11)에 대한 설교입니다.

그런데 여기서 모세 주요법 설교의 구조를 잘 살펴보는 게 중요합니다. 모세는 주요법(6-11) 설교를 시작하기 전 신명기 6장에서 '쉐마'란 교육 현장을 만들어 말씀이 마음에 각인될 정도로 반복적으로 배우라고 호소했습니다. 이제 11장에선 '주요법 설교를 마무리하면서 '쉐마' 교육을 다시 한번 반복합니다.

다시 말하면 '주요법' 설교는 6장과 11장의 '쉐마'란 교육 현장으로 샌드위치 되어 있습니다. 이는 주요법의 핵심인 하나님에 대한 신앙은 반복교육인 '쉐마' 교육을 통해 가능하다는 것입니다. '쉐마' 교육의 핵심은 반복해서 하나님을 가슴에 새기는 것입니다.

3) 세부법(12-26)

이 부분은 하나님 사랑의 증거는 하나님에게 순종하는 것으로 나타나야 함을 가르치십니다. 이것을 이스라엘 백성들의 시민법 또는 윤리법이라 합니다. 이스라엘 백성이 현실의 삶에서 어떻게 살아야 축복의 삶을 사는지를 보여 줍니다. 그 모습이 공동 예배(12-13장), 일상생활(14a장), 후한 헌금(14b장), 찬양의 절기(15-16장), 책임 있는 지도력(16-18장), 사법적인 문제(19장), 군인다운 모습의 회복(20장), 가정의 복지(21장), 이웃사랑(22-23장), 기본적인 권리(24-25장) 그리고 예배(26장)로 나타납니다.

세부법의 구조도 유심히 살펴볼 필요가 있습니다. 모세는 '세부법'(12-28) 설교에서도 시작 전에는 11장 마지막에서 '그리심산에서 축복을 선포하고 에발산에서 저주를 선포하라'라고 외치면서, 이스라엘 백성들이 축복의 길을 가도록 권면하고 있습니다. 그리고 이 자세는 '세부법' 설교가 끝나는 27장에서도 반복됩니다.

즉 세부법(12-28)설교는 '그리심산의 축복과 에발산의 저주의 선포 예식'이 세부법을 샌드위치로 감싸고 있음을 알 수 있습니다. 세부법은 이스라엘 백성의 시민윤리입니다. 이들이 축복을 누릴 수 있는 비결은 삶의 현장에서 '그리심산과 에발산의 예식'을 기억하고 바라보는 것입니다. 모세가 성도들의 축복과 신앙을 위해 얼마만큼 기도하고 지혜를 구했을까 상상이 가시나요? 우리가 상상할 수 없는 목자의 심정을 가지고 우리에게 다가오는 게 신명기입니다.

* 우상숭배의 경고(12-13)

"꿈꾸는 자, 우상숭배자, 유혹자 잡류는 죽이라."

우상을 철저히 다루시는 하나님의 모습을 볼 수 있습니다. 우상은 자기 소원을 형상화해 놓은 것입니다. 이는 우리 본성과 충돌되지 않으므로 섬기기가 쉽습니다. 반면 하나님과는 우리의 죄 된 본성이 항상 갈등을 겪게 되어 있습니다. 사람은 하나님을 따라가기 어렵고 본성을 추구하는 경향이 있기 때문입니다. 오늘날 이런 모습이 예배의 현장에 어떻게 나타나는가를 볼 수 있어야 합니다. 기독교는 창세기부터 요한 계시록까지 '보는 종교'가 아니라 '듣는 종교'임을 분명히 선포하고 있습니다. 사도 바울이 그래서 '믿음은 들음'에서 난다고 하였습니다.

그런데 오늘날 예배를 자꾸만 보는 종교 즉 시각화, 형상화하는 현상이 일어나고 있습니다. 예를 들면 드라마 예배와 멀티미디어 예배 등입니다. 물론 이것을 효과적인 교육수단으로 사용할 수 있습니다. 그러나 이런 것이 주가 될 때 나타나는 현상은 하나님은 멀어지고, 우상에 가까워지는 위험성에 노출된다는 사실입니다.

* 지도자의 두 가지 규례(17, 18)

신명기 17, 18장에는 지도자의 갖추어야 할 두 가지 규례가 나옵니다. 첫째는 왕이 지녀야 할 태도로서 세 가지 금지 사항이 있습니다.

1. 말을 많이 두지 말라.
2. 아내를 많이 두지 말라.
3. 은금을 쌓아 놓지 말라.

말은 힘(군대)을, 아내는 이성을, 은금은 돈을 상징합니다. 인간의 눈을 사로잡는 마력을 지닌 것들이며 자칫 의지하기 쉬운 것들입니다. 하나님을 대체할 수 있는 것들로서 인간에게는 매우 유혹 거리입니다. 지도자는 이런 것에 분명한 자세를 지녀야 합니다. 솔로몬은 이것을 지키지 못하여 어려움을 겪었습니다.

둘째는 제사장, 선지자로서 지녀야 할 자세로서 성경을 오른편에 두고 살아야 합니다.

“무당은 죽이라. 점치고 예언하는 자는 죽이라.”

하나님은 사람이 하나님만 의지하도록 앞날을 예언치 못하게 하였습니다. 하나님의 이름을 빙자하여 남의 마음을 훔치는 자는 거짓 예언자들입니다. 이 거짓 선지자의 문제는 어느 시대나 나타나는 현상인데 잘 구분해야 합니다. 특히 우리나라는 선거를 할 때, 사업을 할 때 점쟁이들을 자주 찾습니다. 거짓과 참의 기준은 하나님 말씀입니다. 지도자는 직무를 감당하는 순간부터 성경책을 오른쪽 머리 곁에 두어야 합니다.

* 도피성(재판 규례 19)

본 장에서는 이스라엘의 형사 사건에 대한 중요한 세 가지 규례가 소개되고 있습니다.

> 첫 번째는 우발적인 살인자를 위한 도피성 규례요,
> 두 번째는 토지의 소유를 나타내는 경계표에 관한 규례요,
> 세 번째는 증인을 통한 판결 확정 방법에 관한 규례입니다.

이처럼 고의적 살인과 우발적 살인이 엄격히 구별되고, 형사처벌을 할 때도 반드시 두 사람 이상의 진실한 증인이 있어야 가능했습니다. 이는 인권을 최대한 보장하는 것이 하나님의 뜻임을 말해 줍니다. 도피성은 이스라엘을 남북으로 이등분하여, 요단 동편에는 골란, 길르앗 라못, 베셀에 그리고 요단 서편에는 가데스, 세겜, 헤브론에 설치해 놓았습니다. 이는 도움이 필요할 때 누구든지 쉽게 접근할 수 있도록 하기 위해서입니다.

* 계엄령(전쟁 규례 20)

이스라엘은 수없이 영적인 전쟁을 치르게 되었습니다. 그러므로 분명한 군인 정신이 있어야 했습니다.

그 군인 정신이 무엇인가요? 전쟁은 사람을 의지하는 것이 아니며, 하나님을 의지할 때 승리한다는 사실입니다. 그래서 하나님은 군대에 있기를 원하지 않는 사람, 그리고 군대에 부적격자를 가려내십니다. 하나님을 의지하는 소수를 원하십니다. 수를 중시하는 이 시대에 적은 수라 할지라도 하나님은 창조적 믿음을 가진 자를 통해 일하시기 원하십니다. '창조적 소수' 즉 하나님을 온전히 의지하는 자가 역사를 창조합니다.

* 계엄령(긍휼 규례 21)

하나님은 가정의 복지에도 깊은 관심을 가지고 계십니다. 신명기 21장에서는 이스라엘의 공동체 생활 속에서 일어나지 말아야 할 비극이 발생합니다. 이때 하나님의 백성은 반응이 어떠해야 함을 가르칩니다.

다섯 가지의 비극이 나오는데 피살자, 포로 된 여자, 불우한 아들, 타락한 아들, 그리고 처형당한 범인이 나옵니다. 이들의 억울함이 있으면 외면치 말고 잘 풀어 주라는 말씀입니다.

* 사회 규례(1) = 보호법, 성 교훈(22)

신명기 22-25장은 일상생활 및 행동에 관한 율법을 자세하게 해석해 줍니다. 여러 가지 주제를 다루나 하나로 묶어 주는 주제는 분명합니다. 곧 언약 공동체는 선한 이웃들로 구성되어야 한다는 것입니다. 즉 모든 신자는 이웃에 대한 책임이 있습니다. 길 건너에 사는 사람도 형제요, 심지어는 에돔인도 형제입니다. 따라서 자비롭게 대해야 합니다. 사랑에는 경계가 없습니다.

22장에는 잃어버린 재산에 대한 태도로 '못 본 체하지 말라'라는 것입니다. 그리고 부적합한 의복, 새의 보호, 다른 사람들을 보호, 어울리지 않는 것을 섞어 놓는 것 그리고 성의 신성함에 대하여 말하고 있습니다. 9-12절의 어울리지 않는 것을, 섞어 놓은 것에 대하여는 네 개의 율법이 나오는데 두 개는 일과 관련된 것이고, 다른 두 개는 매일 입는 의복과 관련된 것입니다. 포도원에 두 다른 씨를 뿌리지 말고 두 다른 종류로 밭 갈지 말라고 합니다. 또 그들은 서로 다른 재료로 만든 의복 '양털과 베실'로 섞어 짠 것을 입어서는 안 됩니다. 사람이 늘 하는 게 옷을 입는 것이고 밭에서 일하는 것입니다. 이처럼 매일 반복되는 일상생활 가운데서 하나님의 순결을 배우도록 합니다. 하나님은 이스라엘 백성에게 구별과 순수함을 원하심을 알 수 있습니다.

그리고 강간의 위험이 있을 때는 당사자가 살 수 있는 길은 소리를 지르는 것입니다. 그러면 그 소리 때문에 이웃이 듣고 도움을 베풀 수 있기 때문입니다. 소리 지르지 않으면 본인 자신의 책임으로 돌려집니다.

* 가이드의 단상 16
  못 본 체하지 맙시다. 그리고 크게 소리 지릅시다.

신명기 22장은 이스라엘 백성들이 가나안 땅에 들어가서 지킬 세부 규칙을 언급하고 있습니다. 그러나 이 규칙은 위기의 시대를 살아가는 우리에게 어떻게 하면 위기를 극복할 수 있는지에 대한 영적 원리를 가르쳐 주고 있습니다.

그 원리는 다음과 같습니다.

첫째 남들이 위기를 만났을 때, 그 위험을 못 본 체하지 말라는 것입니다.

둘째 자신이 위험에 빠졌을 때, 그때 크게 소리치라는 것입니다.

'못 본 체하지 말라' 그리고 '크게 소리 지르라' 이 두 가지 원리가 위기를 타개하는 비결입니다.

먼저 남들이 위기에 빠졌을 때입니다. 양이나 소가 주인을 잃고, 길에서 방황하다가, 그중 몇 마리가 지쳐 쓰러졌습니다. 이때 이것을 발견한 자는 반드시 그 짐승을 보살펴 주인에게 찾아 주어야 합니다. 그렇지 않고 못 본 체하면 하나님의 돌이 날아와 그가 죽게 됩니다. 그러므로 남이 위험에 빠졌을 때 그들을 살리는 길은 '못 본 체하지 않는 것'입니다.

다음은 자신이 위험에 놓였을 때입니다. 어떤 처녀가 사람이 많이 있는 도시에서 불량배를 만나 강간을 당할 위기에 놓여 있습니다. 이때 그녀가 살려 달라는 소리를 지르면 살고 그렇지 않으면 죽임을 당합니다.

소리를 지르면 주변 사람이 듣고 달려오므로 살 수 있지만, 소리를 지르지 않으면 본인은 간음에 동의한 자로 간주됩니다. 그때 하나님의 돌이 날아와 죽임을 당합니다.

우리는 두 가지 위험에 다 노출되어 있습니다. 여기서 나는 아니라고 할 사람이 아무도 없습니다. 우리는 각자가 위기를 만나고 있습니다. 그러므로 이런 위기 가운데 살길은 무엇입니까? 남의 위기를 못 본 체해서는 안 됩니다. 관심을 가져야 합니다. 아픔을 함께 나누어야 합니다. 그래야 삽니다. 그렇지 않고 자신과 자기 가정만 생각하면 필경 하나님의 돌이 날아옵니다.

그리고 크게 부르짖어야 합니다. 입을 꾹 다물고 있어서는 안 됩니다. 입을 크게 열어 부르짖어야 합니다. 입을 크게 열어 부르짖어야 하나님이 듣고 달려오십니다. 하나님은 우리가 부르짖지 않아도 우리의 형편을 다 아십니다. 그러나 부르짖는 입술을 보고 소리를 듣고 달려오시기를 원하십니다. 그러니 우리가 부르짖지 않으면 하나님이 듣지 못하신 것이 되어 버립니다. 듣지 못하는데 어떻게 달려오겠습니까? 그러니 소리 질러야 합니다. 기도하여야 한다는 뜻입니다. '못 본 체하지 말라' 그리고 '크게 소리 지르라'.

이것이 위기를 극복하는 비결입니다.

* 성결 규례(총회와 출전 금령 23)

정결한 예배를 드릴 때 언약 공동체에 참가할 수 없는 자에 대한 규칙이 나옵니다. 거룩한 총회에 참석할 수 없는 자는 다음과 같습니다.

신낭이 상한 자
사생자는 10대까지
모압인과 암몬인
에돔 족속은 3대까지
애굽인은 3대까지입니다.

공동체 참여의 금지규정을 만든 것은 하나님이 공동체에 오는 자를 막기 위함이 아닙니다. 하나님의 공동체가 어떤 성격을 가진 공동체인지를 보여 주기 위함입니다. 하나님의 공동체는 물론 누구나 들어올 수 있는 활짝 열린 공동체입니다. 그렇다고 이 공동체는 아무나 헤집고 돌아다니는 공동체는 아니라는 것입니다. 거기에는 분명히 참여할 수 있는 곳이 있고 금지된 곳이 있습니다.

예를 들면 교회에 온 초신자를 바로 리더 성경공부 모임에 참여시키지는 않습니다. 거기에는 절차와 과정이 필요합니다. 이런 점에서 교회공동체는 열렸으면서도 닫힌 공동체라고 말할 수 있습니다. 교회공동체는 이것을 명심해야 합니다. 이럴 때 공동체에 성결이 이루어집니다.

위 금지 사항 중에서 모압인과 암몬인의 금지 규칙을 통해, 두 가지 죄의 유형을 하나님이 싫어하심을 깨달을 수 있습니다. 모압인의 죄는 적극적인 죄로서 이스라엘 백성을 간음케 했습니다. 그러나 암몬 사람의 죄는 소극적인 죄입니다. 이스라엘의 광야 행진 시 힘들 때 자비를 베풀지 않았습니다. 사람은 적극적인 죄 즉 강간 같은 범죄를 심각하게 생각하나, 하나님은 소극적인 죄 즉 응당 하나님 앞에 하여야 할 것을 행하지 않는 것을 더 무섭게 다룹니다. 그 에돔의 심판을 다룬 게 오바댜 선지서입니다.

마태복음 25장에 나오는 세 가지 비유인 열 처녀 비유, 달란트 비유, 양과 염소 비유가 나오는데, 거기서 죄와 의가 갈립니다. 그 죄는 소극적인 죄입니다. 미련한 다섯 처녀는 등불을 준비치 않았고, 1달란트 받은 종은 달란트를 사용치 않았으며, 악인은 궁핍한 자를 돕지 않았습니다. 흔히 사람들이 말합니다. '남한테 해를 끼치지 않으면 되지!' 그러나 아닙니다. 사람은 할 일을 해야 합니다. 그게 사명인이며 하나님의 사람입니다.

*** 계대 결혼(25)**

수혼 제도는 가문의 대를 잇는 문제도 문제이기도 하나, 본질적으론 재산권의 상속과 보호의 문제로서 중요한 의미가 있습니다. 남편이 아들을 낳지 못하고 죽으면 형제 아니면 가장 가까운 친척이 대를 이어 주어야 했습니다. 일차적으로 형제가 그 의무를 다해야 합니다. 물론 이 의무에는 많은 대가가 따릅니다.

그러나 만일 그 동생이 고인이 된 형의 아내를 취하기를 거절하면, 형의 아내는 형의 동생을 성문 장로들에게 데리고 나가 '형제 된 의무를 다하지 않는다'라고 외칠 것이며, 그 아내는 그 형제에게 가서 '신을 벗기고 침을 뱉으며 형제의 대를 잇기를 싫어하는 자여'라고 외치며 욕을 합니다. 그래서 온 동네 사람들이 그것을 확인하고 그 동생이 망신을 당하게 합니다. 이 계대 결혼은 당시에 약자를 보호하는 아주 중요한 사회보장제도였기 때문입니다. 하나님은 이런 제도를 통해 약자들이 보호받도록 하셨습니다.

* 십일조(26)

본 장은 모세의 두 번째 설교를 마무리하는 부분입니다. 먼저는 첫 열매 봉헌의 규례와 제삼 년 십일조 봉헌에 관한 규례입니다. 첫 열매의 봉헌에 강조되는 것은 하나님께 대한 신앙고백입니다. 이에 비해 제삼 년 십일조 규례는 레위인과 객과 고아와 과부를 먹여 배부르게 먹이라는 내용이 강조되고 있습니다. 다시 말해서 제삼 년 십일조를 온전히 드려 종교적이면서도 사회적인 의무를 다하라는 이웃사랑의 계명이 함축되어 있습니다.

* 축복과 저주(27-28)

모세는 이스라엘이 약속의 땅에 들어가면 두 곳의 산인 그리심산과 에발산에서 레위인이 축복과 저주에 관한 율법을 읽을 것을 명합니다. 축복에 대한 율법은 그리심 산에서 6지파인 시므온, 레위, 유다, 잇사갈, 요셉, 베냐민 지파를 모아 놓고 선포했습니다. "하나님의 말씀을 순종하면 축복을 받는다"라는 말씀이 선포되었을 때, 이스라엘 6지파는 일제히 "아멘"으로 화답했습니다.

저주에 관한 율법은 에발산에서 나머지 6지파인 르우벤, 갓, 아셀, 스불론, 단, 납달리 지파를 앞에서 선포했습니다. "하나님의 말씀을 불순종하면 저주를 받는다"라는 말씀이 선포되었을 때 이스라엘 6 지파는 "아멘"으로 응답했습니다.

'축복'과 '저주'가 지리적으로 이스라엘 중앙에 자리 잡은 두 산인 '그리심산'과 '에발산'에서 울려 퍼졌습니다. 신명기 28장에서는 축복에 관한 말씀은 28장 1-14절, 그리고 저주에 관한 말씀은 28장 15-68절에 언급되었습니다. 축복은 14절, 저주는 54절로써 4배나 양이 깁니다. 그것은 그만큼 축복의 길보다는 저주의 길을 가기 쉬운 인간의 연약함을 꿰뚫어 보신 하나님께서 역설적으로 교훈하신 것입니다.

* 가이드의 단상 17
그리심산과 에발산

신명기 28장은 축복의 장입니다. 보다 구체적으로 말하면 1-14절까지는 축복에 대하여, 15-68절까지는 저주에 관하여 이야기하고 있습니다. 양적으로만 본다면 저주가 축복보다 4배나 많습니다. 그러나 하나님의 관심은 축복에 있습니다. 하나님은 어떻게 하든지 우리가 축복을 누리기를 원하십니다. 축복을 누리는 것이 하나님의 백성의 첫째 특권이요, 의무이기 때문입니다.

하나님의 이러한 소원이 신명기 27장에서는 그리심산과 에발산 예식을 통해 나타납니다. 이스라엘 백성이 젖과 꿀이 흐르는 가나안 땅에 도착했을 때, 그들은 먼저 그리심산과 에발산 사이에 서 있었습니다.

그리고 유다를 비롯한 6지파 대표자들은 그리심산에 올라갔고, 르우벤 지파를 비롯한 6지파 대표자들은 에발산에 올라갔습니다. 그때 산 밑에 있는 이스라엘 온 백성은 아멘으로 화답했습니다. 이것이 그들이 그렇게도 사모했던 가나안에 들어가서 맨 처음 행한 예식입니다. 여기에 하나님의 놀라운 뜻이 담긴 상징적으로 담겨 있습니다.

그리심산과 에발산은 지형적으로 이스라엘의 한중간에 있습니다. 그러므로 이 두산은 이스라엘 백성이 어느 위치에 있어도 볼 수 있는 산입니다. 그들의 신앙이 나태하여 범죄하는 순간에도 산이 보입니다. 산이 보일 때 그들은 하나님의 말씀이 생각나 아차 하면서 죄를 회개합니다.

그래서 하나님의 말씀을 불순종하지 않고 축복받을 수 있는 비결은 이 두 산을 바라보는 것입니다. 하나님은 이처럼 이스라엘 백성이 축복받기를 원하십니다. 그 축복을 위해 모세는 27장에서 '그리심산과 에벨산'이라는 그림을 그리면서, 28장에서는 '축복과 저주'라는 대조법을 보여 주며 몸부림치고 있습니다.

오늘 우리에 대한 하나님의 소원이 무엇이겠습니까? 일입니까? 아니면 사명을 감당하는 것입니까? 아닙니다. 우리에 대한 하나님의 소원은 우리가 맨 먼저 하나님의 축복을 누리는 것입니다. 하나님의 복이 없으면 우리는 아무것도 할 수 없기 때문입니다. 창세기 2장 7절에 하나님이 사람을 지으시고 맨 처음 하신 것은 사명을 주신 것이 아닙니다. 일하라고 명령하신 것도 아닙니다. 먼저 복을 주셨습니다.

그러므로 하나님의 백성이 그 정체성을 회복할 수 있는 비결은 복을 먼저 구하는 것입니다.

4. 모세의 세 번째 설교 : 미래를 위한 선택(29-34)

1) 먼 미래(29-30)

이것은 4장과는 정반대로서 4장은 먼 과거까지 나가나, 29-30장은 가장 먼 미래까지 소급됩니다. 이스라엘이 불순종하면 먼 곳으로 끌려갈 것이고, (29장) 그러나 한 걸음 더 나가서 거기서 돌아올 가능성이 어떻게 열리는지를 보여 줍니다. (30장) 모세의 삶은 마무리되어 후계자 임명, 백성에 독특한 노래(불순종의 노래)를 가르쳐 하나님의 말씀을 순종케 하며 작별 인사로 떠나갑니다.

신명기 29-30장에서는 과거, 현재, 미래의 위험을 요약하면서, 오늘날 생명과 사망의 길이 너희 앞에 있는데 생명의 길을 선택할 것을, 강하게 촉구하고 있습니다. 율법을 지키는 것이 결코 어려운 일이 아니라는 것이 강조되면서, 눈앞에 놓인 축복과 저주 가운데 축복을 선택할 것에 대한 마지막 권고가 소개되고 있습니다.

2) 가까운 미래(31-34)

* 언약 갱신의 축제(31)

31장은 모세가 여호수아에게 지도권을 이양하는 장면으로, 매 7년 초막절에 행해야 할 아주 중요한 절기인 언약 갱신 축제를 소개합니다.

언약을 새롭게 하는 것을 7년마다 하면서, 이스라엘이 하나님의 은혜를 기억하면서, 언약 문서인 토라를 낭독하고 언약 갱신을 합니다. (31:9-13) 그리고 앞으로 이스라엘이 언약을 지키도록 시 형태로 지은 두 종류의 노래를 소개합니다.

그 하나는 신명기 32장에서 이스라엘 전체가 앞으로 역사 속에서 나타나실 하나님의 모습을 노래(불순종의 노래)하는 것이며, 또 다른 하나는 33장에서 이스라엘의 개별 지파를 소개하는 노래(축복의 노래)입니다. 이 두 노래는 하나님이 앞으로 이스라엘의 불순종을 내다보시면서 경각심을 불러일으켜 하나님의 길을 가도록 권면하는 데 목적이 있습니다. 모세가 이스라엘 백성의 축복을 위하여 '노래'를 작사하면서까지, 부르면서까지 애쓰는 모습을 볼 수 있습니다. 특히 '불순종의 노래'라는 이상한 노래를 작사하는 모습에선 그의 젖 먹던 힘까지 빠져나오는 듯합니다.

* 모세의 노래(32)

하나님은 신명기 30장에서 모세를 통해 노래를 지어 이스라엘의 불순종을 경고하는 시를 짓게 하는데, 그 주된 노래는 32장에 나옵니다. 이것을 '불순종의 노래'라 하는데, 이런 노래를 지어서까지 이스라엘을 돌이키려 한 하나님의 마음이 잘 나타나 있습니다. 하나님이 이스라엘 자기 백성에 강한 실망을 표현하는 비통한 슬픔의 찬송가이며 동시에 이스라엘에게 영적 우선권에 대해 가르치고, 이어지는 세대에게 하나님의 경고성 메시지를 전달하는 쉽게 암기할 수 있는 보조교재의 역할을 하고 있습니다.

32장의 시작은 “하늘이여 귀를 기울이라 내가 말하리라 땅은 내 입의 말을 들을지어다”로 하여 하늘과 땅을 증인으로 삼고 있습니다. 이런 예언의 형식은 이스라엘이 예고된 운명 속에서 살고 있다는 것을 보여 줍니다. 이스라엘의 운명 예언은 맨 먼저 창세기 49장에서 야곱의 축복 가운데서 이스라엘의 장래에 대한 예언에서 잘 나타납니다. 이것은 다시 신명기 32장에서 노래를 지어 이스라엘의 운명을 예고합니다.

*** 모세의 축복(33)**

12지파에 대한 축복 즉 운명의 예언. 이것은 창세기 49장의 야곱의 축복, 신명기 32장과 역대상 12장의 모세의 축복이 나오는데, 이스라엘 축복의 역사를 한눈에 볼 수 있습니다.

*** 가이드의 단상 18**
잇사갈 지파

구약성경 역대상 12장에 보면 이스라엘이 역사적 과도기에 처해 있습니다. 이런 과도기를 잘 극복하면 번영의 시대로 이어지지만 그렇지 않으면 멸망으로 직결됩니다. 지금 이스라엘의 역사적 정황은 사울은 죽었지만, 그의 세력은 아직도 득세하고 있었습니다. 반면 다윗은 왕으로 즉위했으나 왕권의 기반이 약했습니다. 이때 성령에 감동된 자들이 하나둘씩 다윗에게로 넘어옵니다.

그런데 한 사람이 아니고 한 지파인 200여 명의 무리가 “다윗에 가담하는 것이 옳다”고 깃발을 들어 올리는데, 이 지파가 바로 잇사갈 지파입니다. 역대상 12장 32절을 보면 그들은 “시세를 알고 이스라엘이 마땅히 행할 것을 아는 자들"이라고 소개합니다. 시대의 흐름을 알고 무엇을 행해야 옳은지 아는 자들이란 한 마디로 영적인 통찰력과 실천력을 가진 자들입니다.

그래서 그들은 다윗의 깃발론을 강력하게 부르짖었기에 나머지 지파들도 다윗 왕국 건설에 참여하여 혼란한 과도기를 바로 잡아 다윗 왕국을 건설하게 했습니다. 한 공동체가 강해지려면 이런 지파가 있어야 합니다. 혼란된 우리 조국에도 이런 지파가 절실히 요구되는 때입니다.

그러면 다른 지파는 감히 상상도 못 할 통찰력과 실천력을 잇사갈 지파는 어떻게 갖게 되었습니까?

첫째는 그의 출생에서 찾아볼 수 있습니다. 창세기 30장에는 잇사갈의 출생 장면이 나오는데, 그는 레아의 5번째 아들로서 합환채를 라헬에게 주고 얻은 아들입니다. 그래서 잇사갈이란 뜻은 '대가를 치르고 얻은 아들'이란 의미입니다.

즉 이것은 잇사갈이 갖고 있던 통찰력과 실천력은 하늘에서 갑자기 주어진 것이 아니라, 눈물과 피와 땀의 대가를 치르고 얻어진 것이라는 뜻입니다. 나머지 지파가 무사 안일할 때 잇사갈 지파는 눈물로 밤을 새워 가며 기도하고 몸으로 자신을 드려 헌신했을 때 주어진 것입니다. 영적인 통찰력과 실천력을 원하십니까? 눈물의 대가가 요구됩니다. 대가 없이 얻어지는 것은 모두 다 영적인 거품입니다.

둘째는 야곱의 예언 기도에서 찾아볼 수 있습니다.

창세기 49장에 보면 야곱의 12지파 축복 예언이 나오는데 그때 야곱이 잇사갈을 향하여 "너는 양의 우리 사이에 꿇어앉은 건장한 나귀 같으며 쉴 곳을 보고 좋게 여기며 토지를 보고 아름답게 여기며 어깨를 내려, 짐을 멜 것"이라고 기도합니다.

잇사갈 지파가 할당받은 땅은 내륙지방으로 아주 척박하여 좋지 않을 뿐 아니라 너무 협소한 땅입니다. 그런 땅을 보고서 잇사갈 지파는 감사하며 자족하며 적극적이며 긍정적으로 생각합니다. 다른 지파 같으면 불평할 그런 상황에서 잇사갈이 보여 준 영적인 토양은 영적 통찰력과 실천력이 자라기에 충분했습니다.

끝으로 신명기 33장인 모세의 축복에서 그 비결을 찾아볼 수 있습니다. 모세는 이렇게 기도합니다.

"스불론이여 너는 나감을 기뻐하라. 잇사갈이여 너는 장막에 있음을 즐거워하라."

스불론 지파가 배정받은 땅은 해변 지역이고 잇사갈 지파는 내륙이었습니다. 스불론은 바다를 통한 해상무역으로 큰돈을 벌었지만, 잇사갈은 척박한 땅에서 가난하게 살아갔습니다. 그런데 이런 환경이 오히려 잇사갈 지파에는 영적 분위기와 국민정신을 새롭게 하는 촉매 역할을 하였습니다. 여기서 영적인 힘이 솟구쳐 올라왔습니다.

이상을 요약하면 잇사갈의 영적 통찰력은 무사안일이 아니라 대가를 치르므로, 옥토가 아니라 가라지에서, 순경이 아니라 역경에서 탄생했습니다. 잇사갈 지파가 되어 영적 혼란기를 극복합시다. 우리 가정에, 우리 교회에, 우리나라에 이런 잇사갈 지파를 세워 달라고 기도합시다. 아니 우리 자신이 그런 지파가 되어야 합니다. 그때 하나님의 축복이 천 대까지 흘러가는 것을 보게 될 것입니다. 모세 시대의 잇사갈 지파는 다윗 시대까지 500년간 축복이 이루어졌음을 보여 줍니다. 이는 하나님의 축복은 천 대까지 이루어짐을 우리에게 확인시켜 주는 것입니다.

* 모세의 죽음(34)

신명기 마지막 장이며 모세오경의 마지막 장을 저자 모세는 자기의 죽음과 약속의 땅 가나안에서 그 뒤를 이어 갈 여호수아에 대한 기대로 마무리를 짓습니다. 이는 굉장히 중요한 상징적인 내용을 함축하고 있습니다. 모세는 먼저 자신의 죽음을 기록합니다.

혹자는 이 사건 때문에, "모세오경의 저자가 모세가 아니지 않은가?" 라고 문제를 제기합니다. 모세가 저자라면 어떻게 자신의 죽음을 기록할 수 있는가? 이는 모세가 예언적으로 자신의 죽음을 기록했다고 봅니다. 모세는 120살에 느보산에서 죽습니다. 그러나 그의 묘지는 벳브올 가까운 골짜기에 묻혔는데 아무도 그 장소는 모릅니다. 모세 죽음의 상태는 눈이 흐리지 않았다고 합니다. 건강한데 죽었다는 뜻입니다.

이러한 상황은 도리어 모세의 삶이 하나님이 주관하신 정확한 흔적을 보여 줍니다. 그리고 그 바통을 이어받아 모세가 물려주고자 했던 축복을 누린 사람이 여호수아입니다. 하나님의 백성인 이스라엘은 이제 하나님 나라의 풍요로운 축복을 누리며 살게 되었습니다. 그리고 그것을 누려야만 했습니다. 이게 신앙생활입니다.

이 삶을 누리도록 우리에게 모세오경이라는 성경을 하나님은 주셨습니다. 모세오경의 저자 모세는 이 삶을 누렸습니다. 우리는 그의 삶을 삼등분으로 구분해 살펴보았습니다.

무엇인가 다 이룰 것 같았지만 아무것도 할 수 없었던 애굽의 40년 Something Life.
밥만 축내고 시간 낭비만 하는 것 같았던 미디안의 40년 Nothing Life.
아무것도 할 수 없을 것 같았지만 모든 것을 다한 광야의 40년 Anything Life.

Anything Life(애니씽라이프)는 아무것도 할 수 없고 내가 무엇을 할 수 있나? 생각되는 때가 하나님이 가장 역사하실 때입니다. 그때 하나님을 의지하면 내 상상 이상의 역사가 일어납니다. 이성을 넘어 초월적인 역사가 일어납니다. 그것을 보게 되면 내 이성이 아니라, 영혼 속에서 하나님에 대한 찬양이 흘러나옵니다. 그때 보이지 않는 하나님이 생생하게 보이는 하나님으로 우리 눈에 다가옵니다.

그래서 그 하나님을 붙잡고 동행하고, 그 하나님 말씀을 듣고 순종하며 나갑니다. 그때 하나님은 내 삶 안에서 전능의 역사를 이루십니다. 그게 하나님이 내 안에 내가 하나님 안에 거하는 신앙생활의 정점을 이 땅에서 누리는 삶입니다. 이게 또한, 천국에서 누리는 삶입니다. 이런 천국의 삶을 이 땅에서 누리라고 성경을 주셨습니다. 모세오경에서 구원의 파노라마를 그렇게 보여 주시려고 애쓰셨습니다. 이것을 보는 게 성경에 눈이 열린 자입니다.

창세기에서 타락, 출애굽기에서 구원, 레위기에서 거룩, 민수기에서 훈련, 신명기에서 축복이라는 완성된 구원의 파노라마를 생생하게 보여 주셨습니다. 우리 축복의 근본이요, 하나님 나라의 못자리판인 모세오경으로 돌아가, 눈이 열린 자로서 하나님이 예비해 놓으신 축복을 만끽하는 삶이 되기를 간절히 소망해 봅니다.